監修者の紹介

ハンメス トーマス (Dr. phil. Thomas Hammes)
ドイツ中西部モーゼル川流域 Zell-Merl 出身。ボン大学在学中に早稲田大学に留学、博士課程在籍中に東京大学へ研究員として招聘（しょうへい）せらる。1990年(社)日本外交協会、外務省主催の国際問題論文コンクールにおいて、最優秀賞にあたる外務大臣賞を受賞。NHK教育番組にパネラーとして出演。1992年Dr.クライナー教授 (元ボン大学日本研究所所長) のもと、哲学博士号取得。1993年日独両国の架け橋となるべく、日本に(株)ドクター・ハンメス・ドイツ学院を設立。2000年、事業領域の拡大により株式会社ドイツセンターと社名変更。日独両国のメディア (テレビ、ラジオ、新聞、雑誌) から日本語教育、日本社会全般について各種取材を受け続けている。2005年〜2014年、在日ドイツ人学校・東京横浜ドイツ学園（www.dsty.jp）の理事を務めた。

主な著作：
1992 年「日本の南太平洋地域への経済的進出」（Holos Verlag 社）
1995 年「Japanisch im Sauseschritt」シリーズ（詳細は www.mai.tv）
2004 年「そのまま使えるドイツ語会話」・「通じる！かんたんドイツ語会話」（大創出版）

Für alle, die unvoreingenommen
Zugang zu einer anderen Kultur suchen
und neue Freunde gewinnen möchten

DHD

あなたの夢は何よりも
何よりも大切

── この本もヨーロッパと日本の間の長い架け橋の小さな一石となりますように ──

Associaton for Japanese-Language Teaching

Japanisch im Sauseschritt

Band 3 A
Untere Oberstufe

コミュニケーションのための日本語 3A

Modernes Lehr- und Übungsbuch

DHD

Doitsu Center Ltd.

Fotos:

S. 40 oben: Udagawa Yoshio; unten links: Zaidan Hōjin Nihon dōbutsuen kyōkai; unten rechts: Sakebrauerei Kikuhime (www.kikuhime.co.jp) und Kariba Atsuko (www.sakejapan.co.jp);

S. 41 oben: Motor Magazine-sha, Matsuo Tatsuya; unten: DC Card, The Card, Furujiku Izumi;

S. 103 oben links: Thomas Hammes; oben rechts und unten links: Kodansha International; unten rechts: Thomas Hammes;

S. 133: Asahi Shinbun-sha;

S. 151: Kōdansha International;

S. 194: Tsuda Yuichi;

S. 199: oben links und unten rechts Thomas Hammes; oben Mitte und rechts, unten Mitte und links: Naomi Ebizuka;

S. 204: Naomi Ebizuka;

S. 222: Kōdansha International;

S. 234: links: Fujimi-shi katsusebara tokutei tochi kukaku seiri kumiai; rechts Thomas Hammes;

S. 237: Kōdansha International;

S. 238: Thomas Hammes;

コミュニケーションのための日本語 3A

Herausgegeben von: Doitsu Center Ltd.
Silk Ebisu Bldg. 5F, 1-15-9 Ebisu, Shibuya-ku, Tōkyō 150-0081, Japan
Tel: 03-3444-4666, Fax: 03-3448-1508
E-mail: dhd@gol.com http://www.sauseschritt.com

Kontakt in Deutschland: Sauseschritt Verlag
Hauptstr. 38, 56856 Zell/Mosel, Tel: 06542-961414, Fax: -961415
E-mail: kontakt@sauseschritt.com

Published by arrangement with Kōdansha International Ltd.

Titel der englischen Ausgabe: Japanese for Busy People III (Textbook and Workbook, Chapter 1-10), published by Kōdansha International, Ltd.; Copyright ©1999 (and revised editions) by the Association for Japanese-Language Teaching.

Auflage 2017

Satz: Ebizuka Naomi
Druck: Köllen Druck & Verlag GmbH, Bonn
Printed in Germany

ISBN 978-4-9900384-8-9

Inhalt

Nishimiya Yaeko : Frühlingsanfang

Vorwort

Wie kann Ihnen „Japanisch im Sauseschritt" beim Erlernen des Japanischen helfen?

Wie der Titel schon sagt, ist das Ziel von „Japanisch im Sauseschritt", Ihnen möglichst schnell zum Erwerb wesentlicher Japanischkenntnisse zu verhelfen, so dass eine Kommunikation mit Japanern auf Japanisch möglich ist. Das Lehrbuch wurde von erfahrenen Sprachlehrern mit Spezialausbildung erarbeitet, und das Lehrmaterial wurde immer wieder im Klassenzimmer getestet und revidiert. Mit „Japanisch im Sauseschritt" lernen Sie die Fremdsprache anhand von Gesprächsmustern, indem Sie ein Gefühl für das Wesen der japanischen Sprache entwickeln. Die vorliegende Ausgabe ist so gestaltet, dass sie sowohl für die Teilnehmer von Japanischkursen als auch auch für das Selbststudium geeignet ist. Das Buch ist in sich abgeschlossen. Auch die Texte auf den Begleit-CDs finden sich im Buch abgedruckt.

Was behandelt „Japanisch im Sauseschritt 3A"?

„Japanisch im Sauseschritt 3A" ist die Fortsetzung des Lehrbuchs 2B und behandelt wie die vorhergehenden Bände „lebensnotwendiges Japanisch". Dies bedeutet, dass Sie das Erlernte - Gesprächsmuster, Satzstrukturen, Grundgrammatik und Vokabular - sofort in Gesprächssituationen mit Muttersprachlern anwenden können. Im Gegensatz zu vielen anderen Lehrbüchern, die den Anfänger mit einer enormen und allzuoft irrelevanten Masse an Informationen überwältigen, beschränkt „Japanisch im Sauseschritt 3A" Vokabular und Grammatik auf das, was für die häufigsten Situationen, in denen sich Nicht-Japaner auf japanisch ausdrücken müssen, wirklich wesentlich ist. Simplistische oder sogar kindliche Ausdrucksformen, die sich in den meisten Einführungen überreichlich finden, wurden zugunsten unkomplizierter Erwachsenensprache vermieden. Erheblich mehr als bloße grammatische Korrektheit stehen dabei natürliche und authentische Sprachmuster im Vordergrund, die auch tatsächlich in der japanischen Alltagskommunikation vorkommen.

Diese Charakteristika machen meines Erachtens „Japanisch im Sauseschritt" zum unverzichtbaren Lehrbuch nicht nur für Berufstätige mit wenig Freizeit, die Basisjapanisch erlernen wollen, sondern auch für alle mit Japanischvorkenntnissen, die ihr Wissen auffrischen und sich die korrekte situative Anwendung des Gelernten bestätigen lassen möchten.

Die Beherrschung der Hiragana- und Katakana-Silbenschrift wird vorausgesetzt. Der Lernende sollte außerdem mit dem grammatischen Stoff und dem Vokabular aus den vorhergehenden Bänden vertraut sein. Wenn Sie Schwierigkeiten mit der ersten Lektion dieses Bandes haben, sollten Sie erst nach Wiederholung des entsprechenden Stoffes zum fortgeschrittenen Material übergehen.

Inhaltlich behandelt das Buch nützliche, praxisbezogene Themen. So finden Sie einerseits Themen aus dem Geschäftsleben wie Vorstellungsgespräch, Meeting-Vorbereitungen, Bürogepräche etc. als auch aus dem Alltag wie Wohnungssuche, Einkaufen, Stornierungen oder Besichtigungen. Zum Abschluß folgt eine Lesewiederholung mit dem Thema Shinkansen.

Nebenbei werden bestimmte Facetten der japanischen Kultur vorgestellt und durch Japaner und Nichtjapaner kommentiert. Diese dürften nicht nur für Geschäftsleute, sondern auch für diejenigen von Interesse sein, die gerne als Touristen oder Studenten nach Japan reisen oder dort längere Zeit leben und arbeiten möchten.

Hiragana und Katakana

c \ v	a あ（ア）	i い（イ）	u う（ウ）	e え（エ）	o お（オ）
k	ka か（カ）	ki き（キ）	ku く（ク）	ke け（ケ）	ko こ（コ）
s	sa さ（サ）	shi し（シ）	su す（ス）	se せ（セ）	so そ（ソ）
t	ta た（タ）	chi ち（チ）	tsu つ（ツ）	te て（テ）	to と（ト）
n	na な（ナ）	ni に（ニ）	nu ぬ（ヌ）	ne ね（ネ）	no の（ノ）
h	ha は（ハ）	hi ひ（ヒ）	fu ふ（フ）	he へ（ヘ）	ho ほ（ホ）
m	ma ま（マ）	mi み（ミ）	mu む（ム）	me め（メ）	mo も（モ）
y	ya や（ヤ）	[i い（イ）]	yu ゆ（ユ）	[e え（エ）]	yo よ（ヨ）
r	ra ら（ラ）	ri り（リ）	ru る（ル）	re れ（レ）	ro ろ（ロ）
w	wa わ（ワ）	[i い（イ）]	[u う（ウ）]	[e え（エ）]	o を（ヲ）
n, m	— ん（ン）				

Anmerkung: Die Silben yi, ye, wi, wu und we sind in der japanischen Gegenwartssprache nicht mehr gebräuchlich.

Dank

An erster Stelle möchte ich mich bei Ihnen, liebe Leserinnen und Leser, ganz herzlich dafür bedanken, dass Sie „Japanisch im Sauseschritt“ ausgewählt haben. Als Lehrer und Lernende sind Sie unsere Mitautoren, und Ihren Anregungen und Verbesserungsvorschlägen haben wir es zu verdanken, dass sich Japanisch im Sauseschritt an vielen deutschen, österreichischen und schweizer Schulen, Volkshochschulen und Universitäten bis hin zur Deutschen Botschaft in Tōkyō und der Deutschen Schule Tōkyō Yokohama als Standardwerk zum Erlernen der japanischen Sprache etabliert hat.

Trotz aller Sorgfalt schleichen sich leider immer wieder Fehler und Tippfehler ein - dafür möchte ich mich an dieser Stelle bei Ihnen entschuldigen und um Verstandnis bitten. Bei der Fülle des Materials steckt doch oft der Teufel im Detail. Bitte helfen Sie uns auch weiter mit Anregungen und Kritik per E-Mail an dhd@gol.com (siehe auch www.sauseschritt.com). Im voraus schon mal vielen Dank.

Mein besonderer Dank gilt auch Herrn Paul Kuhn und der Firma Deutsche Telekom K. K., Tōkyō die die Produktion des allerersten Bandes unterstützten - so konnte das ganze erst einmal gewagt werden. Ebenfalls wesentlichen Anteil am Zustandekommen hatten unsere Mitarbeiter Hisao Ushiyama (Gesamtproduktion), Peter Kiefer und Elke Hayashi (Übersetzung) sowie die Fußballprofis Pierre Littbarski und Frank Ordenewitz. Am Manuskript wirkten ebenfalls mit: Imafuku Emiko, Daniel Kern, Nishimiya Kimie, Sagara Tomomi und Saotome Ai. Herzlichen Dank auch an Nanbu Shigeko und Ebizuka Naomi, die viele Tage und Nächte am Layout feilten.

Leider ist es bei typischen Lehrbüchern meist so, dass man nach dem Durcharbeiten am Ende zwar die Fremdsprache mehr oder weniger beherrscht, aber ansonsten nur weiß, dass das Krokodil grün ist und die Maus grau. Bei „Japanisch im Sauseschritt“ wurde dagegen der Versuch unternommen, so viel wie möglich an nützlichen Informationen über Land und Leute zu vermitteln. Nochmals herzlichen Dank an Sie, liebe Leser, insbesondere auch für Ihre zahlreichen Briefe und Anregungen, die uns helfen, „Japanisch im Sauseschritt“ immer wieder zu verbessern. Herzlichen Glückwunsch, dass Sie im Studium schon bis zu diesem Band gelangt sind. Auch mit Band 3A wünsche ich wie immer viel Erfolg und viel Spaß!

Dr. phil. Thomas Hammes

Einleitung

Die Lektionen bestehen aus den nachstehend aufgeführten Teilen.

Eröffnungstext

Im Mittelpunkt jeder Lektion steht eine spezifische Gesprächssituation. Unabhängig von ihrem Inhalt sind die Dialoge so natürlich wie möglich gehalten. Es ist äußert wichtig, Redewendungen im Kontext zu lernen: daher sollten Sie die Texte immer wieder lesen oder sich von den Sprechern der CDs vorlesen lassen, um den situationsgemäßen Kontext völlig zu verstehen. Die Kanji in den Lekionstexten sind meist mit Furigana versehen - sobald Sie die Zeichen beherrschen, sollten Sie die Furigana abdecken oder konsequent durchstreichen.

Die Lese-Wiederholungslektion (Lektion 10) unterscheidet sich von den anderen Lektionen insofern dadurch, dass ihre Texte in Schriftjapanisch gehalten sind. Nach unserer Erfahrung ist das Sprachstudium effizienter, wenn sich die Lernenden von Anfang an mit gesprochenem und geschriebenem Japanisch auseinandersetzen. Der Grund hierfür ist, dass sich beide Kommunikationsformen -- gesprochen und geschrieben -- unterscheiden und die Betonung der Differenzen zu einem möglichst frühen Zeitpunkt als notwendig erscheint. Beim einfachen Dialog haben Sprecher und Hörer an Informationen teil, die ohne Schaden für das gegenseitige Verständnis entfallen können. In einer Geschichte, einem Bericht oder Brief muss man jedoch im Interesse einer effizienten Kommunikation stärker organisiert, strukturiert und explizit sein.

Übersetzung ins Deutsche

Die deutsche Wiedergabe der Texte ist nicht wortwörtlich, sondern sinngemäß in möglichst natürlicher Sprache. Von Fall zu Fall werden auch Wort-für-Wort-Übersetzungen angegeben, um bestimmte Nuancen im Japanischen deutlich zu machen.

Neues Vokabular

Die Vokabellisten sind in der gleichen Weise zusammengestellt worden, wobei jeweils zunächst die kontextuelle Bedeutung angegeben wird und die Grundbedeutung nur dann, wenn sie davon abweicht. Existieren weitere gebräuchliche Bedeutungen, so werden diese ebenfalls weitmöglichst aufgeführt. Dies soll dem Lernenden helfen, nicht in die Gewohnheit zu verfallen, jedes japanische Wort nur mit einem einzigen deutschen Äquivalent zu verbinden, während die Mehrzahl der Wörter eine bestimmte Flexibilität erfordert.

Grammatik und Lernziele

In diesem Teil werden neue Satzmuster und -elemente aus der Lektion erklärt. Dies geschieht jedoch nicht jedesmal in umfassender Weise, da dieselben Konstruktionen bereits auf früherer Stufe behandelt worden sind bzw. noch auf fortgeschrittenerer Stufe behandelt werden, so dass grammatikalische Erklärungen in gewissem Grad wiederholt werden können. Falls angebracht, enthalten die Erklärungen auch verwandte Konstruktionen oder Muster.

Die japanische Grammatik wird in deutscher Terminologie erläutert. Diese eignet sich jedoch für diesen Zweck nur beschränkt, da Japanisch und Deutsch zwei völlig verschiedenen Sprachfamilien angehören, so dass sie sich naturgemäß auch in ihrer grammatikalischen Terminologie unterscheiden.

Anmerkungen

Hier finden sich zahlreiche Hinweise auf den kulturellen Hintergrund. Die Anmerkungen in den einzelnen Lektionen enthalten eine detaillierte Analyse wichtiger Wörter und Redewendungen. Hier ist das Ziel eine möglichst präzise und kurze Erläuterung von Punkten, die dem Nichtjapaner in der Regel Verständnisschwierigkeiten bereiten. Dabei liegt der Schwerpunkt auf der Vermittlung von linguistischen Informationen, wobei jedoch die Angabe zusätzlicher sozialer oder kultureller Hinweise als notwendig erachtet wurde.

Einfache Satzstrukturen zum Einprägen

Die im Eröffnungsdialog eingeführten wichtigsten Satzstrukturen werden hier in ihrer einfachstmöglichen Form aufgeführt. Schlüsselsätze erscheinen sowohl in Japanisch als auch auf Deutsch, um weitere Beispiele für Strukturen und Wortgebrauch anzugeben. Vielen Lernenden werden diese Beispiele auch nach Durcharbeiten der zehn Lektionen zum Nachschlagen willkommen sein. Die Übungen sind ein Anreiz zum Erlernen neuer Vokabeln, zu Konjugationsübungen und zur Aneignung vieler weiterer Kommunikationsfertigkeiten.

Übungen Teil A

Hier finden sich Sprechübungen mit dem grammatikalischen Stoff und den Ausdrücken, die in der Lektion eingeführt worden sind, und zwar in der Reihenfolge von einfacheren zu komplizierteren Mustern. Viele Übungen sind in der Form von Dialogen mit praktischen Anwendungen gehalten, so dass durch systematische Übung eine flüssige Ausdrucksweise gewährleistet wird.

Kurze Dialoge

In den „Kurzen Dialogen" werden alle in der Lektion eingeführten neuen Punkte durch Variationen der Hauptsituation zusammengefasst.

Da das Auswendiglernen der Eröffnungsdialoge in ihrer Gesamtheit nicht leicht ist, bieten die Kurzdialoge eine einfachere Alternative und außerdem auch Varianten für ihre Anwendung in vielen verschiedenen Situationen. Die Dialoge bestehen aus folgenden Elementen:

1. Idiomatische Ausdrücke mit unterschiedlichen Funktionen wie das Vorbringen von Bitten und Entschuldigungen, die Bekundung von Dankbarkeit oder Komplimenten und die dazu passenden Erwiderungen.
2. Verwandte Ausdrücke, die beispielsweise beim Anknüpfen von Gesprächen oder der Pflege persönlicher Beziehungen von Nutzen sind.
3. Einige informelle Ausdrücke zur Wiedererkennung.

Übungen Teil B

In diesen Übungsteilen findet sich eine Auswahl von Problemen, anhand derer die Lernenden ihren Kenntnisstand überprüfen können.

Diese Art von Übungen eignet sich für den Unterricht in der Klasse oder das Selbststudium zu Hause und bietet die Möglichkeit für zusätzliche Sprechübungen. Damit ein genaues Verständnis sichergestellt ist, sollten die Antworten auch niedergeschrieben werden. Die Lösungen finden Sie im Anhang.

Zweiter Teil der Lektion,

Zwischenüberschrift und Satzmuster

Zuerst wird anhand einer Zwischenüberschrift und eines lustigen Bildes die Situation „verbildlicht", in der das erlernte Satzmuster verwendet wird. Auch die anschließenden Teile der Lektion sind reichlich illustriert und sollen so anregend und motivierend wirken.

Hier wird noch eine Fülle von Übungsmaterial zu dem bisher Erarbeiteten angeboten. Wir empfehlen die Verwendung der Begleit-CDs. Der Vollständigkeit halber sind jedoch alle Dialoge der CDs, die nicht schon im Text vorkommen, zusätzlich im Anhang transkribiert.

Kommumnikation

Hier steht die Anwendung des Gelernten im Vordergrund. Hier darf diskutiert werden und es gibt Anregungen zum Freien Sprechen.

Lesestoff

Hier kann anhand von anspruchsvolleren Texten das Leseverständnis trainiert werde.

Test

Nach Lektion 4 und Lektion 10 gibt es Tests zur Überprüfung des bisher Gelernten. Diese Zwischentests vermitteln unter anderem auch das Gefühl, dass es beim Lernen der Sprache voran geht.

Anhang

Am Ende des Lehrbuchs finden sich vier Anhänge. Zunächst ein Grammatikteil mit den Hauptstrukturen und den Konjugationen. Es folgen - wichtig fürs Studium ohne Lehrer - mögliche Lösungen für den Großteil der Übungen. Im Anhang finden Sie auch diejenigen Texte von den Begleit-CDs, die nicht schon in den Lektionen vorkommen. Am Ende sind die Lektionsdialoge auch im japanischen Normalschriftspiegel ohne Furigana abgedruckt, also mit der Schriftrichtung von oben nach unten und von rechts nach links. Falls bereits ausreichende Lesekenntnisse vorhanden sind, sollten diese Texte als Haupttexte oder zumindest zum Nachschlagen dienen. Auch ohne Lesekenntnisse dürfte dieser Abschnitt sowohl für das Kanji-Studium als auch zum Vertrautwerden mit den japanischen Schreibkonventionen von Nutzen sein.

In diesem Buch verwendete Abkürzungen:
aff. affirmativ, positiv
Bsp. Beispiel
neg. negativ
Aa: Antwort, affirmativ (positiv)
An: Antwort, negativ

Kanji 漢字

Das Schriftsystem des modernen Japanisch besteht überwiegend aus Kanji, Hiragana und Katakana. Die arabischen Ziffern und die Buchstaben des englischen Alphabets werden u.U. ebenfalls verwendet. Japanisch wird also in einer Mischschrift aus Kanji, Hiragana und (mit zunehmender numerischer Tendenz) Katakana geschrieben. Katakana dient zur Wiedergabe von Lehnwörtern aus anderen Sprachen und fremden Personen- und Ortsnamen sowie den Namen von Personen und Tieren usw.

Kanji haben jeweils ihre eigene Bedeutung und bereits ein Blick auf einen gedruckten Kanji-Text offenbart häufig schon den Inhalt. Das Studium der Kanji ist ausschlaggebend für das Erlernen der japanischen Sprache.

Insgesamt gibt es über 50.000 einzelne Kanji-Zeichen, wobei jedoch im täglichen Leben lediglich zwischen 2.500 und 3.000 in Gebrauch sind. Viele Tageszeitungen, Zeitschriften und Lehrbücher beschränken sich auf die 1.945 Kanji (sogenannte Jōyō Kanji), die seit 1981 von den japanischen Behörden zum Schreiben japanischer Texte als verbindlich vorgeschrieben sind.

Die japanischen Kanji haben in ihrer überwiegenden Mehrheit jeweils zwei Lesungen -„on" und „kun". On-Lesungen sind die japanischen Lautungen der jeweiligen chinesischen Aussprache, die von China zusammen mit den Zeichen eingeführt wurden. Die ursprüngliche chinesische Aussprache war je nach Zeitalter und Ursprungsregion unterschiedlich, so dass heute manche Kanji zwei oder mehr On-Lesungen haben. In den meisten Fällen ist allerdings nur eine On-Lesung üblich. Kun-Lesungen sind die japanischen Entsprechungen mit ähnlich oder identischer Bedeutung der zugehörigen Kanji. Manche Kanji haben mehrere Kun-Lesungen, andere dagegen überhaupt keine. Es gibt auch eine Reihe von sogenannten Kokuji-Kanji, die in Japan entstanden sind und daher u.U. keine On-Lesung haben. In den üblichen japanischen Kanji-Wörterbüchern mit den Lesungen für die Kanji (furigana) erscheinen die On-Lesungen in Katakana und die Kun-Lesungen in Hiragana. Kanji-Komposita (jukugo) liest man gewöhnlich entweder nur in On- oder Kun-Lautung. Es gibt allerdings auch Komposita mit On-Kun-Mischlesung.

Die neuen Kanji am Schluss der einzelnen Lektionen erscheinen in folgender Form:

1. 会社（カイシャ）

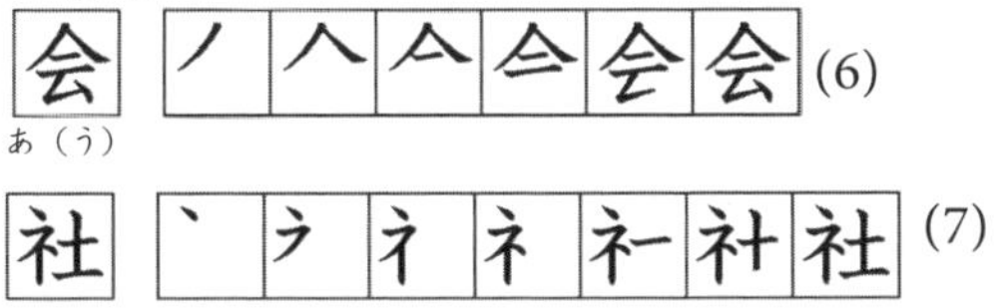

Sowohl 会 kai als auch 社 sha sind On-Lesungen, so dass die Lesung des Kompositums in Katakana カイシャ wiedergegeben wird. Da es für 社 keine Kun-Lesung gibt, entfallen auch die Furigana das Schriftzeichen. Das Kanji 会 hat auch die Kun-Lesung „au“, die unter dem Kanji in Hiragana erscheint. Da „au“ ein Verb ist, wird das Verbalsuffix in runde Klammern gesetzt.

Die gesamte Strichfolge für jedes Kanji wird Strich für Strich in den Kästchen gezeigt, wobei die Gesamtstrichzahl in den runden Klammern ganz rechts erscheint. Im Interesse der richtige Zahl der Striche in einem Kanji ist die Strichfolge wichtig beim Schreiben. Beim Nachschlagen von Kanji-Wörtern lassen sich diese im Index anhand der Strichzahl auffinden.

Ungefähr 220 Kanji wurden in den Bänden 2A und 2B eingeführt, die zusammen mit den 120 neuen in den Bänden 3A und 3B einen Bestand von insgesamt 340 Schriftzeichen bilden. Weitere Kanji in den Texten dienen zur Wiedergabe von Personen- und Ortsnamen sowie von alltäglichen Phrasen wie 駐車禁止（ちゅうしゃきんし） „Parken verboten“. Da diese Schriftzeichen nur für passives Wiedererkennen gedacht sind, ist nur das Memorieren der Lesung, nicht jedoch der Schreibung erforderlich.

Die ausgewählten Kanji sind auf die Anforderungen von Level 3 und 4 des „Japanese Language Proficiency“-Tests zugeschnitten, ergänzt durch einige im Geschäfts- und Alltagsleben gebräuchliche Schriftzeichen. Dies bedeutet, dass die Lernenden, die die 340 Kanji aus den Bänden bis 3B beherrschen, in dieser Hinsicht gut vorbereitet sind, wenn sie die Prüfung für Level 3 dieses international anerkannten Japanisch-Sprachzertifikats ablegen wollen.

Alle Kanji wurden zumindest beim ersten Erscheinen sowie in den Vokabellisten, Grammatikteilen, Lektionsziele und Hinweisen mit der Lesung in Hiragana (furigana) versehen. Wenn das Zeichen beherrscht wird, soll diese durchgestrichen oder verdeckt werden.

先生がたへ Hinweise für den Lehrer

「**Japanisch im Sauseschritt**」は、初級の最終段階として自然で効果的なコミュニケーション力を目指しています。自然で効果的なコミュニケーション力を身につけるために、学習者は、1. 話し手の表現意図を理解すること。2. 多様な表現の中から最も適切な表現を選択すること。3. 社会文化的に適切な表現スタイルを選択すること。を学習しなければなりません。

学習者からみれば、この段階の難しさは既習表現で意味の疎通が可能であるにもかかわらず、新しい表現をさらに学習することにあります。忙しい社会人がこの段階を乗り越えるためには、各課に十分な達成感が必要となります。本ワークブックは、学習者に達成感を与えるため、話す練習を中心に据えました。積極的にかつ無理なく発話練習ができるように各課を構成しましたので、自然と話せるようになることを目標に楽しく練習をすすめることが可能でしょう。

各レッスン後半の構成例

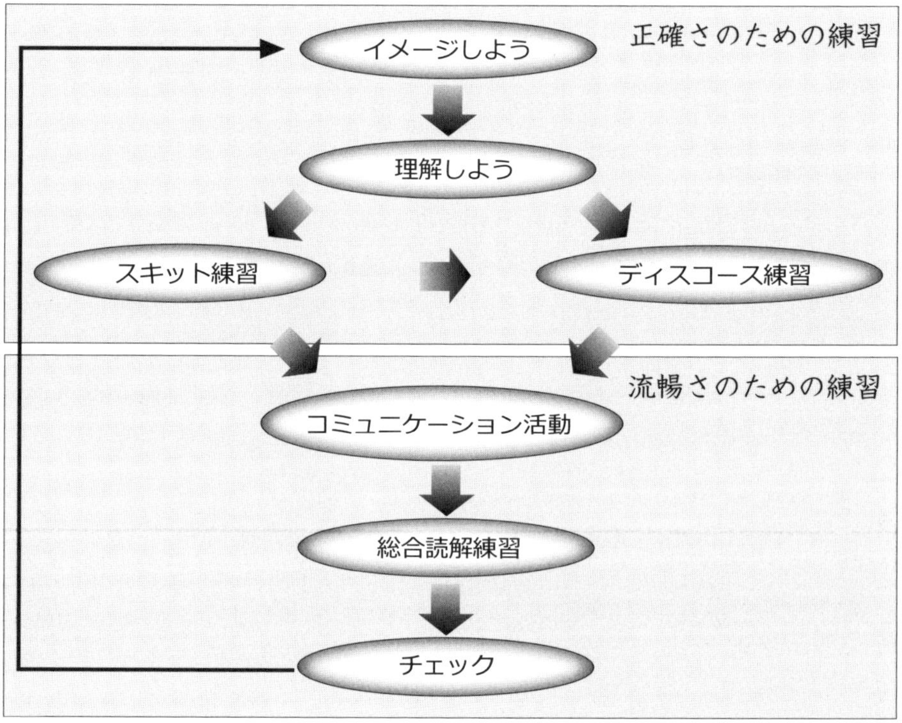

主な練習の使用例

◆イメージしよう

言葉による説明だけでは意味が理解しにくい文型を、絵の中の登場人物の気持ちを感じとってもらうことで、理解を深めてもらおうというページです。絵の中の登場人物がどのような意図を伝えようとしているのか、学習者が臨場感を持ってイメージできるよう指導してください。絵は、学習者が興味を持って新しい学習事項に臨むことができるようにユーモアのある楽しいものを準備しました。独文による状況説明や社会文化的な情報も紹介してありますので、独習者でも理解しやすいでしょう。

◆理解しよう

文型の意味理解を深め､形に慣れるための練習です。目標文型がチェックリストの形式で提示されていますので、以下のような手順で学習活動を発展させると、何度も目標文型を使うことになり文の形に慣れることができるでしょう。

指導例 （Lektion 3, Anwendung der Satzmuster 1, Übung 1）

1. 学習者はチェックリストの文を読み、自分に当てはまるものにチェックする。
2. 学習者間でチェックリストの質問をしあう。
3. 他の学習者の答え（行動や嗜好など）を報告する。

学習者間で質問をしあうときは、お互いにどんな傾向があるか興味をもって質問ができる雰囲気を作っておくと、活発な学習活動になりさらに効果があがります。

◆スキット練習

漫画形式のスキット練習です。登場人物の会話がところどころ空白になっていますが、この空白部分が最終的に覚えてもらいたい目標の部分です。

指導例　(Lektion 1, Anwendung der Satzmuster 1A, Übung 1)

1. 会話の抜けている部分で登場人物たちが何を言っているのか考え、話し合う。
2. その後 CD を聞き、目標部分を書き取る。
3. 会話全体が理解できたら、CD にあわせて話す練習をする。

(CD と同じ速度、イントネーションで話せるようになるまで何回か練習する)

この練習では気持ちを込めて練習することが大切ですので、学習者が登場人物になりきって演じられるよう指導してください。発音やスピードに自信をもって発話できる表現の数が増えれば、実際に日本語を話す自信につながっていくはずです。

◆ディスコース練習

3～4行の長さの体験談を読んだり聞いたりして、最終的には学習者が自分の経験を段落のまとまりで語れるようになることを目指します。体験談は3つ、あるいは4つあり、同じ文章構成になっています。

指導例　(Lektion 4, Anwendung der Satzmuster 1, Übungen 4-1 bis 4-3)

1. 体験談をふたつ（あるいはみっつ）読む。
2. 絵やキーワードを助けに今読んだ体験談をもう一度自分で言ってみる。
3. もうひとつの体験談を聞く。(CD のみ。本文なし)
4. 自分にも同じような体験があるかどうか、それはどうだったかを自由に話し合う。
5. 初めに読んだ体験談と同じ文章構成で自分の体験談をまとめる。

理解した話を再生するという行為は、長期記憶につながると言われています。学習者によっては単純な練習と感じる人もいますが、そのような場合は「間違いなく正確に人に伝えなければならないような状況」を設定して再生の練習をすると、より効果があがるでしょう。まとまった形で話す力がつけば、日常の会話場面である程度長い時間話し続けることができるようになり、発話力が飛躍的に伸びたと感じられるはずです。

◆コミュニケーション KOMMUNIKATION

内容伝達を中心とした練習です。正確さよりむしろ流暢さの養成を目指していますので、学習者が間違いを気にせずのびのび話せるよう指導してください。ディスカッションにつながる聴解練習、インフォメーションギャップを中心にしたロールプレイ、自由な会話を促すための活動などを作成しました。課によっては学習者が無理なく発話できるよう、「準備→発展」という段階を踏んだ練習が用意してあります。

指導例（Lektion 1, Kommunikation, Übungen 1-1 bis 2-3）

① 準備練習

1. 写真を見て、何の写真か話し合う。
2. その写真について会話しているCDを聞く。
3. 質問に答える

この段階で、学習者に次の発展練習でどのように話したらいいのかポイントを理解してもらいます。

② 発展練習

1. 写真を見て、何の写真か話し合う。
2. 写真の説明文を読む。（写真、説明文は複数用意してある）
3. 今読んだ説明をもとに、写真の内容を他の学習者に教える

独習者の場合は、相手を想定して練習してみてください。シュミレーションをしておけば、いざというときに自信を持って発話ができるようになるでしょう。

◆総合読解練習（Lektion 1, Lesestoff）

中上級につなげることを目標とした読解練習です。できるだけ自然な日本語で書いてありますので、文法事項に注目するのではなく、読むことの楽しさが感じられるように指導してください。社会人の興味を惹く話題が選んであるので、自由な話し合いに発展させることができるでしょう。独習者でも確認ができるよう、全訳つきにしました。

◆チェック　(Lektion 4, Test 1; Lektion 10, Test 2)

使い方の紛らわしい文型、表現を確認するためのクイズです。「総合チェック」は会話形式になっているので実際の場面での自然な使い方も確認できるでしょう。ある程度学習が進んだ時点で振り返って確認できる形にしました。自分で理解が不十分だと感じたら、該当する課に戻って復習するようにしてください。

本書で一貫して心がけた点は、学習した日本語をできるだけアウトプットさせようしたことです。話して使ってみる過程を経ることで、学習者の理解は深まり話すことへの自信につながるでしょう。なお、ここに上げた使用例は一例に過ぎません。学習者に応じた適切な使用を試みていただければ幸いです。

LEKTION 1 AUF STELLENSUCHE

Herr John rätselt über die jungen Männer in dunklen Anzügen, die vor einem Gebäude Schlange stehen.

ジョン：　ビルの　前(まえ)に　こんの　せびろを　着(き)た　人(ひと)が　たくさん　並(なら)んでいますが、あれは　何(なに)を　しているんですか。

加藤(かとう)：　ああ、あれですか。今日(きょう)から　学生(がくせい)の　会社訪問(かいしゃほうもん)が始(はじ)まったんです。

ジョン：　みんな　若(わか)くて、大学生(だいがくせい)のような　ふんいきですが、服(ふく)そうは　サラリーマンのようですね。

加藤(かとう)：　あの　人(ひと)たちは　来年(らいねん)の　春(はる)　卒業(そつぎょう)する　大学生(だいがくせい)なんですよ。しゅうしょくしたい　会社(かいしゃ)へ　面接(めんせつ)を　受(う)けに　来(き)たんですよ。

ジョン：　今(いま)、いっぱん的(てき)な　けいこうとして、会社(かいしゃ)は　どんな　人物(じんぶつ)を　もとめているのですか。

加藤(かとう)：　前(まえ)は“こんじょうの　ある　人(ひと)”と　言(い)っていましたが、今(いま)は“個性的(こせいてき)な　人(ひと)”を　もとめているそうですよ。

ジョン：　そうですか。でも　服(ふく)そうは　せい服(ふく)のようで、ちっとも　個性的(こせいてき)じゃ　ありませんね。ところで、学生(がくせい)のほうは　どんな　会社(かいしゃ)に　入(はい)りたがっているんですか。

加藤(かとう)：　給料(きゅうりょう)とか、やりがいの　ある　仕事(しごと)とか、人(ひと)によって　えらぶ　きじゅんは　いろいろだと　思(おも)いますよ。

ジョン：　外資系(がいしけい)の　会社(かいしゃ)の　ひょうばんは　どうですか。

加藤(かとう)：　外資系(がいしけい)の　会社(かいしゃ)は　女性(じょせい)の　間(あいだ)で　人気(にんき)が　あるようです。

ジョン：　なぜでしょう。われわれ　外人男性(がいじんだんせい)が　ハンサムだからですか。あはは・・・。

加藤(かとう)：　あはは・・・。外資系(がいしけい)の　会社(かいしゃ)では、のうりょくが

あれば　男性(だんせい)と　びょうどうに　仕事(しごと)の　チャンスが　あると　言(い)っている　人(ひと)も　いますよ。

John: Viele Leute in marineblauen Anzügen stehen Schlange vor einem Gebäude. Was haben sie vor?

Katō Ach das. Von heute an beginnen die Studenten mit der Vorstellung bei den Firmen.

John: Sie sind alle jung und sehen wie Studenten aus, aber gekleidet sind sie wie Angestellte.

Katō Diese Leute sind Studenten, die im nächsten Frühjahr ihren Universitätsabschluss machen. Sie sind zum Vorstellungsgespräch zu der Firma gekommen, in der sie arbeiten möchten.

John: Welche Art von Leuten suchen die Firmen im Moment im allgemeinen?

Katō Früher wollten sie Leute mit loyaler Gesinnung, jetzt sollen sie aber eher nach Leuten mit Individualität suchen.

John: Tatsächlich? Aber mit Kleidung, die wie eine Uniform aussieht, gibt es überhaupt keine Individualität. Übrigens, in welche Art von Firma wollen die Studenten eigentlich eintreten?

Katō Ich denke wohl Dinge wie Einkommen und ausfüllende Berufstätigkeit spielen eine wichtige Rolle - je nach Person gibt es da ja verschiedene Wahlkriterien.

John: Wie ist der Ruf von ausländischen Unternehmen?

Katō Ausländische Unternehmen scheinen (besonders) bei Frauen beliebt zu sein.

John: Warum? Liegt das vielleicht daran, dass wir ausländische Männer alle so gut aussehen? Ha, ha, ha!

Katō Ha, ha, ha! Manche sagen, dass in einer ausländischen Firma Frauen, die entsprechend befähigt sind, die Chance haben, gleichberechtigt mit den Männern zu arbeiten.

Neues Vokabular

こん	dunkelblau, marineblau
せびろ	(Herren)Anzug
並(なら)ぶ	in einer Reihe stehen, aufgereiht sein
訪問(ほうもん)	Besuch
大学生(だいがくせい)	Student
～よう（な／です）	so sein wie
ふんいき	Luft, Atmosphäre, Umfeld
服(ふく)そう	(Art von) Kleidung
しゅうしょくする	eine Stellung finden
面接(めんせつ)	Vorstellungsgespräch
いっぱん的(てき)（な）	allgemein

いっぱん（の）	allgemein, weitverbreitet
けいこう	Trend, Tendenz
人物（じんぶつ）	Mensch, Persönlichkeit, Person
もとめる	suchen, wollen
こんじょう	Kampfgeist, Willenskraft, Loyalität
個性的（こせいてき）（な）	originell, individuel
個性（こせい）	Individualität
～そうです	es heißt, dass.../soll... sein/tun
せい服（ふく）	Uniform
ちっとも～ない	überhaupt nicht
～たがる	wollen, neigen... zu tun
～とか～とか	Sachen wie... oder...
やりがい　の　ある	es lohnt sich (zu tun)
～によって	abhängig von, durch
きじゅん	Kriterium, Maßstab, Standard
外資系（がいしけい）	mit ausländischem Kapital
外資（がいし）	ausländisches Kapital
～系（けい）	Ursprung, Stammbaum, System
ひょうばん	Reputation, Ruf
～の　間（あいだ）　で	unter, zwischen
人気（にんき）	Popularität, Beliebtheit
われわれ	wir
外人（がいじん）	Ausländer
のうりょく	Fähigkeit
びょうどうに	gleichberechtigt, auf gleicher Ebene
チャンス	Chance, Gelegenheit

GRAMMATIK UND LERNZIELE

・ようです

大学生（だいがくせい）のような　ふんいきですが、服（ふく）そうは　サラリーマンのようですね。

Wortwörtlicher: „Sie scheinen sich wie Studenten zu benehmen..."

„ようです" steht nach Verben, Substantiven und Adjektiven wie folgt:

外資系（がいしけい）の会社（かいしゃ）は女性（じょせい）の間（あいだ）で人気（にんき）があるようです。

Ausländische Unternehmen scheinen (besonders) bei Frauen beliebt zu sein.

Nach einem Verb:

かれは　おなかが　すいているようです。

„Er scheint hungrig zu sein."

Nach einem Substantiv:

あの　ビルは　病院(びょういん)のようです。

„Das Gebäude (dort) sieht wie ein Krankenhaus aus."

Nach einem い -Adjektiv:

父(ちち)は　病気(びょうき)ですが、　今日(きょう)は　少(すこ)し　いいようです。

„Mein Vater ist krank, aber heute scheint es ihm etwas besser zu gehen."

Nach einem な -Adjektiv:

東京(とうきょう)では　地下鉄(ちかてつ)が　便利(べんり)なようです。

„In Tōkyō ist die U-Bahn wohl am praktischsten."

Dieses Struktur lässt sich im übertragenen Sinn anwenden.

Beispiel: あの　人(ひと)は　スーパーマンのようです。

„Der Mann (dort) ist wie Supermann."

Im Satz funktioniert よう wie ein な -Adjektiv.

Beispiele: 1. 雪(ゆき)のように　白(しろ)いです。„(Es ist) weiß wie Schnee."
2. 人形(にんぎょう)のような　子(こ)ども „ein Kind wie eine Puppe."

・そうです

個性的(こせいてき)な　人(ひと)を　もとめているそうです。

Eine andere Möglichkeit zur Übermittlung von Informationen, die man vom Hörensagen kennt, ist der Zusatz von そうです nach der Grundform von Adjektiven, です oder Verben. Die Informationsquelle kann durch den Ausdruck によると „gemäß/laut" gekennzeichnet werden.

Beispiel: 天気(てんき)よほうによると　あしたは　雨(あめ)だそうです。

„Laut Wetterbericht soll es morgen regnen."

・たがる

学生(がくせい)の　ほうは　どんな　会社(かいしゃ)に　入(はい)りたがっているんですか。

たい dient grundsätzlich zum Ausdruck der eigenen Wünsche oder zur Erkundigung nach den Wünschen/Absichten anderer in direkter Weise. Wie in Band 1 dieses Lehrwerks (Lektion 28, Grammatik und Lernziele) festgestellt, kann sich dieses Suffix in prädikativer Stellung nicht auf die Wünsche einer dritten Person beziehen. Zu diesem Zweck kann たがっている,

„handeln, als ob man wünscht“, verwendet werden, jedoch nur mit bestimmten Einschränkungen, d.h. wenn es sich bei der betreffenden Person um ein Kind, einen Untergebenen oder einen Gleichgestellten handelt.

Beispiel: 子どもたちは　外に　出たがっています。

„Die Kinder wollen nach draußen gehen.“

たい kann vor Ausdrücken wie z.B. と言う, と思う stehen und dient uneingeschränkt zur Modifizierung von Substantiven wie bei しゅうしょくしたい　会社.

ANMERKUNGEN

1. こんの　せびろを　着た　人

Phrasen, die auf die た -Form eines Verbs ausgehen, können das Bezugswort bedeutungsgleich mit der Struktur ている modifizieren wie in den folgenden Beispielen.

1. めがねを　かけた　人　„die Person, die eine Brille trägt/die Person mit Brille“
2. こわれた　テレビ　„ein defektes Fernsehgerät“
3. まがった道　„eine kurvenreiche Straße/Straße mit (vielen) Kurven“.

In manchen Fällen sind die Bedeutungen unterschiedlich.
Beispiele:

1. 朝ご飯を　食べている　人　„Die Person, die (gerade) frühstückt.“
2. 朝ご飯を　食べた　人　„Die Person, die gefrühstückt hat.“

2. 学生の　会社訪問

In Japan dauert das Schuljahr von April bis März, und die Einstellung von Universitätsabsolventen beginnt im Spätsommer oder im Frühherbst. Die Geschäftswelt einigt sich auf ein Datum für die ersten Vorstellungsgespräche, aber sowohl der Wunsch der Unternehmen nach möglichst hochqualifizierten neuen Mitarbeitern als auch der Wunsch der Absolventen nach einer Anstellung bei den besten Unternehmen ist sehr ausgeprägt. In dieser Konkurrenzsituation kommt es oft zu geheimen

Gesprächen unter Umgehung der o.a. Regeln.

3. 今は „個性的な“ 人を もとめています。

Neuerdings werden im Schriftjapanischen Anführungszeichen zum Ausdruck des Begriffs „sozusagen“ verwendet.

4. ところで 学生の ほうは ...

Eine Anwendung von ところで ist, den Wechsel des Gesprächgegenstands zu markieren.

の ほうは verleiht der Aussage den Sinn „aus der Sicht der Studenten“, wobei sich das Gespräch von den Erwartungen der Unternehmen zu den wahrscheinlichen Interessen der Studenten verschoben hat.

5. 給料とか やりがいの ある 仕事とか

Durch Wiederholung der Partikel とか werden in der Umgangssprache Beispiele aufgezählt oder vorgeschlagen (unvollständige Aufzählung).

6. 人によって えらぶ きじゅんは ...

Hier ein weiteres Beispiel für によって:

大阪に 行く ときは 新幹線で 行きますか、ひこうきで 行きますか。

„Nehmen Sie den Shinkansen oder das Flugzeug, wenn Sie nach Osaka fahren?“

時と 場合によって、新幹線も ひこうきも 使います。

„Je nach Zeit und Umständen/je nachdem, nehme ich entweder den Shinkansen oder das Flugzeug.“

EINFACHE SATZSTRUKTUREN ZUM EINPRÄGEN

1. 会議室の 電気が ついています。会議は まだ 終わっていないようです。
2. 加藤さんは あした 大阪へ 行くそうです。

1. Das Licht im Konferenzsaal ist noch eingeschaltet. Die Sitzung ist wohl noch nicht beendet./ Es scheint, dass die Sitzung noch andauert.
2. Wie man hört,/ Dem Vernehmen nach fährt Katō morgen nach Osaka

Neues Vokabular

つく　　　beleuchtet/ angezündet sein

ÜBUNGEN TEIL A

1. Formulieren Sie Dialoge durch Ändern der wie im folgenden Beispiel unterstrichenen Teile.

A. F: 佐藤(さとう)さんはどくしんですか

Aa: ええ、どくしんのようです。

An: いいえ、どくしんでは　ないようです。

1. あしたは　雨(あめ)だ
2. あの　医者(いしゃ)は　ひょうばんが　いい
3. 東京(とうきょう)で　安(やす)くて　いい　アパートを　見(み)つけるのは　むずかしい
4. 先月(せんげつ)　ドイツから　来(き)た　部長(ぶちょう)は　日本語(にほんご)が　上手(じょうず)だ

B. F: 鈴木(すずき)さんは　ねつが　あるんですか。

A: ええ、ねつが　あるようですよ。

1. ブラウンさんは　来年(らいねん)　国(くに)に　帰(かえ)ります
2. 電車(でんしゃ)は　9時(じ)　すぎたら　すいています
3. 部長(ぶちょう)は　もう　出(で)かけました
4. 加藤(かとう)さんも　ギリチョコを　もらいました

C. F: となりの　部屋(へや)に　だれか　いますか。

A: いいえ、だれも　いないようです。

1. だれか　来(き)ましたか
2. かのじょは　何(なに)か　買(か)いましたか
3. だれか　となりの　部屋(へや)を　使(つか)っていますか
4. かれは　あした　どこかに　行(い)きますか

D. F: どんな　服(ふく)そうですか。

A: サラリーマンのような　服(ふく)そうです。

1. 味(あじ)、薬(くすり)
2. 人(ひと)、子(こ)ども
3. 天気(てんき)、春(はる)

II. Üben Sie das folgende Satzmuster, indem Sie die unterstrichenen Wörter übersetzen.

今日(きょう)は　春(はる)のように　あたたかいですね。

1. あの　山(やま)、富士山(ふじさん)、美(うつく)しいです
2. あの　人(ひと)、せんもん家(か)、くわしいです
3. あの　子(こ)、魚(さかな)、はやく　およぎます
4. 今日(きょう)、山(やま)、仕事(しごと)が　あります

III. Formulieren Sie Dialoge durch Ändern der wie im folgenden Beispiel unterstrichenen Teile.

A. F: 田中(たなか)さんは　いつ　行(い)きますか。
　A: あした　行(い)くそうです。

1. 本社(ほんしゃ)に　帰(かえ)ります、来週(らいしゅう)
2. こちらに　来(こ)られます、あさって
3. けっこんします、来年(らいねん)の　3月(がつ)
4. べんごしに　会(あ)いました、先月(せんげつ)
5. りゅうがくしていました、大学生(だいがくせい)の　とき

B. F: 何(なに)か　あったんですか。
　A: 電車(でんしゃ)が　動(うご)かないそうです。

1. ひこうきが　とびません
2. 電気(でんき)が　つきません
3. コンピューターが　使(つか)えません
4. 子(こ)どもが　見(み)つかりません
5. ひこうきに　間(ま)に合(あ)いませんでした

C. F: ブラウンさんは　すしが　好(す)きですか。
　Aa: ええ、好(す)きだそうです。
　An: いいえ、好(す)きでは　ないそうです。

1. テニスが　上手(じょうず)です
2. 学校(がっこう)の　先生(せんせい)でした
3. 都合(つごう)が　悪(わる)いです
4. きのう　忙(いそが)しかったです

D. F: 私(わたし)は　会社(かいしゃ)を　やめたいと　思(おも)っています。

A: そう言(い)えば、山田(やまだ)さんも　やめたがっていますよ。

1. 日本中(にほんじゅう)を　旅行(りょこう)する
2. ゴルフを　習(なら)う
3. 図書館(としょかん)で　働(はたら)く
4. 外資系(がいしけい)の　会社(かいしゃ)に　入(はい)る

E. F: 田中(たなか)さんは　どの　人(ひと)ですか。

A: あの　こんの　せびろを　着(き)た　人(ひと)です。

1. サングラスを　かけています
2. 白(しろ)い　ぼうしを　かぶっています
3. グリーンの　ズボンを　はいています
4. せが　高(たか)くて　やせています

F. F: ざんぎょうは　多(おお)いんでしょうか。

A: そうですね。仕事(しごと)によって　ちがうと　思(おも)います。

1. 大学(だいがく)きょうじゅの　定年(ていねん)は　何(なん)さいですか、大学(だいがく)
2. 道(みち)は　いつも　こんでいますか、時間(じかん)と　曜日(ようび)
3. 会社(かいしゃ)では　いつも　ていねいな　ことばを　使(つか)うんですか、時(とき)と　場合(ばあい)
4. 給料(きゅうりょう)は　どのくらいでしょうか、ねんれいや　けいけん

Neues Vokabular

どくしん	ledig
見(み)つける	finden
すぎる	vergehen, vorbeigehen
かのじょ	sie
味(あじ)	Geschmack, Aroma
せんもん家(か)	Spezialist, Profi
りゅうがくする	im Ausland studieren, Auslandsstudium
すし	Sushi
そう　言(い)えば	Ach ja, .../Übrigens, .../Da wir gerade beim Thema sind, ...
サングラス	Sonnenbrille
ぼうし	Hut, Kappe
かぶる	tragen, aufsetzen (Kopfbedeckung)
グリーン	grün
ちがう	anders sein, falsch sein
定年(ていねん)	Ruhestands-/Rentenalter

曜日（ようび）	Wochentag
ていねい（な）	höflich
ねんれい	Lebensalter
けいけん	Erfahrung

KURZE DIALOGE

1. A: このごろ　学校（がっこう）に　行（い）きたがらない　子（こ）どもが　ふえているようですね。

   B: そうだそうですね。困（こま）った　問題（もんだい）です。

   A: Heutzutage scheint die Zahl der Kinder zuzunehmen, die nicht in die Schule gehen wollen.

   B: Das hört man allgemein. Es ist ein ernstes Problem.

2. A: テレビによると　メキシコで　地震（じしん）が　あったそうです。

   B: そうですか。ひがいは　大（おお）きかったんですか。

   A: ええ、おおぜい　人（ひと）が　死（し）んだそうです。

   A: Laut den Fernsehnachrichten hat es in Mexiko ein Erdbeben gegeben.

   B: Tatsächlich? Hat es große Schäden gegeben?

   A: Ich habe gehört, dass viele Leute umgekommen sind. / Viele Leute sollen umgekommen sein.

Neues Vokabular

このごろ	heutzutage, seit kurzem
～によると	laut, gemäß
メキシコ	Mexiko
ひがい	Schaden

ÜBUNGEN TEIL B

I. Lesen Sie den Lektionstext und beantworten Sie die folgenden Fragen.

1. サラリーマンのような　せびろを　着（き）て、ビルの　前（まえ）に　並（なら）んでいる　人（ひと）は　どういう　人（ひと）たちですか。
2. 会社（かいしゃ）のほうは　前（まえ）も　個性的（こせいてき）な　人（ひと）を　もとめていましたか。
3. 学生（がくせい）の　ほうは　どんな　会社（かいしゃ）に　入（はい）りたがっていますか。
4. 外資系（がいしけい）の　会社（かいしゃ）は　女性（じょせい）の　間（あいだ）で　人気（にんき）が　あるようだと　だれが　言（い）いましたか。

II. Setzen Sie die jeweils passenden Wörter in die Klammern.

1. 新(あたら)しい　だいとうりょうは　若(わか)い　人(ひと)（の）間(あいだ)（で）人気(にんき)（が）あります。
2. これは　うちゅうひこうし（の）よう（な）服(ふく)そうですね。
3. 女性(じょせい)も　男性(だんせい)と　びょうどう（に）、仕事(しごと)（の）チャンスがあります。
4. 新聞(しんぶん)（によると）アメリカ（で）地震(じしん)が　あったそうです。
5. 会社(かいしゃ)（によって）学生(がくせい)を　えらぶ　きじゅんが　ちがいます。
6. 夏休(なつやす)み（に）どこかに　行(い)きたいんですが。
   北海道(ほっかいどう)（とか）日光(にっこう)（とか）、すずしい　所(ところ)は　どうですか。

III. Ergänzen Sie die folgenden Fragen sinnvoll.

1. そちらの　天気(てんき)は（どう）ですか。
   春(はる)のように　あたたかいです。
2. （どんな）会社(かいしゃ)に　入(はい)りたいんですか。
   外資系(がいしけい)の　会社(かいしゃ)に　入(はい)りたいと　思(おも)います。
3. あの　黒(くろ)い　ズボンを　はいた　人(ひと)は（だれ）ですか。
   林(はやし)さんです。
4. （どうして）外資系(がいしけい)の　会社(かいしゃ)に　しゅうしょく　したいんですか。
   外国(がいこく)に　行(い)く　チャンスが　多(おお)いと　思(おも)ったからです。

IV. Ergänzen Sie die folgenden Sätze sinnvoll mit Hilfe der Wörter in den Klammern.

1. 課長(かちょう)は　どくしんの　ようです。（どくしんです）
2. ニュースによると　しゅしょうは　びょうきだ　そうです。（病気(びょうき)です）
3. 課長(かちょう)は　英語(えいご)が　ようです。（上手(じょうず)です）　じょうずな
4. リンダさんは　日本語(にほんご)が　にがてだ　そうです。（にがてです）
5. この　会社(かいしゃ)は　あまり　ひょうばんが　よくない　ようです。（よくないです）
6. ブラウンさんの　話(はなし)によると　リンダさんは　子(こ)どもが（ない）そうです。（ありません oder いません）
7. 加藤(かとう)さんの　むすこさんは　去年(きょねん)　大学(だいがく)の　試験(しけん)を（うけた）そうです。（受(う)けました）
8. 山田(やまだ)さんは　京都(きょうと)の　支社(ししゃ)で（はたらき）たがっています。（働(はたら)きます）

V. Wählen Sie die Aussage, die der beschriebenen Situation entspricht.

A. Sie teilen Ihrem Abteilungsleiter mit, dass Kimura angerufen und gesagt hat, dass er zu spät kommt.

1. 木村さんは　遅れるそでです。
2. 木村さんは　遅れたそうです。
3. 木村さんは　遅れる　ことも　あります。

B. Sie hören jemanden schnarchen und fragen sich, wer gerade ein Nickerchen macht.

1. だれか　ねたがっています。
2. だれか　ねるそうです。
3. だれか　ねているようです。

OFFENSICHTLICH IST HIER EIN STAR ABGESTIEGEN

SATZMUSTER 1A

～ようです

A：すごい人ですね。　Oh, was für eine Menschenmenge!

B：だれか有名な人が泊まっているようですね。

Hier scheint jemand Berühmtes abgestiegen zu sein.

Was machen Sie, wenn Sie eine Menschenmenge sehen? Fragen Sie sich, was da vorgehen mag? Schauen Sie sich das Ganze genauer an? Versuchen Sie heraus zu finden, auf wen oder was die Menge wartet?

ANWENDUNG DER SATZMUSTER 1A

1. Betrachten Sie die nachstehenden Bilder und lesen Sie, was Herr Sausewind (Bijī san) sagt.

① 事務所にだれかいるようですよ。まだ電気がついています。

② 何かあったようですね。ビルの前に人がたくさんいるし、けいさつの車もとまっています。

③ あの犬はだれかを待っているようですよ。今朝からずっと駅の前にすわっていて、駅から出てくる人を見ているんです。

④ いいにおい！この近くにイタリアレストランがあるようですね。

⑤ 背中に何かついているようなんですが。

Neues Vokabular

におい	Geruch, Aroma
背中	Rücken
～につく	haftet (fest) an..., klebt an...

2-1. Hören Sie sich die CD an, während Sie die nachstehenden Bilder betrachten. Fügen Sie den fehlenden Text für ①, ② und ③ jeweils an den freigelassenen Stellen ein.

2-2. Üben Sie den Dialog, während Sie sich die CD anhören. Achten Sie besonders genau auf Ihre Aussprache und sprechen Sie mit derselben Geschwindigkeit wie auf der CD.

EINE ÜBERRASCHUNGSPARTY ZUM GEBURTSTAG

Herrn Sausewind (Bijī san) wurde aufgetragen, einige Dokumente bis um sechs Uhr abends bei Herrn Grün zu Hause abzuliefern. Er ist mit Frau Kobayashi zusammen gegangen. Es ist nun genau sechs, aber...

① るすのようです ね。
② やはり でかけていないようです ね。
③ ケーキをやいているようです ね。

3-1. Lesen Sie die folgenden Abschnitte.

いつもとちがいます
Seltsames Betragen

① 最近、むすめの様子がちょっとかわったんです。急に、おしゃれになって、きれいになりました。週末はよく朝から二人分のおべんとうを作って出かけているんです。だれか好きな人ができたようです。

② 最近、X さんの様子がちょっとおかしいんです。仕事のミスも多いし、会議にもよく遅れて来ます。いろいろな人にお金を借りているし、ときどきクレジットカード会社から電話もあるんです。何か問題があるようです。

Neues Vokabular

おしゃれ	elegant, großartig aufgeputzt
二人分	für zwei Personen
好きな人ができる	einen Freund/eine Freundin finden
ミス	Fehler
クレジットカード会社	Kreditkartengesellschaft

3-2. Erzählen Sie die gerade gehörten Geschichten anhand der Bilder nach.

① 最近、むすめの様子がちょっとかわったんです。

② 最近、X さんの様子がちょっとおかしいんです。

SATZMUSTER 1B

〜ようです

A：きれいですね。　Sie ist doch wirklich schön!
B：ええ。花(はな)のようですね。　Jaah, wie eine Blume.

HINTERGRUNDINFORMATION
Außergewöhnliche schöne Frauen werden im Japanischen häufig als „schön wie eine Blume" bezeichnet.

ANWENDUNG DER SATZMUSTER 1B

1. Ergänzen Sie die unterstrichenen Satzteile sinngemäß wie in dem Beispiel.

①
A：おもしろいヘアースタイルですね。
B：ええ、鳥(とり)の<u>よう</u>ですね。

A：へびの<u>ような</u>ヘアースタイルです。
B：すごいですね。

②
A：今日(きょう)はいい天気(てんき)ですね。
B：ええ。春(はる)の<u>ように</u>あたたかいです。
A：今日(きょう)はコートがいりません。

③
A：これは本物(ほんもの)の (a)<u>よう</u>ですが、
食(た)べられないんですよ。
B：ええ！そうなんですか。
本物(ほんもの)の (b)<u>ように</u>見(み)えますね。

Neues Vokabular

ヘアースタイル	Frisur
鳥(とり)	Vogel

へび	Schlange
本物（ほんもの）	echt, Original

SATZMUSTER 2

～そうです

A：今朝（けさ）の地震（じしん）、大（おお）きかったですね。 Das Erdbeben heute morgen war stark, nicht wahr?

B：ニュースによると、新幹線（しんかんせん）がまだ止（と）まっているそうです。

Laut den Nachrichten fährt der Shinkansen immer noch nicht.

ANWENDUNG DER SATZMUSTER 2

1-1. Die nachstehenden Wörter und Bilder beschreiben, was diesen Morgen in den Fernsehnachrichten berichtet wurde. Erklären Sie jemandem, der die Sendung nicht gesehen hat, was in den Nachrichten gekommen ist. Vervollständigen Sie die Sätze durch Ergänzen der unterstrichenen Teile. Das Beispiel ist für Sie bestimmt.

Bsp. 午前（ごぜん）7時（じ）ごろ東京駅（とうきょうえき）で火事（かじ）がありました。
けがをした人（ひと）はいませんでした。

① 北海道（ほっかいどう）で地震（じしん）がありました。
くわしいことは、まだわかっていません。

② 明日（あした）は飛行機会社（ひこうきがいしゃ）がストです。
飛行機（ひこうき）は朝（あさ）からとびません。

③ 九州（きゅうしゅう）の近（ちか）くに台風（たいふう）が来（き）ています。
天気（てんき）は悪（わる）くなります。

Neues Vokabular

火事（かじ）　Feuer

Bsp.

東京駅（とうきょうえき）

①

地震（じしん）

②

スト

③

台風（たいふう）

Bsp.　午前（ごぜん）7時（じ）ごろ東京駅（とうきょうえき）で火事（かじ）があったそうです。
けがをした人（ひと）はいなかったそうです。

① 北海道（ほっかいどう）で地震（じしん）が (a)あった＿＿＿そうです。
くわしいことは (b)まだ わかっていないそうです。

② 明日（あした）、飛行機会社（ひこうきがいしゃ）が (a)ストだ＿＿＿そうです。
飛行機（ひこうき）は朝（あさ）から (b)とばない＿＿＿そうです。

③ 九州（きゅうしゅう）の近（ちか）くに台風（たいふう）が (a)きている＿＿＿そうです。
天気（てんき）は (b)わるくなる＿＿＿そうです。

1-2. Fassen Sie die folgenden Satzpaare gemäß dem Beispiel zu einem einzigen Satz zusammen.

① ほっかいどうでじしんがありましたが、くわしいことはまだわかっていないそうです。
② あしたはひこうきがいしゃがストなので、ひこうきは朝からとばないそうです。
③ きゅうしゅうのちかくにたいふうがきているので、てんきはわるくなるそうです。

2. Hören Sie sich die CD an und berichten Sie einem Freund das Gehörte durch Vervollständigen der folgenden Sätze.

① Ein Freund erkundigt sich nach den Öffnungszeiten von JBS. Hören Sie sich die Banddurchsagen des Geschäfts an und geben Sie dann Ihrem Freund Bescheid.

友(とも)だち：JBS ショップは日曜日(にちようび)も開(あ)いていますか。
あなた：いいえ。(a) にちようびは休みだ そうです。
友(とも)だち：何時(なんじ)から何時(なんじ)までですか。
あなた：(b) 9時から 5時までだ そうです。

② Der Zug, auf den Sie gemeinsam mit einem Freund warten, scheint nicht zu kommen. Eine Bahnhofsdurchsage erklärt die Verspätung. Teilen Sie Ihrem Freund den Inhalt der Durchsage mit.

友(とも)だち：アナウンスは今(いま)、何(なん)て言(い)ったんですか。
あなた：となりの駅(えき)が (a) かじだ そうです。
友(とも)だち：電車(でんしゃ)はいつ来(く)るんですか。
あなた：(b) 30ぷん おくれる そうです。

③ Als Nächstes der Wetterbericht. Ein Freund hat vor am nächsten Tag zu einer „o-hanami-Party" zu gehen. Sagen Sie Ihrem Freund, wie das Wetter voraussichtlich sein wird.

友(とも)だち：明日(あした)はあたたかいでしょうか。お花見(はなみ)に行(い)くんです。
あなた：天気予報(てんきよほう)によると　明日(あした)は (a) さむい そうです。
友(とも)だち：雨(あめ)はどうでしょう。
あなた：夜(よる)になってから (b) あめがふる そうです。夜(よる)、出(で)かけるなら (c) かさとコートをもっていったほう がいい そうです。

Neues Vokabular

天気予報(てんきよほう)　Wetterbericht

KOMMUNIKATION

1-1.Was soll Ihrer Meinung nach das nachstehende Bild darstellen? Es stehen vier verschiedene Beschreibungen zur Wahl. Markieren Sie die Ihrer Meinung nach am meisten zutreffende mit einem ○ . Falls Sie mit keiner übereinstimmen, geben Sie Ihre eigene in ⑤ .

① (　　) こうもりのように見(み)える。
② (　　) さるのように見(み)える。
③ (　　) 人間(にんげん)のように見(み)える。
④ (　　) ドラキュラのように見(み)える。
⑤ ＿＿花＿＿のように見(み)える。

Neues Vokabular

こうもり	Fledermaus
さる	Affe
人間(にんげん)	Mensch
ドラキュラ	Dracula, Vampir

1-2. Herr Sausewind (Bijī san) und Frau Kobayashi unterhalten sich über das obenstehende Foto. Hören Sie sich die CD an und beantworten Sie die folgenden Fragen.

① このしゃしんは何(なん)のしゃしんですか。
② ビジーさんは日本語(にほんご)がわからないとき、何(なん)と言(い)いましたか。

1-3. Was ist Ihrer Meinung nach auf den beiden folgenden Fotos zu sehen.

何(なん)のようですか。　　何(なに)をしているようですか。

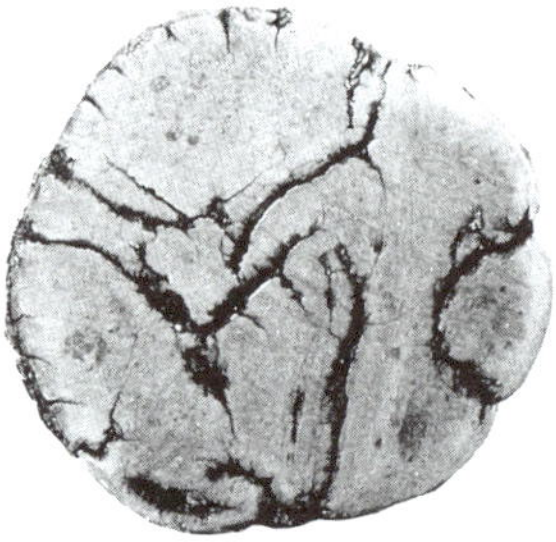

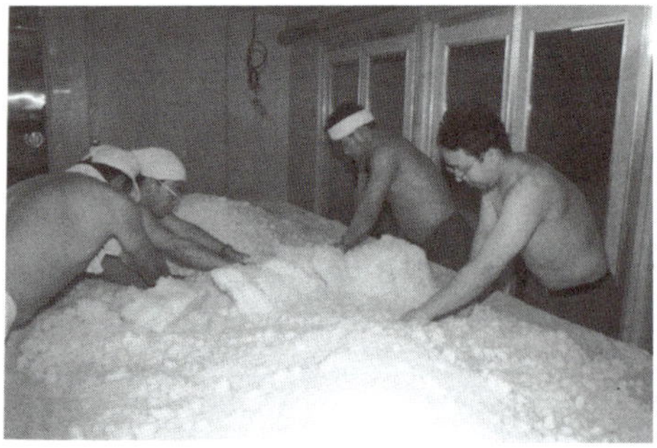

2-1. Betrachten Sie zusammen mit einem Partner die Bilder und erörtern Sie das Gesehene. Welchen Beruf übt der Mann auf Bild ① aus? Was macht wohl der Hund auf Bild ② ?
Umschreiben Sie anhand der Strategien in der vorhergehenden Übung (～って日本語で何て言うんですか。～はドイツ語で～ですか。) die unbekannten Vokabeln auf Japanisch.

①

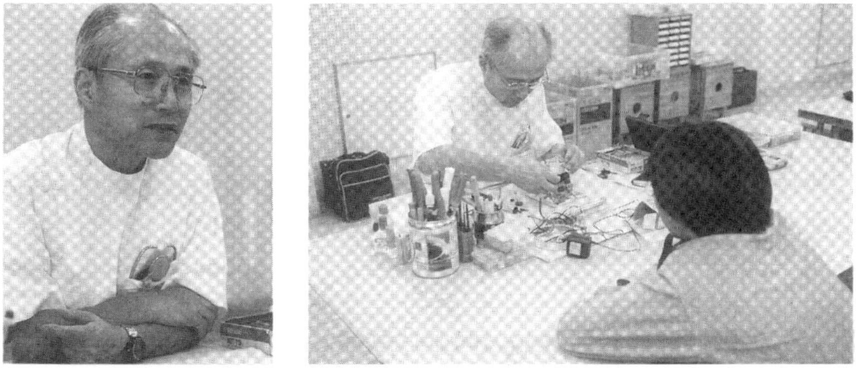

②

2-2. Nun arbeiten die Schüler paarweise. Zunächst ist festzulegen, wer A und wer B ist. Als nächstes lesen Sie die folgende Erklärung zu den Bildern. Erzählen Sie schließlich Ihrem Partner über die Bilder. Scheuen Sie sich nicht Ihre eigenen Worte zu gebrauchen, sorgen Sie aber unbedingt dafür, dass der gesamte Informationsgehalt übermittelt wird.

SCHÜLER (A)

①の写真の人はおもちゃのお医者さんです。古くなったおもちゃや、こわれたおもちゃを直します。最近はおもちゃがこわれたら、すぐ新しいのを買う人が多くなりましたが、おもちゃドクターによると、毎日、たくさんの子どもたちがこわれたおもちゃを持って来るそうです。こわれたおもちゃにはいろいろありますが、ほとんど

ハイテクおもちゃなのだそうです。

SCHÜLER (B)

②の写真は「ちょうどう犬」の写真です。「ちょうどう犬」は耳の不自由な人をたすける犬です。耳の不自由な人は時計のベルの音が聞こえません。玄関にだれか来たときも、ベルが聞こえないのでわかりません。そんなとき、「ちょうどう犬」は、ベルがなっていることを主人に教えます。主人の耳になることが、ちょうどう犬の仕事です。

Neues Vokabular

おもちゃ	Spielzeug
こわれる	zerbrechen
ドクター	Arzt, Doktor
ハイテク	Hochtechnologie-..., High-tech-...
ちょうどう犬	„Taubenhund“
耳の不自由な(人)	schwerhörig, taub
たすける	helfen, unterstützen

LESESTOFF

ザウゼシュリット新聞

ちょっと変わったゴルフ

Spielen Sie Golf? Wissen Sie, dass Golf selbst auf Plätzen in der Wüste gespielt wird, wo weit und breit kein Grashalm zu sehen ist? Wie geht das nun vor sich?

中東の国で仕事をする外国人ビジネスマンの間でゴルフはとても人気があるそうです。しかし、夏は気温が四〇度以上になりますから、暑い国でゴルフをするのはなかなか大変なようです。

バーレーンのアワリ・ゴルフクラブには自然の芝生がありません。白い砂の上でゴルフをします。砂の上でボールを打つのはとても難しいので、ゴルフをする人は三〇センチぐらいの人工芝のマットを持ってコースをまわります。このマットの上にボールを置いて打ちます。グリーンは砂と石油をかためてつくりますが、これは「ブラウン」と呼ぶそうです。この「ブラウン」はボールがよくころがるそうです。

1

Neues Vokabular

中東	der Nahe Osten	マット	Matte
バーレーン	Bahrain	コース	Golfplatz
アワリ・ゴルフクラブ	Awari Golf-Klub	グリーン	grün
芝生	Gras	石油	Rohöl, Erdöl
砂	Sand	かためる	härten
打つ	schlagen	ブラウン	braun
人工芝	künstlicher Rasen	ころがる	rollen

Fragen

1. バーレーンのゴルフ場ではどうして30センチぐらいの特別のマットを持ってコースをまわるのですか。
2. あなたの国にもちょっと変わったスポーツがありますか？それはどんなスポーツですか？

Sauseschritt Zeitung

Eine seltsame Golfrunde

Golf, so hcißt es, ist sehr beliebt bei den ausländischen Geschäfts- leuten, die im Nahen Osten tätig sind. Da die Temperaturen im Sommer oft 40 Grad übersteigen, ist das Golfspielen in solch glühend heißen Ländern - wie wir sehen werden - keine ganz einfache Sache.

Im Awari Golf-Klub in Bahrain gibt es kein echtes Gras. Statt dessen spielt man auf weißem Sand. Da es äußerst schwierig ist, den Ball direkt vom Sand zu schlagen, müssen die Spieler eine etwa 30 cm lange Matte aus Kunstrasen auf dem Platz mit sich herumtragen. Sie legen dann den Ball auf die Matte und schlagen ihn von dort aus. Die „Greens" erhält man durch Härten des Sands mit Erdöl, weswegen man sie tatsächlich auch „Browns" nennt. Offensichtlich rollen die Golfbälle sehr flüssig über diese „Browns".

NEUE KANJI

1. 卒業（ソツギョウ）

卒  (8)

業  (13)

2. 訪問（ホウモン）

訪  (11)

たず(ねる)

3. 面接（メンセツ）

接  (11)

4. 給料（キュウリョウ）

給  (12)

5. 個性的（コセイテキ）

個 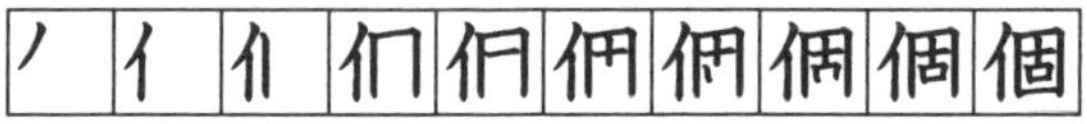 (10)

Kanji zum Erkennen: 系（ケイ）

LEKTION 2 EINE STORNIERTE RESERVIERUNG

Herr Schmidt muss seine Pläne ändern.

シュミット：もしもし、東京の　シュミットですが、あしたの　予約をとりけししたいんですが。

予約係：　あしたでございますか。

シュミット：ええ、台風で　ひこうきが　とばないかもしれないんです。

予約係：　はあ。申しわけありませんが、前日の　おとりけしの場合は　キャンセルチャージが　50パーセント　かかりますが・・・。

シュミット：50パーセントも！　私の　都合では　ないんですよ。台風で　行けないんです。

予約係：　はあ。まことに　申しわけありませんが、そういう決まりなので・・・。

シュミット：そうですか。

予約係：　お客様、後日　こちらに　お泊まりの　ご予定は　ありませんか。

シュミット：先に　のばす　場合は　キャンセルチャージは　払わなくても　いいんですか。

予約係：　はい、けっこうでございます。来週なら　お部屋がございます。

シュミット：日本に　いたら　行くんですが、来週から　海外出張で　むりなんです。また、電話して　予約し直します。

予約係：　お願いいたします。今　シーズン中で　こんでいますので、なるべく　早く　ごれんらくください。

シュミット：わかりました。それから　内金の　18,000円は　届きましたか。4、5日前に　送りましたから、もう　届いている　はずですが・・・。

予約係：　はい、昨日　たしかに　いただきました。内金は　お泊まりの　ときの　料金から　お引きします。では、お電話を　お待ちしています。

Schmidt: Hallo, hier Schmidt in Tōkyō. Ich möchte meine Reservierung für morgen rückgängig machen.

Sachbearbeiter (für Reservierungen): Für morgen, nicht wahr?

Schmidt: Ja. Wegen des Taifuns werden wahrscheinlich alle Flüge ausfallen.

Sachbearbeiter: Nun, ja. Ich bedauere sehr, aber im Fall einer Stornierung am Vortag (Tag vor Beginn der Reservierung) wird eine Stornierungsgebühr von 50 Prozent fällig.

Schmidt: 50 Prozent! Ich bin nicht verantwortlich für die Umstände. Wegen des Taifuns kann ich nicht reisen.

Sachbearbeiter: Sicherlich, ich bedauere wirklich sehr, aber wir haben diese Bestimmung...

Schmidt: Oh.

Sachbearbeiter: Wollen Sie nicht (vielleicht) zu einem späteren Datum hier bei uns absteigen?

Schmidt: Läßt sich bei einer Verschiebung die Stornierungsgebühr vermeiden?

Sachbearbeiter: Jawohl, das trifft zu. In der nächsten Woche hätten wir Zimmer frei.

Schmidt: Wenn ich in Japan wäre, würde ich kommen. Aber ab der nächsten Woche bin ich geschäftlich im Ausland unterwegs. Ich werde Sie noch einmal anrufen und die Reservierung ändern.

Sachbearbeiter: Bitte sehr. Da wir nun Hochsaison haben und ausgebucht sind, bitten wir Sie so bald wie möglich um eine Nachricht.

Schmidt: Sicher. Übrigens, haben Sie die Anzahlung von 18.000 Yen erhalten? Ich habe sie vor vier bis fünf Tagen überwiesen, und sie müsste (eigentlich inzwischen) eingetroffen sein.

Sachbearbeiter: Jawohl, wir haben den Betrag gestern erhalten. Wir werden die Anzahlung bei Ihrem Aufenthalt auf die Abschlussrechnung anrechnen. Wir erwarten Ihren Telefonanruf.

Neues Vokabular

とりけす	stornieren, rückgängig machen, annullieren, löschen
台風(たいふう)	Taifun
で	wegen, aufgrund von
はあ	ja, ich verstehe
前日(ぜんじつ)	vorhergehender Tag, Vortag
(お)とりけし	(Ihre) Stornierung
キャンセルチャージ	Stornierungsgebühr
パーセント	Prozent
も	(Emphase-Partikel)
まことに	tatsächlich, wirklich
決(き)まり	Regel, Entscheidung
後日(ごじつ)	späteres Datum, ein anderer Tag
(お)泊(と)まり	(Ihr) Aufenthalt
先(さき)	Zukunft
のばす	verschieben, verlegen, ausdehnen
海外(かいがい)	Ausland, Übersee
し直(なお)す	noch einmal machen, wiederholen
いたす	tun, machen (bescheiden-höflich)
シーズン中(ちゅう)	in der Hochsaison
なるべく	so… wie… möglich
はず	sollte sein/tun, es wird erwartet, dass…
昨日(さくじつ)	gestern (weniger umgangssprachlich als きのう)
お引(ひ)きする	abziehen
引(ひ)く	abziehen, subtrahieren, einen Rabatt geben
お待(ま)ちする	warten (bescheiden-höfliche Form von 待(ま)つ; siehe Band 3B Lektion 13)

GRAMMATIK UND LERNZIELE

- で, Angabe von Gründen

台風(たいふう)で

来週(らいしゅう)から　海外出張(かいがいしゅっちょう)で

今(いま)　シーズン中(ちゅう)で

Die Richtlinien für die verschiedenen Strukturen zum Ausdruck von Begründung oder Ursache lassen sich wie nachstehend aufgeführt zusammenfassen. (Für から , ので , und て siehe Band 1, Lektion 9 und Band 2B, Lektionen 13 und 14.)

Bei Bitten oder Vorschlägen, d.h. Sätzen, die z.B. auf てください , ませんか oder ましょう enden, sind weder die Strukturen mit der verbindenden て -Form noch die Konstruktion Substantiv plus で möglich. Die bevorzugten Strukturen werden mit ので oder なので gebildet. Und die bisher eingeführten Strukturen, から sowie ので und なので sind anwendbar.

Um die Aussage „(Wir) werden keine Autofahrt machen, weil es schneit." zum Ausdruck zu bringen, darf man im Japanischen nicht sagen: 雪(ゆき)が　ふって／雪(ゆき)で　ドライブに　行(い)きません In diesem Fall ist 雪(ゆき)が　ふるので／雪(ゆき)なので ... zu verwenden.

Soll die Bedeutung von „(Wir) können keine Autofahrt machen, weil es schneit."wieder gegeben werden, so ist 雪(ゆき)が　ふって／雪(ゆき)で　ドライブに　行(い)けません akzeptabel.

・はずです

4、5日前(にちまえ)に　送(おく)りましたから　もう　届(とど)いている　はずです。

Wie つもり ist auch はず ein Substantiv und bringt weniger eine Vermutung, sondern eher eine Schlussfolgerung auf faktischer Basis zum Ausdruck, auch wenn diese nicht immer auf der Hand liegt. Das Substantiv kann auf Verben, Adjektive oder andere Substantive plus の folgen (siehe Anhang A).

Beispiele:

1. この　ニュースは　何回(なんかい)も　テレビで　言(い)っていたから、多(おお)くの　人(ひと)が　知(し)っている　はずです。

   "Da diese Nachrichten viele Male im Fernsehen gekommen sind, müssen sie sehr vielen Leuten bekannt sein."

2. 手紙(てがみ)は　先週(せんしゅう)　出(だ)しましたから、鈴木(すずき)さんは　読(よ)んだ　はずです。

   „Ich habe den Brief letzte Woche abgeschickt, so dass ihn Suzuki (bereits) gelesen haben muss."

3. 手紙(てがみ)は　きのう　出(だ)しましたから、鈴木(すずき)さんは　まだ　読(よ)んでいない　はずです。

„Ich habe den Brief gestern aufgegeben, so dass ihn Suzuki noch nicht gelesen haben kann.“

4. その　家は　ベッドルームが　四つ　ありますから、十分　広い　はずです。

“Da dieses Haus vier Schlafzimmer hat, sollte es geräumig genug sein./ Dieses Haus hat vier Schlafzimmer und sollte daher geräumig genug sein.“

5. 毎月の　会議は　第 2 木曜日ですから、つぎは　6 月 12 日の　はずです。

“Die monatliche Konferenz ist an jedem 2. Donnerstag, so dass die nächste am 12. Juni stattfindet.“

ANMERKUNGEN

1. 日本に　いたら　行くんですが…。

Dieser Satz impliziert „Leider kann ich nicht fahren.“ Mit anderen Worten, eine Funktion der Konditionalform (たら , ば , なら) ist die Aussage, dass die Situation das Gegenteil der Voraussetzung darstellt.

2. 予約し直します。

直す angehängt an den ます -Stamm eines Verbs, vermittelt die Bedeutung von „wieder…“oder „erneut/noch einmal tun“. Die Bildung gleichartiger Zusammensetzungen ist mit 終わる , 始める und bestimmten anderen Wörtern möglich.
Beispiel: 食べ終わる -- „zu essen aufhören“, 読み始める - „zu lesen beginnen“, 書き直す - „noch einmal schreiben/umschreiben“.

3. 内金は　お泊まりの　とき　料金から　お引きします。では　お電話を　お待ちしています。

Die Satzstruktur mit dem Honorificum お vor dem ます -Stamm und gefolgt von する spielt die Wichtigkeit der eigenen Aktionen oder der Aktionen der eigenen Gruppe herunter. Bei bestimmten Verben ergibt sich derselbe Höflichkeitseffekt durch den Gebrauch eines Alternativworts. Wie aus der Vokabelliste ersichtlich, ist die bescheidene Form von する das Wort いたす . Die Formel お願いします (Verb 願う) ist ein Beispiel für die eine Struktur; お願(ねが)いいたします ist ein Beispiel für die Anwendung beider Strukturen.

EINFACHE SATZSTRUKTUREN ZUM EINPRÄGEN

1. 渡辺(わたなべ)さんは　きのう　かぜで　会社(かいしゃ)を　休(やす)みました。
2. スミスさんは　8時(じ)の　新幹線(しんかんせん)で　東京(とうきょう)を　出(で)ましたから、11時(じ)ごろ　そちらに　着(つ)く　はずです

1. (Herr) Watanabe hatte eine Erkältung und ist gestern nicht zur Arbeit gekommen.
2. (Herr) Schmidt hat Tōkyō mit dem 8-Uhr-Shinkansen verlassen, und dürfte/sollte dort gegen 11 Uhr ankommen.

ÜBUNGEN TEIL A

I. Formulieren Sie Dialoge durch Ändern der wie im folgenden Beispiel unterstrichenen Teile.

A. F: どうして　野球(やきゅう)の　試合(しあい)が　できないんですか。
A: 雨(あめ)で　できないんです。

1. エレベーターが　使(つか)えません、ていでん
2. 車(くるま)が　通(とお)れません、火事(かじ)
3. 国(くに)の　家族(かぞく)と　れんらくが　できません、せんそう
4. 電車(でんしゃ)が　動(うご)きません、じこ

II. Üben Sie die folgende Satzstruktur ein durch Ändern der wie im folgenden Beispiel unterstrichenen Teile.

まんいんで　入(はい)れませんから　別(べつ)の　所(ところ)を　さがしましょう。

1. スト、電車(でんしゃ)も　バスも　動(うご)きません、歩(ある)いて　帰(かえ)らなければ　なりません
2. 火事(かじ)、けがを　した　人(ひと)が　います、救急車(きゅうきゅうしゃ)を　よんでください
3. 雪(ゆき)、テニスが　できません、室内(しつない)プールで　およぎませんか
4. 仕事(しごと)、行(い)けないと　思(おも)います、旅館(りょかん)の　予約(よやく)を　とりけします

III. Formulieren Sie Dialoge durch Ändern der wie im folgenden Beispiel unterstrichenen Teile.

A. F: 会議は　いつ　終わりますか。

A: 8時ごろ　終わる　はずです。

1. リンダさん、成田に　着きます、土曜日の　夜
2. お客さん、来ます、この　会議が　終わる　ころ
3. せんきょの　けっか、わかります、今晩　遅く
4. 田中さん、日本に　もどりました、先週の　土曜日に

IV. Üben Sie die folgende Satzstruktur ein durch Ändern der wie im folgenden Beispiel unterstrichenen Teile.

田中さんは　出張ですから　来ない　はずです。

1. しゅじゅつしたばかりです、たくさん　食べられません
2. きのう　いませんでした、知りません
3. 海外に　行っています、今日は　来ていません
4. 入院していました、出席しませんでした

V. Formulieren Sie Dialoge durch Ändern der wie im folgenden Beispiel unterstrichenen Teile.

A. F: いつ　田中さんに　会えますか。

A: あした　来れば　田中さんに　会える　はずです。

1. 昼ごろまでに　大阪に　着けます、9時の　新幹線に　のります
2. 車で　1時間ぐらいで　行けます、朝　早く　出ます
3. この　へんで　新聞が　買えます、駅に　行きます
4. 半年で　やせられます、運動を　して　たくさん　食べません

B. F: 佐藤さんは　英語が　上手でしょうか。

A: ええ、上手な　はずです。アメリカに　いましたから。

1. しあわせです、けっこんしたばかりです
2. ひまです、こうちゃを　飲みながら　新聞を　読んでいます
3. あした　忙しいです、会議が　あります
4. 都合が　悪いです、大阪に　行かなければ　なりません
5. まだ　学生です、おととし　大学に　入りました
6. るすです、さっき　加藤さんと　いっしょに　出かけました

C. F: この　本(ほん)を　読(よ)みますか。
A: いいえ、読(よ)みません。　時間(じかん)が　あったら　読(よ)むんですが。

1. 今晩(こんばん)の　パーティーに　行(い)きます、ひまです
2. コンピューターを　使(つか)います、使(つか)い方(かた)が　やさしいです
3. もっと　食(た)べます、やわらかいです

VI. Bilden Sie für die nachstehenden Sätze zusammen gesetzte Verben wie im folgenden Beispiel.

予約(よやく)する、直(なお)します→予約(よやく)し直(なお)します。

1. 手紙(てがみ)を　書(か)く、直(なお)します
2. スライドを　見(み)る、終(お)わりました
3. 先月(せんげつ)から　日本語(にほんご)を　習(なら)う、始(はじ)めました
4. うら口(ぐち)の　ドアを　閉(し)める、わすれました
5. 一週間(いっしゅうかん)　雨(あめ)が　ふる、続(つづ)いています

Neues Vokabular

野球(やきゅう)	Baseball
試合(しあい)	Spiel, Wettkampf
エレベーター	Fahrstuhl, Lift
ていでん	Stromausfall
火事(かじ)	Brand, Feuer
救急車(きゅうきゅうしゃ)	Krankenwagen
室内(しつない)	im Haus / Zimmer, im Inneren
せんきょ	Wahl
遅(おそ)く	spät
もどる	zurück kehren / zurück kommen / wieder seinen ursprünglichen Zustand annehmen
しゅじゅつする	sich operieren lassen
しゅじゅつ	Operation, chirurgischer Eingriff
入院(にゅういん)する	ins Krankenhaus gehen/kommen/eingewiesen werden
入院(にゅういん)	Krankenhausaufenthalt
半年(はんとし)	sechs Monate (wörtl.: ein halbes Jahr)
しあわせ（な）	glücklich (-na-Adj.)
やわらかい	weich
書(か)き直(なお)す	noch einmal schreiben, umschreiben
続(つづ)く	fortsetzen

KURZE DIALOGE

1. A: この　コップ、使(つか)っても　いいですか。
   B: ええ、どうぞ。今(いま)　洗(あら)ったばかりだから、きれいな　はずです。

   A: Kann ich diese Tasse benutzen?
   B: Ja, bitte. Sie dürfte sauber sein, denn ich habe sie gerade gespült.

2. A: 佐藤(さとう)さんは　あした　会議(かいぎ)が　ある　ことを　知(し)らないと　言(い)っていましたよ。
   B: 鈴木(すずき)くんから　聞(き)いている　はずですが、かれ、言(い)いわすれたんでしょうか。

   A: (Herr) Satō sagte, er habe nicht gewusst, dass wir morgen eine Konferenz haben.
   B: Tatsächlich? Er sollte (eigentlich) von (Herrn) Suzuki davon gehört haben. (Herr) Suzuki muss (wohl) vergessen haben ihn zu informieren.

ÜBUNGEN TEIL B

I. Lesen Sie den Lektionstext und beantworten Sie die folgenden Fragen.

1. スミスさんは　どうして　旅館(りょかん)に　電話(でんわ)を　しましたか。
2. スミスさんは　車(くるま)で　旅行(りょこう)する　つもりでしたか、ひこうきで　出(で)かける　つもりでしたか。
3. 泊(と)まる　予定(よてい)を　先(さき)に　のばす　場合(ばあい)も　キャンセルチャージを　払(はら)わなければなりませんか。
4. どうして　スミスさんは　もう　内金(うちきん)が　届(とど)いている　はずだと　思(おも)っていますか。

II. Ergänzen Sie, falls nötig, die fehlenden Partikeln.

1. きのうは　かぜ（で　）会社(かいしゃ)（を　）休(やす)みました。
2. 主人(しゅじん)は　2時間(じかん)　前(まえ)（に　）うち（を　）出(で)ました（から　）、もう　そちらに　着(つ)いている　はずです。
3. 野球(やきゅう)の　試合(しあい)を　1週間(しゅうかん)　先(さき)（に　）のばしましょう。
4. 5（から　）3を　引(ひ)くと　2（に　）なります。

III. Ergänzen Sie die folgenden Fragen sinnvoll.

1. (なぜ) 電車(でんしゃ)が　動(うご)かないんですか。
   じこで　動(うご)かないんだそうです。
2. 社長(しゃちょう)は (いつ) 帰(かえ)りますか。
   来月(らいげつ)の　初(はじ)めに　帰(かえ)る　はずです。
3. キャンセルチャージは (いくら) かかりますか。
   前日(ぜんじつ)の　とりけしの　場合(ばあい)は　50パーセント　かかります。
4. けっこんしきは (何時) に　始(はじ)まりますか。
   10時(じ)ごろ　始(はじ)まる　はずです。

IV. Ergänzen Sie die Sätze mit den korrekten Verbformen.

1. 病気(びょうき)で、かれは (こられない) はずです。(来(こ)られません)
2. あの　ワープロは (つかい) にくかったので、別(べつ)のに (かえた) はずです。(使(つか)います、かえました)
3. 京都(きょうと)は　今(いま)　夏(なつ)まつりで (にぎやかな) はずです。(にぎやかです)
4. 今日(きょう)　手紙(てがみ)を (だせ) ば、あした (つく) はずです。(出(だ)します、着(つ)きます)
5. きのうは　一日中(いちにちじゅう) (かいぎだった)から、田中(たなか)さんは　大使館(たいしかん)に (行かなかった) はずです。(会議(かいぎ)でした、行(い)きませんでした)
6. 時間(じかん)が (あっ) たら　行(い)くんですが、忙(いそが)しくて (行けない) だろうと思(おも)います。(あります、行(い)けません)
7. 今日(きょう)は　土曜日(どようび)で　会社(かいしゃ)は (休みの) はずです。(休(やす)みです)

V. Markieren Sie das passende Wort in den Klammern.

1. (急(きゅう)に、~~さっそく~~、~~なるべく~~) 都合(つごう)が　悪(わる)く　なったので、予約(よやく)をとりけしてください。
2. 予約(よやく)を　とりけす　場合(ばあい)は (~~まことに~~、~~たいてい~~、必(かなら)ず) ごれんらくください。
3. 内金(うちきん)を　送(おく)りましたが、届(とど)いたでしょうか。
   はい、昨日(さくじつ) (~~なるべく~~、たしかに、~~はっきり~~) いただきました。

2

ER SOLLTE/ MÜSTE EIGENTLICH INZWISCHEN HIER SEIN

SATZMUSTER 1

～はずです

A: ホバートさん、遅いですね。先に行きましょうか。

Herr Hubert hat sich verspätet, nicht wahr? Sollen wir gehen?

B: 会社を 5 時に出たと秘書が言っているので、もう来るはずですよ。

Seine Sekretärin sagte, dass er das Büro um 5.00 Uhr verlassen hat; eigentlich sollte/müsste er inzwischen hier sein.

ホバート：待ち合わせはここのはずですが……。

Hubert: Hier ist es, wo wir uns treffen sollen/verabredet haben...

Wie drücken Sie in Ihrer Sprache eine begründete Überzeugung über etwas aus, was Sie nicht mit Sicherheit wissen?

ANWENDUNG DER SATZMUSTER 1

1-1. Vervollständigen Sie die Sätze durch Ergänzen der unterstrichenen Teile.

Bsp. A: コーヒーはもうできているでしょうか。

B: 10 分ぐらい前にコーヒーメーカーのスイッチを入れましたから、もう<u>できている</u>はずです。

① A: 東京デパートの駐車場は、いつでも車がとめられますか。

B: 午後は込んでいますが、午前中に行けば<u>とめられる</u>はずですよ。

② A: 東京(とうきょう)のインターナショナルスクールに日本人(にほんじん)の子(こ)どもも入(はい)れるでしょうか。

B: ええ、山田(やまだ)さんの息子(むすこ)さんが行(い)っていますから、はいれる はずですよ。

HINTERGRUNDINFORMATION

Tōkyō - und viele andere Städte in Japan mit vielen Ausländern - beherbergt zahlreiche „internationale Schulen", die regulären Schulunterricht für alle Altersstufen auf Englisch erteilen. Dabei folgt die Mehrzahl der Schulen dem US-amerikanischen Erziehungsmodell mit den in den USA üblichen Lehrplänen.

2

③ A: 年賀状(ねんがじょう)は元旦(がんたん)に着(つ)いたほうがいいと聞(き)きましたが、今(いま)出(だ)せば間(ま)に合(あ)うでしょうか。

B: 今日(きょう)は 12 月(がつ) 24 日(にち)ですから、今(いま)出(だ)せば まにあう はずです。

HINTERGRUNDINFORMATION

Damit die nengajō - die japanischen Neujahrsgrußkarten - auch am 1. Januar zugestellt werden, verlangt die japanische Post, dass alle Karten bis spätestens 25. Dezember aufgegeben werden.

Neues Vokabular

コーヒーメーカー	Kaffeemaschine
スイッチ	Schalter
インターナショナルスクール	Internationale Schule
元旦(がんたん)	Neujahrstag

1-2. Vervollständigen Sie die Sätze durch Ergänzen der unterstrichenen Teile.

Bsp. ビジー：会議室(かいぎしつ)にだれかいるようですね。

吉田(よしだ)：おかしいですね。今日(きょう)は会議(かいぎ)がないので、だれもいないはずですが。

①吉田(よしだ)：ビジーさん、どこに行(い)ってきたんですか。

ビジー：駅(えき)の前(まえ)のスーパーにサンドイッチを買(か)いに行(い)ったんですが、閉(し)まっていました。

吉田(よしだ)：おかしいですね。あの店(みせ)は 9 時(じ)までですから、まだ あいている はずですが。

ビジー：　今日は特別なんでしょうか。

②吉田：　さっき駅の前で人事部の山田さんを見ましたよ。
ビジー：　え、山田さんなら、今ロンドンに行っていますよ。
吉田：　そうですか。
ビジー：　ええ、吉田さんが見たのは山田さんではない＿＿はずですよ。

③ビジー：　ブラウンさん、来月ホンコン支店に転勤するそうですね。
ブラウン：え、だれに聞いたんですか。だれにも言っていないので、だれもしらない＿＿はずですが。

Neues Vokabular

人事部　　Personalabteilung

2-1. Hören Sie sich die CD an, während Sie die nachstehenden Bilder betrachten. Setzen Sie jeweils den fehlenden Text für ①, ② und ③ an den freigelassenen Stellen ein.

2-2. Üben Sie den Dialog, während Sie sich die CD anhören. Achten Sie besonders genau auf Ihre Aussprache und sprechen Sie mit derselben Geschwindigkeit wie auf der CD.

SICH VERLAUFEN HABEN

Herr Sausewind (Bijī san) geht zusammen mit Linda zu einem Konzert. Trotz einer Wegskizze können sie das Konzertgebäude nicht finden.

① このちかくのはずなんですが。
② ちずによるとこのへんにあるはずなんですが。
③ たしかにさいふにいれたはずなんですが。

3. Lesen Sie den folgenden Text und vervollständigen Sie dann den nachstehenden Dialog.

夏の夜のミステリー
Geheimnis einer Mittsommernacht

吉田さんは海の近くに古い別荘があります。週末によく家族とその別荘に行きます。かぎは吉田さんとおくさんしか持っていません。今週は吉田さんのおくさんと子どもたちは外国に行っているので、吉田さんは佐藤さんとビジーさんをさそって、その家に来ました。家の前で車からおりると……。

佐藤：　あれ、家の中で何かが動いた！だれかいるようですよ。
吉田：　いいえ、だれもいないはずですよ。
ビジー：くらくてよく見えませんが、カーテンが動いているようですよ。だれか来ているんじゃないですか。
吉田：　いいえ、だれもきていないはずです。かぎを持っているのは私と家内だけですから。
佐藤：　じゃ、きっとおくさんですよ。
吉田：　いいえ、かないではないはずです。今、子どもと海外に行っているんです。へんですね。
ビジー：おかしいですね。
佐藤：　ちょっとこわいですね。

三人はそっと家のドアを開けました。急いで電気をつけると、ねずみがテーブルの下にいました。

Neues Vokabular

別荘(べっそう)	Landhaus
さそう	einladen
こわい	erschreckend, furchterregend, unheimlich
そっと	leise, behutsam

SATZMUSTER 2

～で

停電(ていでん)でエレベーターが動(うご)きません。

Wegen Stromausfall ist der Fahrstuhl außer Betrieb.

ANWENDUNG DER SATZMUSTER 2

1. Sehen Sie sich die folgenden Bilder genau an und ergänzen Sie dann die fehlenden Satzteile mit den vorgegebenen Wörtern.

Bsp. こしょう

① 台風(たいふう)

② 火事(かじ)

③ 満員(まんいん)

④ インフルエンザ

Bsp. こしょう で車(くるま)が動(うご)きません。

① たいふう で野球(やきゅう)の試合(しあい)ができません。

② かじ でたくさんの人(ひと)がけがをしました。

③ まんいん で中(なか)に入(はい)れません。

④ インフルエンザ で会社(かいしゃ)を休(やす)みました。

2-1. Hören Sie sich die CD an. Eine Sekretärin wird von vier Kollegen angerufen und macht sich Notizen wie in der folgenden Tabelle. Geben Sie entsprechende Notizen für die anderen drei Mitteilungen an.

Person	Gegenstand	Grund
Bsp. 川田	朝の会議に遅れる	事故で電車が動かない
① 小林	(a)今日はかいしゃを休む	(b)かぜでねつがある
② ビジー	(a)ずめんをおくるのがおくれる	(b)こしょうでコンピューターがつかえない
③ 佐藤	(a)きょうじゅうに東京にか[illegible]ない	(b)たいふうでひこうきがとんでいない

2-2. Spielen Sie die Rolle der Sekretärin und geben Sie die Mitteilungen wie im folgenden Beispiel an Ihren Chef weiter.

Beispiel
部長、川田さんから電話がありました。
事故で電車が動いていないので、会議に
遅れるそうです。

KOMMUNIKATION

1-1. Herr Sausewind (Bijī-san), Frau Kobayashi und Herr Satō haben sich zu einem Konzertbesuch verabredet. Frau Kobayashi und Herr Satō warten am verabredeten Treffpunkt, aber Herr Sausewind ist noch nicht da. Hören Sie sich die CD an und markieren Sie die am meisten zutreffende Aussage mit ○.

① (○) 佐藤さんは早くコンサートに行きたいと思っている。
② ( ) 小林さんはビジーさんが来ないだろうと思っている。

1-2. Frau Kobayashi versucht Herrn Satō zu überreden, noch etwas länger auf Herrn Sausewind (Bijī-san) zu warten. Was sagt sie, um Herrn Satōs Einwände gegen längeres Warten zu entkräften? Tragen Sie Ihre Antworten in die vorgesehenen Leerstellen ein. Die erste ist bereits für Sie ausgefüllt.

	佐藤		小林
Bsp.	ビジーさんは来ないかもしれない。	→	Bsp. ぜったい来るはず。きのう来ると言っていた。
①	場所がわからないのであきらめたのかもしれない。	→	①ばしょはぜったいしっているはずです。昨日ちずをわたしました。
②	今日は残業かもしれない。	→	②今日はざんぎょうはないはずです。てまだと言っていました。

2. Die Schüler arbeiten paarweise. Zunächst wird festgelegt, wer A und wer B ist. Lesen Sie die nachstehenden Rollenspielkarten und üben Sie das Gespräch wie im Beispiel.

B hat es übernommen, seinem Kollegen A einen alten Universitätskommilitonen vorzustellen. A und B haben bereits über eine halbe Stunde gewartet, aber der Freund von B ist immer noch nicht da und B wird etwas ungeduldig.

SCHÜLER (A)

ZIEL: Überzeugen Sie Schüler B davon, dass Sie beide zusammen nach Hause gehen sollten, ohne noch länger zu warten.

GRÜNDE:

- Der Freund von Schüler B hat vielleicht die Verabredung ganz vergessen.
- Der Freund von Schüler B ist sich vielleicht nicht sicher über den Treffpunkt.
- Der Freund von Schüler B ist vielleicht einfach zu schüchtern Schüler A zu treffen.

SCHÜLER (B)

ZIEL: Überzeugen Sie Schüler A davon etwas länger zu warten.

GRÜNDE:

- Der (die) Freund(in) von Schüler B hat gestern telefonisch mitgeteilt, dass er/sie kommen werde.
- Schüler B hatte mit seinem Freund bei einer früheren Gelegenheit den selben Treffpunkt.
- Der (die) Freund(in) von Schüler B hat noch gestern am Telefon gesagt, dass er/sie sich auf die Begegnung freut.

Beispiel

A：遅いですね。どうしたんでしょう。今日の約束をわすれたのかもしれませんね。

B：いいえ、電話で＿＿＿＿＿＿＿＿＿＿＿＿＿＿＿＿。

ザウゼシュリット新聞

方向オンチの話

Im Japanischen wird eine Person, die leicht die Orientierung verliert, als „hōkō onchi“ bezeichnet, was buchstäblich „richtungstaub“ bedeutet. Wie nennen Sie solche Leute in Ihrer Heimat?

病気で入院している友達を車で訪ねたときの話です。車で行くのは初めてだったので、地図で道を確かめてから出かけました。高速道路をおりて二つ目の交差点を右に曲がるとその病院があるはずでした。でも、同じような建物がたくさんあって病院はなかなか見つかりませんでした。近くのコンビニで道を聞きました。店の人は次の角を右に曲がると病院が見えるはずだと言いました。しかし、次の角を右に曲がるとまたわからなくなって、同じ道を行ったり来たりしました。すぐそばにまたコンビニがあったので、もう一度道を聞こうと思って中に入りましたが、店員の顔を見てびっくりしました。さっき道を聞いたコンビニだったのです。

私のようによく道に迷う人を日本語で「方向オンチ」と言います。後でタクシーの運転手から聞いたのですが、道に迷ったときはなるべく大きい道に出るといいそうです。大きい道には道の名前を書いたサインがあるはずだからです。それに、近くのバス乗り場のサインや店のかんばんを見れば自分が今いる場所の名前がわかるはずなので、それを地図でさがせばいいと言っていました。

Neues Vokabular

方向オンチ	(Person, die) keinen Ortssinn hat
高速道路	Schnellstraße, Autobahn
コンビニ	Nachbarschaftsladen
道に迷う	sich verlaufen, die Orientierung verlieren
大きい道に出る	auf eine große Straße kommen
かんばん	Ladenschild
場所	Ort

Fragen

1. タクシーの運転手は道に迷ったときはどうすればいいと言いましたか。
2. あなたも道に迷って困ったことがありますか。そのときどうしましたか。

Sauseschritt Zeitung

Keinen Ortssinn

Das ist eine Geschichte, die davon handelt, wie ich einen Freund im Krankenhaus besuchte. Da es das erste Mal war, dass ich mit dem Auto dorthin fuhr, hatte ich mir vor der Fahrt eine Fahrroute auf einem Stadtplan zurechtgelegt. Abbiegen nach rechts an der zweiten Kreuzung nach der Abfahrt von der Schnellstraße hätte mich eigentlich zum Krankenhaus bringen müssen. Wegen der vielen gleich aussehenden Gebäude konnte ich aber mein Fahrtziel einfach nicht finden, und deshalb erkundigte ich mich in einem Nachbarschaftsladen nach dem Weg. Der Angestellte dort sagte mir, wenn ich an der nächsten Ecke rechts einbiegen würde, könnte ich das Krankenhaus sehen; als ich aber um die Ecke fuhr, konnte ich es nicht sehen und fuhr dann bloß immer wieder auf der selben Straße hin und her. Dort gab es einen anderen Nachbarschaftsladen; ich ging hinein, um wieder nach dem Weg zu fragen - und erlebte eine große Üerraschung, als ich das Gesicht des Angestellten sah. Ich war im selben Geschäft, in dem ich mich kurz zuvor schon erkundigt hatte!

Leute wie ich, die leicht die Orientierung verlieren, werden auf Japanisch als „hōkō onchi“ bezeichnet. Später riet mir dann ein Taxifahrer, dass man auf die größte Straße, die sich finden lässt, einbiegen soll, wenn man die Orientierung verloren hat - und zwar aus dem Grund, dass sich dort Schilder mit dem Straßennamen befinden. Wenn man dann außerdem noch einen Blick auf Bushaltestellen und Ladenschilder wirft, sollte man eigentlich den Namen des Orts, wo man sich gerade aufhält, herausfinden und dann auf einer Karte lokalisieren können.

2

NEUE KANJI

1. 台風（タイフウ）

台 | ㇜ 厶 𠂎 台 台 (5)

風 | 丿 几 几 凡 凡 凧 凧 風 風 (9)

かぜ

2. 引く（ひ）

引 | ㇕ ㇕ 弓 引 (4)

イン

3. 泊まる（と）

泊 | 丶 冫 氵 氵 汁 泊 泊 泊 (8)

ハク

4. 場合（ばあい）

場 | 一 十 土 圠 坧 坦 坦 坦 埸 場 場 場 (12)

ジョウ

合 | ノ 人 亼 今 合 合 (6)

ゴウ

5. 野球（ヤキュウ）

野 | 丨 冂 日 日 甲 甲 里 里 野 野 野 (11)

の

Kanji zum Erkennen: 救急車（キュウキュウシャ）

LEKTION 3 EINE NACHRICHT VON CHANG

Herr Chang reserviert Konzertkarten bei einer Kartenvorverkaufsstelle.

スタジオQ：チケット予約の　スタジオQでございます。

チャン：　あのう、チャンと　言いますが、中野さんを　お願いします。

スタジオQ：中野は　外出中です。

チャン：　何時ごろ　帰るか　わかりますか。

スタジオQ：1時すぎに　もどる　はずです。

チャン：　じゃ、伝言を　お願いします。
6月28日の　コンサートの　切符　3枚の　代金を　きのう　そちらの　銀行こうざに　ふりこんだと　伝えてください。それから、もう　1枚切符が　ほしいんですが、あるか　どうか　聞いてください。

スタジオQ：はい、わかりました。

チャン：　それから……とにかく　店に　もどったら、こちらに　電話するように　伝えてくれませんか。

スタジオQ：はい。そちらの　お電話番号を　どうぞ。

チャン：　3292-3365に　お願いします。これは　直通電話です。

スタジオQ：はい、3292-3365ですね。中野が　もどりましたら、すぐ　お電話するように　伝えます。

Frau Nakano hört von Herrn Changs Anruf.

スタジオQ：さっき、チャンさんと　いう　お客さんから　電話がありました。切符の　代金は　ふりこんだそうですが、もう　1枚　切符が　あるか　どうか　聞いていました。あなたからの　電話を待っていると　言っていました。これが　電話番号です。

Studio Q: Studio Q, Kartenreservierung.
Chang: Hallo, mein Name ist Chang. Frau Nakano, bitte.
Studio Q: Nakano ist nicht hier.
Chang: Wissen Sie, wann sie zurück kommt?
Studio Q: Nach 1 Uhr.
Chang: Dann möchte ich eine Nachricht hinterlassen. Richten Sie ihr bitte aus, dass ich das Geld für die drei Karten für das Konzert am 28. Juni gestern auf Ihr Bankkonto überwiesen habe. Außerdem hätte ich gern noch eine Karte. Bitte fragen Sie (sie), ob noch eine (Karte) erhältlich ist.
Studio Q: Ja, selbstverständlich.
Chang: Also - auf jeden Fall, bitte richten Sie ihr aus, dass sie mich anruft, wenn sie zurück kommt.
Studio Q: Sicher. Ihre Telefonnummer, bitte?
Chang: 3292-3365. Das ist eine Durchwahl.
Studio Q: Also 3292-3365, nicht wahr? Wenn sie zurück kommt, sage ich ihr sofort, dass sie Sie anrufen soll.

Studio Q: Vor einer Weile hat ein Kunde, (namens) Chang, angerufen. Er lässt Ihnen ausrichten, dass er das Geld für die Karten überwiesen hat, und fragt, ob noch eine Karte erhältlich ist. Er sagte, dass er Ihren Anruf erwartet. Hier ist seine Telefonnummer.

Neues Vokabular

スタジオ	Studio
チケット	Eintrittskarte
外出中（がいしゅつちゅう）	ist nicht hier, ist unterwegs
外出（がいしゅつ）	ausgehen, das Ausgehen
～中（ちゅう）	während, dabei sein, etwas zu tun
～すぎに	nach
伝言（でんごん）	Nachricht, Mitteilung
コンサート	Konzert
代金（だいきん）	Geld, Gebühr
こうざ	Bankkonto
～か　どうか	...ob, ...(oder nicht)
とにかく	jedenfalls
ように	(für indirekte Bitten)
直通（ちょくつう）	Wörtlich: „Direktverbindung“, „Durchstellung“
～と　いう	namens, genannt, mit dem Namen
電話（でんわ）が　ありました	es wurde angerufen, es gab einen Telefonanruf

GRAMMATIK UND LERNZIELE

- Hinterlassen und Ausrichten von Nachrichten

  Hinterlässt man eine Nachricht, so richten sich Höflichkeitsstufe und höfliche Ausdrücke nach der Beziehung zwischen drei Leuten - dem Sprecher, der angesprochenen Person und dem Empfänger der Nachricht. In dieser Lektion werden die gebräuchlichen und normalen Strukturen eingeführt. Wenn Sie eine ältere Person zu Hause anrufen oder einen Kunden in seinem Büro und bei Abwesenheit eine Nachricht hinterlassen, empfehlen sich höfliche Ausdrücke. Beispiele hierfür sind die kurzen Dialoge 2 und 3 in dieser Lektion.

  敬語(けいご) bzw. höfliche Ausdrücke werden in den Lektionen 11, 13 und 17 in Band 3B behandelt.

  切符(きっぷ)　3枚(まい)の　代金(だいきん)を　ふりこんだと　伝(つた)えてください。
  こちらに　電話(でんわ)するように　言(い)ってくれませんか。
  もう　1枚(まい)　切符(きっぷ)が　あるか　どうか　聞(き)いてください。

  Diese Strukturen sind üblich, wenn man eine Nachricht hinterlassen will. 伝(つた)えて oder 言(い)って dient zum Ausdruck der indirekten Rede oder Bitte. Bei indirekten Fragesätzen ist ein passendes Verb 聞(き)いて, wie in 聞(き)いてください - „bitte fragen Sie ihn/sie" erforderlich.

  Die vorliegenden Strukturen sind eigentlich eine Fortsetzung von Material in Band 2A, Lektion 8 und Lektion 1 in diesem Band.

  切符(きっぷ)の　代金(だいきん)は　ふりこんだそうですが、もう　1枚(まい)　切符(きっぷ)が　あるか　どうか　聞(き)いていました。
  あなたからの　電話(でんわ)を　待(ま)っていると　言(い)っていました。

  Die beiden Strukturen -- そうです und と　言(い)っていました　können zum Ausrichten von Nachrichten dienen. Ist das Zitat als Frage formuliert, so folgt 聞(き)いている.

  田中(たなか)さんは　スミスさんが　あした　どこに　行(い)くか　聞(き)いていました。„Tanaka fragte, wohin Schmidt morgen geht."

- Abschlussstrukturen von zitierten Sätzen

  Bestimmte Strukturen sind direkt auf den Typ des zitierten Satzes bezogen.

1. Bei zitierten Aussagen: 切符(きっぷ)の　代金(だいきん)を　ふりこんだと　伝(つた)えてください。„Richten Sie ihm bitte aus, dass ich das Geld für die Karten überwiesen habe.“ (Normalform + と) (Siehe Anhang A.)

2. Bei zitierten Bitten: bejahend -- 電話(でんわ)するように　言(い)ってくれませんか。„Würden Sie ihr ausrichten, dass sie mich anruft?“ (Grundform + ように); verneinend　電話(でんわ)しないように　言(い)ってください。

   „Bitte, richten Sie ihm aus, dass er mich nicht anruft.“ (ない -Form + ように)　Da diese Strukturen wie Anweisungen klingen, sind sie in formelleren Situationen nicht üblich. Um den angemessenen Respekt für die Person, auf die man sich bezieht, auszudrücken, sind höfliche Ausdrücke (siehe Lektion 11 in Band 3B) wie etwa てくださるように oder ていただくように anzuwenden.

   Beispiel: スミスさんに　電話(でんわ)してくださるように　お伝(つた)えください。„Würden Sie bitte Herrn Schmidt ausrichten, dass er mich anrufen möchte/soll.“ (Der Gegenstand des Respekts ist Schmidt und nicht die Person, die den Anruf beantwortet.)

3. Bei zitierten Entscheidungsfragen: もう　1枚(まい)　切符(きっぷ)が　あるか　どうか　聞(き)いてください . „Fragen Sie bitte, ob noch eine Karte erhältlich ist.“ (Die Partikel か in かどうか und 何時(なんじ)ごろ　帰(かえ)るか ist dieselbe か wie am Ende eines Fragesatzes.) Beachten Sie, wie in den folgenden Beispielen Strukturen mit einfachen Verbformen und beiden Adjektivtypen sowie Substantiven angewandt werden.

   1. 切符(きっぷ)の　代金(だいきん)が　届(とど)いたか　どうか　聞(き)いてください。
      „Fragen Sie bitte, ob das Geld für die Karten eingetroffen ist.“
   2. 大(おお)きいか　どうか　聞(き)いてください。
      „Fragen Sie bitte, ob es groß ist (oder nicht).“
   3. 便利(べんり)か　どうか　聞(き)いてください。
      „Fragen Sie bitte, ob es ihm/ihr passt.“
   4. 日本人(にほんじん)か　どうか　聞(き)いてください。
      „Fragen Sie bitte, ob sie Japaner sind.“

4. Bei zitierten Fragen mit Fragewort: 何時(なんじ)ごろ　帰(かえ)るか　わかりますか。„Wissen Sie, wann sie zurück sein wird?“
   Zusätzliche Beispiele:

1. いつ　送(おく)ったか　聞(き)いてください。

„Fragen Sie bitte, wann sie es geschickt hat.“

2. 何(なに)が　好(す)きか　聞(き)いてください。

„Fragen Sie bitte, was sie mögen.“

Bei Verben wie 知(し)らせる , 知(し)る oder たのむ gehen vorhergehende zitierte Sätze auf diese Muster aus.

1. 私(わたし)は　きのう　旅館(りょかん)に　電話(でんわ)を　して、台風(たいふう)で　行(い)けないと　知(し)らせました。

„Ich habe gestern den Gasthof/Ryokan angerufen und mitgeteilt, dass ich wegen des Taifuns nicht fahren kann.“

2. かれが　どこから　来(き)たか　だれも　知(し)りません。

„Niemand weiß, woher er kommt/stammt.“

3. かれに　今(いま)　サインするように　たのみましょう。

„Bitten wir ihn, dass er jetzt unterschreibt.“

ANMERKUNGEN

1. 中野(なかの)は　外出中(がいしゅつちゅう)です。

Im Geschäftsleben ist es allgemein üblich, beim Gespräch mit Außenstehenden bei der Nennung von Namen der Mitglieder der eigenen Gruppe das さん auszulassen, was ja auch im Familienkreis üblich ist.

2. 外出中(がいしゅつちゅう)

Dieses 中(ちゅう) entspricht dem Suffix 中(ちゅう) in 1 年中(ねんじゅう) und 日本中(にほんじゅう) (siehe Band 2A, Lektion 2, Anmerkungen). Es hat die Bedeutung von „beschäftigt sein mit“ oder „dabei sein/im Begriff sein etwas zu tun“ wie in 食事中(しょくじちゅう) - „beim Mittagessen (wörtl.: einer Mahlzeit) sein/zum Mittagessen aus(gegangen) sein“ und 会議中(かいぎちゅう) - „in/bei einer Konferenz“.

3. 中野(なかの)が　もどりましたら

たら kann sowohl auf die です / ます -Form als auch die einfachen Formen folgen.

Hierbei dient は zur Betonung des Subjekts.

4. チャンさんと　いう　お客(きゃく)さん

Der Sachbearbeiter von Studio Q bedient sich dieser Struktur statt einfach nur „Chang“, um sich zu vergewissern, ob Nakano der Name geläufig ist.

1. 山本太郎(やまもとたろう)さんと　いう　人(ひと)を　知(し)っていますか。

„Kennen Sie jemanden mit dem Namen Tarō Yamamoto?“ /„Kennen Sie einen (gewissen) Tarō Yamamoto?“

2. ロンドンで　「さくら」と　いう　レストランに　行(い)きました。

„In London war ich in einem Restaurant namens Sakura.“

EINFACHE SATZSTRUKTUREN ZUM EINPRÄGEN

1. 田中(たなか)さんが　何時(なんじ)に　帰(かえ)るか　わかりません。
2. さか屋(や)に　電話(でんわ)して、ビールを　20本(ぽん)　持(も)ってくるように　言(い)ってください。
3. 加藤(かとう)さんに　来週(らいしゅう)　ゴルフに　行(い)くか　どうか　聞(き)いてください。

1. Ich weiß nicht, wann Tanaka zurück kommt.
2. Rufen Sie bitten den Spirituosenhändler an, und bestellen Sie 20 Flaschen Bier.
3. Fragen Sie bitte Herrn Katō, ob er nächste Woche zum Golf(en) geht.

ÜBUNGEN TEIL A

I. Formulieren Sie Dialoge durch Ändern der wie im folgenden Beispiel unterstrichenen Teile.

A. F: 中野(なかの)さんが　何時(なんじ)ごろ　帰(かえ)るか　わかりますか。
A: さあ、何時(なんじ)ごろ　帰(かえ)るか　ちょっと　わかりません。

1. 何時(なんじ)の　ひこうきに　のりますか
2. どこに　住(す)んでいますか
3. どうして　パーティーに　来(き)ませんでしたか
4. どんな　食(た)べ物(もの)が　好(す)きですか

B. F: あしたは　時間(じかん)が　あるでしょうか。
A: さあ、時間(じかん)が　あるか　どうか　わかりません。

1. 田中(たなか)さんは　運転(うんてん)できます
2. 田中(たなか)さんは　メイソンさんを　知(し)っています
3. 鈴木(すずき)くんは　会議(かいぎ)の　時間(じかん)を　みんなに　知(し)らせました
4. 駅前(えきまえ)の　新(あたら)しい　レストランは　おいしいです

C. F: ブラウンさんに　また　後(あと)で　電話(でんわ)すると　伝(つた)えてください。
A: はい、しょうちしました。

1. あしたから 2週間(しゅうかん) 出張(しゅっちょう)します
2. そちらからの 手紙(てがみ)が 届(とど)きました
3. 予約(よやく)は できませんでした
4. あしたより あさっての ほうが いいです
5. 山崎(やまざき)さんは 今(いま) 旅行中(りょこうちゅう)です
6. 面接(めんせつ)を 受(う)けたけど だめでした

D. A: 鈴木(すずき)くんを お願(ねが)いします。
B: 今(いま) 会議中(かいぎちゅう)ですが。
A: じゃ、鈴木(すずき)くんに 後(あと)で こちらに 電話(でんわ)するように 言(い)ってください。
B: はい、そう 伝(つた)えます。

1. 来客中(らいきゃくちゅう)、後(あと)で こちらに 資料(しりょう)を 持(も)ってきます
2. 電話中(でんわちゅう)、こちらに 来(く)るとき はんこを わすれません
3. 食事中(しょくじちゅう)、会議(かいぎ)に 遅(おく)れません
4. 出張中(しゅっちょうちゅう)、出張(しゅっちょう)から もどったら すぐ 人事部(じんじぶ)に れんらくします

E. A: 中野(なかの)さんに コンサートは 何時(なんじ)に 始(はじ)まるか 聞(き)いてください。
B: はい、少々(しょうしょう) お待(ま)ちください。

1. どの 旅館(りょかん)に 予約(よやく)できましたか
2. いつまでに 返事(へんじ)が 必要(ひつよう)ですか
3. あした 集(あつ)まる 人(ひと)は 何人(なんにん)ですか
4. ミーティングは 水曜(すいよう)と 木曜(もくよう)と どちらが いいですか

F. A: 中野(なかの)さんに もう 1枚(まい) 切符(きっぷ)が あるか どうか 聞(き)いてください。
B: はい、ちょっと お待(ま)ちください。今(いま) 聞(き)いてきます。

1. りょうしゅう書(しょ)が 要(い)ります
2. 山田(やまだ)さんから 電話(でんわ)を もらいました
3. A社(しゃ)の 社長(しゃちょう)に 会(あ)うのは あしたです
4. あしたの 晩(ばん)は ひまです

II. Üben Sie die folgenden Satzstrukturen ein durch Ändern der wie im folgenden Beispiel unterstrichenen Teile.

A. 木村(きむら)さんに あした 8時(じ)に 来(く)るように 伝(つた)えます。

1. エアコンの　調子(ちょうし)を　たしかめます、たのみましょう
2. アメリカからの　お客(きゃく)さんを　空港(くうこう)に　むかえに　行(い)きます、言(い)いましょうか
3. A社(しゃ)に　今日中(きょうじゅう)に　れんらくします、伝(つた)えましょうか
4. 会議(かいぎ)の　ときに　もっと　大(おお)きい　声(こえ)で　話(はな)します、言(い)いました
5. ひようが　いくら　かかるか　調(しら)べます、たのみました

B. 夏休(なつやす)みを　何日(なんにち)　とるか　まだ　決(き)めていません。

1. 上田(うえだ)さんの　けっこんしきは　何日(なんにち)ですか、知(し)っていますか
2. だれが　社長(しゃちょう)に　なりますか、あしたに　なれば　わかります
3. アメリカ本社(ほんしゃ)の　ふく社長(しゃちょう)が　いつ　来(き)ますか、月曜日(げつようび)に知(し)らせます

C. わすれ物(もの)が　出(で)てきたか　どうか　駅(えき)に　問(と)い合(あ)わせました。

1. ファックスが　届(とど)きました、電話(でんわ)して　たしかめてください
2. 2階(かい)の　会議室(かいぎしつ)が　使(つか)えます、山田(やまだ)さんに　聞(き)いてきます
3. 新(あたら)しい　プロジェクトが　せいこうします、みんな　心配(しんぱい)しています

III. Formulieren Sie Dialoge durch Ändern der wie im folgenden Beispiel unterstrichenen Teile.

A. F: 何(なん)と　いう　本(ほん)を　読(よ)みましたか。

A: 「こころ」と　いう本(ほん)を　読(よ)みました。

1. 料理(りょうり)です、ちゃわんむし
2. ホテルに　泊(と)まります、プレジデント
3. 会社(かいしゃ)に　入(はい)りました、ABC
4. 方(かた)から　電話(でんわ)が　ありました、山本(やまもと)さん

Neues Vokabular

メイソン	Maison (Name)
駅前(えきまえ)	Bereich im Umkreis eines Bahnhofs
しょうちしました	ich verstehe, sicher/einverstanden (nicht ganz so höflich wie かしこまりました
山崎(やまざき)	japanischer Familienname
会議中(かいぎちゅう)	in einer Konferenz/Sitzung
来客(らいきゃく)	Gast

人事部（じんじぶ）	Personalabteilung
集（あつ）まる	sich versammeln, zusammen kommen
ミーティング	Meeting, Treffen
水曜（すいよう）	Mittwoch
木曜（もくよう）	Donnerstag
りょうしゅう書（しょ）	Quittung
エアコン	Klimaanlage (in einem Zimmer)
調子（ちょうし）	Zustand
ひよう	Kosten, Ausgaben
調（しら）べる	prüfen, untersuchen
上田（うえだ）	japanischer Familienname
ふく社長（しゃちょう）	Vizepräsident (einer Firma)
ふく	Vize..., Unter..., Assistenz...
問（と）い合（あ）わせる	fragen, sich erkundigen
せいこうする	erfolgreich sein, Erfolg haben
せいこう	Erfolg
心配（しんぱい）する	sich Sorgen machen um/wegen, beunruhigt sein
心配（しんぱい）	Sorge, Beunruhigung
こころ	Herz (nicht das Organ), Seele, Geist, Gemüt
ちゃわんむし	gedämpfter Eierstich mit Shōyu, Matsutake, Mitsuba usw.
プレジデント	Präsident
方（かた）	Person (höflich)

KURZE DIALOGE

1. A: 安（やす）くて　しゃれた　しょっきを　さがしているんですが・・・。
   B: 安（やす）いか　どうか　わかりませんが、しゃれた　ものを　売（う）っている　店（みせ）は　知（し）っていますよ。

   A: Ich suche nach preiswertem, ansprechendem Geschirr.
   B: Ich weiß nicht, ob es billig oder teuer ist, aber ich kenne ein Geschäft, wo man Sachen mit gutem Design verkauft.

2. 田中（たなか）：　もしもし、林部長（はやしぶちょう）、いらっしゃいますか。
   ひしょ：ただいま　会議中（かいぎちゅう）でございます。
   田中（たなか）：　そうですか。では、田中（たなか）から　電話（でんわ）が　あったと　お伝（つた）えください。

   Tanaka: Hallo, ist Herr Hayashi da?
   Sekretärin: Er ist zur Zeit in einer Konferenz.

Tanaka: Dann richten Sie ihm bitte aus, dass ich angerufen habe.

3. トーマス： 東京大学(とうきょうだいがく)の　トーマスと　言(い)いますが、田中(たなか)すみ子(こ)先生(せんせい)、いらっしゃいますか。

田中(たなか)の　むすめ：母(はは)は　今(いま)　出(で)かけていますが・・・。

トーマス： では、すみませんが　急用(きゅうよう)が　ありますので、自宅(じたく)のほうに　電話(でんわ)してくださるように　お伝(つた)えください。

田中(たなか)の　むすめ：はい、わかりました。

Thomas: Ich bin Thomas von der Tōkyō-Universität. Ist Frau Professor Sumiko Tanaka zu Hause?

Tanakas Tochter: Im Augenblick ist sie (leider) nicht da/ausgegangen.

Thomas: Nun, es ist dringend; würden Sie ihr bitte ausrichten, dass sie mich zu Hause anrufen möchte/anruft.

Tanakas Tochter: Ja, einverstanden.

Neues Vokabular

しゃれた	attraktiv, ansprechend, geschmackvoll, chic (Blumensteckkunst)
しょっき	Geschirr
ただいま	jetzt, (gerade) eben, gleich/in einem Moment (formeller als 今(いま))
東京大学(とうきょうだいがく)	Tōkyō-Universität
トーマス	Thomas
すみ子(こ)	weiblicher Vorname
急用(きゅうよう)	dringende Angelegenheit
自宅(じたく)	das (eigene) Zuhause, die eigene Wohnung
～てくださる	Grundform von てください

ÜBUNGEN TEIL B

I. Lesen Sie den Lektionstext und beantworten Sie die folgenden Fragen.

1. チャンさんは　切符(きっぷ)を　キャンセルしようと　思(おも)って　電話(でんわ)を　しましたか、もう　1枚(まい)　買(か)おうと　思(おも)って　電話(でんわ)を　しましたか。
2. スタジオＱの　人(ひと)は　中野(なかの)さんが　何時(なんじ)ごろ　帰(かえ)るか　知(し)っていましたか。
3. チャンさんは　中野(なかの)さんが　もどったら、何番(なんばん)に　電話(でんわ)するようにたのみましたか。

3

4. チャンさんの　伝言を　中野さんに　伝えたのは　だれですか。
5. チャンさんは　コンサートの　切符を　全部で　何枚　買う　つもりですか。

II. Ergänzen Sie, falls nötig, die fehlenden Partikeln.

1. 東京の　地図（が　）ほしいんですが、ありますか。
2. 今日は　そちらに　うかがえない（と　）伝えてください。
3. 中野さんに　午後　店に　いる（か　）どう（か　）聞いてください。
4. いつ　北海道へ　行きますか。
   いつ　行く（か　）まだ　決めていません。
5. 鈴木さんは　3時すぎ（に　）もどると　言っていました。
6. さっき　田中さん（から）あなたに　電話が　ありました。

III. Kreisen Sie das passende Wort in den Klammern ein.

1. かのじょは　スペイン語が　わかりますか。
   メキシコ人ですから、（~~なかなか~~、もちろん、~~ちっとも~~）わかるはずです。
2. いつまでに　手紙を　出さなければ　なりませんか。
   （なるべく、~~ほとんど~~、~~ずいぶん~~）早く　出してください。
3. いつまでに　図面を　送りましょうか。
   急がなくても　いいですが、（~~さっき~~、~~[illegible]~~、とにかく）図面ができたら、送ってください。

IV. Vervollständigen Sie die Sätze mit der richtigen Verbform.

1. さいふを　どこで　おとした　か　覚えていません。（おとしました）
2. 課長が　この　ワープロを（き に 入る）か　どうか　わかりません。（気に入ります）
3. 中村さんに　何を　たべたい　か　聞いてください。（食べたいです）
4. 車が　よごれて　いるので、かれに（あらう）ように　言ってください。（よごれます、洗います）
5. 伝言は　たしかに（きいた）と　伝えてください。（聞きました）
6. 木村さんに　あさっては（こなくてもいい）と　伝えてください。（来なくてもいいです）
7. 渡辺さんに　鈴木さんは　がいしゅつちゅうだ　と　伝えてください。（外出中です）

V. Wählen Sie die zur beschriebenen Situation passende Aussage.

A. Sie rufen eine Kollegin zu Hause an und hinterlassen ihr die Nachricht, dass sie am nächsten Morgen um 8 Uhr ins Büro kommen soll.

1. あした　8時に　行くと　伝えてください。
2. あした　8時に　来てください。
3. あした　8時に　来るように　伝えてください。

B. Sie teilen einem Anrufer mit, dass Sie nicht wissen, ob der Kollege heute ins Büro zurück kommt.

1. 会社に　もどるか　どうか　わかりません。
2. 会社に　いつ　もどるか　聞いてください。
3. 会社に　もどるか　どうか　知らせてください。

3

ICH HABE KEINE AHNUNG, WANN DAS MÖGLICH SEIN WIRD.

SATZMUSTER 1

〜か／〜かどうか

A: いつ、うちゅう旅行に行けるでしょうか。

Ich frage mich, wann wir Weltraumreisen machen können?

B: さあ、いつ行けるかわかりません。

Ich habe keine Ahnung, wann wir das machen können.

A: 21世紀の終わりには行けるでしょうか。

Ich frage mich, ob das am Ende des 21. Jahrhunderts möglich sein wird?

B: さあ、行けるかどうかわかりません。

Haben Sie sich schon einmal gefragt, wie das Leben am Ende des 21. Jahrhunderts sein wird? Glauben Sie, dass wir auf Raumreisen gehen werden? Oder glauben Sie, dass die Erde ein wüster und öder Planet sein wird - verwüstet durch Atomkrieg oder Umweltkatastrophen?

Neues Vokabular

21 世紀	21. Jahrhundert

ANWENDUNG DER SATZMUSTER 1

1-1. Trifft eine der nachstehenden Aussagen auf Sie zu? Füllen Sie den folgenden Fragebogen aus und beantworten Sie dabei jede Frage mit der am meisten zutreffenden Antwort von A bis F. Lesen Sie die SCHLÜSSELFORMEN durch. Stellen Sie dann jemandem die Fragen.

Was machen Sie, wenn Sie das Haus verlassen?

SCHLÜSSELFORMEN
A いつも
B よく
C ときどき
D たまに
E めったに
F ぜんぜん

出かける前に

❑ 電気をけしたかどうかかくにんする。
❑ るす電をセットしたかどうかかくにんする。
❑ さいふを持ったかどうかかくにんする。
❑ くつがきれいかどうかかくにんする。
❑ 服装が似合っているかどうかかがみを見て、かくにんする。

出かけてから

❑ かぎを閉めたかどうか気になる。
❑ エアコンやストーブをけしたかどうか気になる。
❑ まどを閉めたかどうか気になる。

Neues Vokabular

かくにんする	sicherstellen, sich vergewissern, dafür sorgen, dass . . .
るす電	Anrufbeantworter
似合う	zusammenpassen, jm. stehen (Kleidung)
かがみ	Spiegel
気になる	sich Sorgen machen (wegen); nicht aus dem Sinn gehen, nicht vergessen können

1-2 . Vervollständigen Sie die Sätze durch Ergänzen der unterstrichenen Teile.

Bsp.A: 21世紀(せいき)の終(お)わりにせきゆがまだあるでしょうか。

B: さあ、あるかどうかわかりません。

① A: 21世紀(せいき)の終(お)わりにタイムマシンがつくれるでしょうか。

B: さあ、つくれるかどうか わかりません。

② A: 21世紀(せいき)の終(お)わりに世界(せかい)の人口(じんこう)は今(いま)よりふえているでしょうか。

B: さあ、ふえているかどうか わかりません。

Neues Vokabular

せきゆ	Erdöl
タイムマシン	Zeitmaschine

2-1. Vervollständigen Sie die Sätze durch Ändern der unterstrichenen Teile.

ロンドン支社(ししゃ)のジョンソンさんが出張(しゅっちょう)で日本(にほん)に来(き)ます。東京支社(とうきょうししゃ)の人(ひと)がジョンソンさんについて話(はな)しています。

Bsp. A: ジョンソンさんは何時(なんじ)に成田空港(なりたくうこう)に着(つ)きますか。

B: 何時(なんじ)に着(つ)くか聞(き)いていません。

① A: ジョンソンさんはだれと取引先(とりひきさき)をまわりますか。

B: だれととりひきさきをまわるか 聞(き)いていません。

② A: ジョンソンさんはどこにあいさつに行(い)きますか。

B: どこにあいさつにいくか 聞(き)いていません。

③ A: ジョンソンさんはどんな料理(りょうり)が好(す)きですか。

B: どんなりょうりが好きか わかりません。

2-2. Vervollständigen Sie die Sätze durch Einsetzen der passenden Phrasen.

① A: ジョンソンさんといっしょに食事(しょくじ)をするそうですね。

B: ええ、日本料理(にほんりょうり)のレストランに行(い)こうと思(おも)っているんですが、どこにいくか かまだ決(き)めていません。

A:「すしまさ」はどうですか。静(しず)かでおいしいすし屋(や)ですよ。

② A: ジョンソンさんの通訳(つうやく)をだれかにたのむんですか。

B: ええ、たのむつもりなんですが、だれにたのむか かまだ決(き)めていないんです。

A: スミスさんはどうですか。日本語(にほんご)がとても上手(じょうず)ですよ。

3. Nutzen Sie die folgenden Sätze für Dialoge wie in dem nachstehenden Beispiel.

ビジーさんは先月、中国旅行のツアーに申し込みました。かくにんしたいことがあるので、今からたんとう者の田中さんに電話をかけます。

Beispiel

ビジー：　もしもし、ＪＢＰコンピューターのビジーですが、田中さんをお願いします。

旅行会社の人：　申しわけございません。田中は今席をはずしておりますが。

ビジー：　Bsp. ツアーに行く人が全部で何人になったか聞きたいんですが。

旅行会社の人：　さっそくしらべて、ごれんらくします。

Bsp. ツアーに行く人は全部で何人になりましたか。

① 今からホテルのグレードはかえられますか。

② 一人部屋を申し込むとどのぐらい高くなりますか。

③ ほけん料はツアーの費用に入っていますか。

④ 当日何時までに空港に行かなければなりませんか。

Neues Vokabular

ツアー	Tour/Reise
席をはずしております	nicht an seinem (Arbeits)Platz sein
グレード	(Hotel)Klasse, Niveau
ほけん料	Versicherungsprämie
当日	damals, am betreffenden Tag

4-1. Lesen Sie die folgenden Absätze durch.

心配しています
Ich bin etwas besorgt

①吉田さん：　私は明日から家族全員で北海道にスキーに行く予定です。つまも子どもたちも北海道に行ったことがないので、楽しみにしています。でも、3日前からストで飛行機がとんでいないので、旅行に行けるかどうか心配しています。

②ビジーさん：私は12月に日本語の試験を受けようと思っています。先生は、よく勉強したので、合格するだろうと言っています。でも、私は、漢字をあまりおぼえていないので、合格するかどうか心配しています。

③佐藤さん：　私は明日からアメリカ支社に出張します。今までは部長といっしょに行っていましたが、今回は一人で行ってプレゼンテーションしなければなりません。プレゼンテーションをするのは初めてなので、うまくできるかどうか心配しています。

Neues Vokabular

今回	dieses Mal, bei dieser Gelegenheit
プレゼンテーション	Präsentation, Vorstellung

4-2. Beantworten Sie die folgenden Fragen, um sicher zu gehen, dass das Gelesene auch voll und ganz von Ihnen verstanden wurde.

① (a) 吉田さんは明日から何をする予定ですか。
(b) 吉田さんはどうして旅行に行けるかどうか心配していますか。

② (a) ビジーさんは12月に何をしようと思ってますか。
(b) ビジーさんはどうして合格するかどうか心配していますか。

③ (a) 佐藤さんは明日どこに行きますか。
(b) 佐藤さんはどうしてプレゼンテーションがうまくできるかどうか心配していますか。

FREIES SPRECHEN

4-3 Haben Sie sich schon einmal Sorgen gemacht oder hatten Sie jemals Befürchtungen etwas zu tun? Hören Sie sich die Erfahrungen einer anderen Person auf der CD an! Wählen Sie ein Thema aus der nachstehenden Liste aus und sprechen Sie frei darüber. Fassen Sie schließlich Ihre eigene Geschichte wie im folgenden Kasten zusammen.

Erläutern Sie die Umstände ____。
________________ので________________かどうか心配しています。

THEMEN

日本語でスピーチをする　　新しい会社に入る
転勤する　　日本人のうちに行く

SATZMUSTER 2

～ように言いました

部長はビジーさんに明日までに資料を作るように言いました。

Der Chef wies Herrn Sausewind an, die Unterlagen bis morgen zusammen zu stellen.

ANWENDUNG DER SATZMUSTER 2

1-1. Formulieren Sie die Sätze wie im folgenden Beispiel um.

Bsp. 部長はビジーさんに「会議室を予約してください。」と言いました。
→部長はビジーさんに<u>会議室を予約するように</u>言いました。

① 部長はビジーさんに「明日の会議に遅れないでください。」と言い

ました。

→ 部長はビジーさんに 明日のかいぎにおくれないように 言いました。

② 部長はビジーさんに「出張の費用がいくらかかるかしらべてください。」と言いました。

→ 部長はビジーさんに しゅっちょうのひようがいくらかかるか しらべるように 言いました。

③ 部長はビジーさんに「大阪支社に着く時間をれんらくしてください。」と言いました。

→ 部長はビジーさんに おおさかししゃにつくじかんをれんらく するように 言いました。

1-2. Lesen Sie die folgenden Dialoge durch und beantworten Sie die Fragen.

① 佐藤さんは今、外出中です。ビジーさんにれんらくしたいことがあるので、会社に電話をします。

佐藤：佐藤ですが、ビジーさんお願いします。
小林：今、電話中ですが……。
佐藤：じゃ、明日の会議の前に打ち合わせをしたいので、少し早目に来るように伝えてくれませんか。
小林：わかりました。そう伝えます。

(a) だれがだれに、明日少し早目に来るように伝えますか。
(b) だれが明日少し早目に来ますか。

② グリーンさんは今、出張中です。ビジーさんにたのみたいことがあるので、会社に電話をします。

グリーン：グリーンですが、ビジーさんお願いします。
近藤：今、食事に行っています。
グリーン：じゃ、明日の会議に必要な資料を今日中にそろえるように伝えてください。
近藤：わかりました。そう伝えます。

(a) だれがだれに会議に必要な資料をそろえるように伝えますか。
(b) だれが会議に必要な資料をそろえますか。

Neues Vokabular

そろえる　　zusammen bringen, zusammen stellen

KOMMUNIKATION

1-1. Hören Sie sich das Telefongespräch auf der CD an und markieren Sie die Aussagen, die das Gespräch am genauesten beschreiben, mit einem ◯ .

① (a) (〇) ビジーさんが落合(おちあい)さんに資料(しりょう)を送(おく)る。
(b) (　) 落合(おちあい)さんがビジーさんに資料(しりょう)を送(おく)る。

② (a) (　) 佐藤(さとう)さんがビジーさんに見積書(みつもりしょ)を送(おく)る。
(b) (〇) ビジーさんが佐藤(さとう)さんに見積書(みつもりしょ)を送(おく)る。

③ (a) (〇) 大阪支社(おおさかししゃ)の人(ひと)がビジーさんの送(おく)った資料(しりょう)がとどいたかどうか佐藤(さとう)さんに聞(き)く。
(b) (　) 佐藤(さとう)さんが大阪支社(おおさかししゃ)の人(ひと)にビジーさんの送(おく)った資料(しりょう)がとどいたかどうか聞(き)く。

1-2. Die Schüler arbeiten paarweise. Zunächst wird festgelegt, wer A und wer B ist. Lesen Sie dann die nachstehenden Rollenspielkarten und üben Sie das Gespräch zusammen anhand des Dialogs 1-1.

2-1

SCHÜLER (A)	SCHÜLER (B)
Sie heißen Yamada und rufen dreimal Ihre Frau im Büro an und hinterlassen die folgenden drei Nachrichten.	Sie nehmen drei Telefongespräche für eine Kollegin, Frau Yamada, entgegen, und zwar von einem Mitglied ihrer Familie. Nachdem Sie jedesmal erklären, warum Frau Yamada dem Anrufer nicht antworten kann, nehmen Sie eine Nachricht entgegen.
☎① Ihr Kind ist krank und Sie gehen zum Krankenhaus. ☎② Sie wollen wissen, ob Ihre Frau sofort zum Krankenhaus kommen kann oder nicht. ☎③ Sie wollen, dass Ihre Frau Sie auf dem Heimweg vom Krankenhaus abholt.	① Frau Yamada spricht (gerade) an einem anderen Telefon. ② Frau Yamada ist (zur Zeit) nicht an ihrem Platz. ③ Frau Yamada ist nicht im Büro.

2-2

SCHÜLER (A) Sie führen drei Telefongespräche mit Ihrem Büro und hinterlassen drei Nachrichten für Ihren Kollegen Herrn Satō	SCHÜLER (B) Sie nehmen drei Telefongespräche für einen Kollegen, Herrn Satō, entgegen. Nachdem Sie jedesmal erklären, warum Herr Satō dem Anrufer nicht antworten kann, nehmen Sie eine Nachricht entgegen.
☎① Die Konferenz beginnt um 3.00 Uhr. ☎② Sie wollen wissen, ob die Unterlagen für die Konferenz bereit sind oder nicht. ☎③ Sie brauchen die Unterlagen vor der Konferenz und wollen, dass sie Herr Satō bis 2.00 Uhr abliefert.	① Herr Satō ist nicht im Büro. ② Herr Satō ist (zur Zeit) nicht an seinem Platz. ③ Herr Satō spricht (gerade) an einem anderen Telefon.

LESESTOFF

あいづち

聞き手が「話をよく聞いていますよ。ですから、話を続けてください」という気持ちを話し手に表す時に、あいづちをうちます。話し手の話と聞き手のあいづちで会話が進みます。

ですから、聞き手があいづちをうたないと、わかったかどうか話し手は心配になります。それで、「わかりましたか」「わかりましたか」と何度も言ったりします。特に、電話で話す時、相手の顔が見えませんから、あいづちはとても大切です。

あいづちには、「はい」「ええ」「はあ」「そうですか」などがありますし、ほかに「ほんと」「へえ」「なるほど」などと言うこともあります。また、声を出さないで、うなずいたり適当な表情をしたりすることもあります。

Neues Vokabular

聞き手	Zuhörer
特に	insbesondere, besonders
よく	gut, aufmerksam
相手	Partner
ですから	daher, aus diesem Grund
顔	Gesicht
続ける	fortsetzen, weiter machen
大切(な)	wichtig
気持ち	Gefühl
ほんと	wirklich
話し手	Sprecher
へえ	was Sie nicht sagen, tatsächlich
表す	ausdrücken
なるほど	Ah ja! /Richtig! /Aha! /Stimmt!
あいづちを うつ	als Zuhörer dem Sprecher signalisieren, dass man ihm aufmerksam folgt
また	und, außerdem

会話（かいわ）	Gespräch, Konversation
声（こえ）を出（だ）す	etwas sagen/äußern
進（すす）む	vorankommen, vorwärtsgehen
声（こえ）	Stimme
心配（しんぱい）	Sorge, Beunruhigung
うなずく	(bestätigend) nicken
それで	und dann, deshalb
適当（てきとう）（な）	passend
何度（なんど）も	vielmals, oft
表情（ひょうじょう）	Gesichtsausdruck, Mienenspiel

Aizuchi

Wenn der Zuhörer bei einem Gespräch in freundlicher Weise ausdrüken möchte, dass er dem Gesagten aufmerksam folgt („Ich höre, was Sie sagen, fahren Sie bitte fort"), so sagt er etwas, um den Gesprächspartner zum Weitersprechen zu ermuntern. Auf Japanisch nennt man solche Ermunterungsformeln -- „Aizuchi". Die Konversation setzt sich fort, indem der eine Partner spricht und der andere den Sprecher zum Weitermachen animiert.

Falls der Zuhörer nichts Ermunterndes äußert, beginnt sich der Sprecher zu fragen, ob der Gesprächspartner überhaupt etwas mitbekommt. Das führt zu häufigen Bestätigungsfragen „Verstehen Sie mich?" Da man beim Telefonieren den Gesichtsausdruck des Gesprächspartners nicht sehen kann, sind in diesem Fall „Ermunterungsformeln" besonders wichtig.

Zu den „Ermunterungsformeln" oder Aizuchi zählen u.a. hai, ee, hā und sō desu ka. Alternativen sind hontō, hē, naruhodo u.a. Gelegentlich kann das Aizuchi auch statt verbal durch ein Nicken oder sonst passendes Mienenspiel ausgedrükt werden.

ザウゼシュリット新聞

さいふの旅行

Ist es Ihnen schon einmal vorgekommen, dass ein Gegenstand, den Sie verloren und komplett vergessen hatten, urplötzlich vor Ihnen wieder auftaucht? Im Folgenden erfahren Sie die wahre Geschichte einer Brieftasche, die in Australien verloren ging und einen Monat später in Japan gefunden wurde.

Ａ君はオーストラリアのハンターバレーという地方に住んでいる高校生だ。八月のある日、映画を見に行こうと思ってバスに乗ったが、さいふがないのに気がついた。いつ、どこでなくしたか全然覚えていなかった。誰か拾った人がいたかどうか警察に問い合わせたが、さいふは届いていなかった。

それから一ヶ月後、このさいふは日本の工場で見つかった。工場で作業中の人が石炭の中から見つけたのだ。さいふの中にはオーストラリアのお金が五〇ドルと運転免許証が入っていた。それで、このさいふがＡ君のものだとわかったのだ。石炭はハンターバレーの山から日本に運んだものだが、どうしてこのさいふが石炭といっしょに九〇〇〇キロの長い旅行をしたのかだれにもわからなかった。石炭を輸入した会社の人が十月にオーストラリアに出張したが、そのときこのさいふをＡ君にわたした。Ａ君は「信じられない！皆さんによろしくお伝えください」と言って感激していたそうだ。

Neues Vokabular

オーストラリア	Australien
作業中（さぎょうちゅう）	bei der Arbeit

ハンターバレー	Hunter Valley
石炭	Kohle
地方	Region, Gegend
運転免許証	Führerschein
ある日	eines Tages
輸入する	importieren
気がつく	bemerken
感激する	tief bewegt/gerührt/ergriffen sein
1ヶ月後	einen Monat später

Fragen

1. 日本の工場で見つかったさいふが、どうしてA君のものだとわかったのですか。
2. あなたにも落とし物についての忘れられない話がありますか。

Sauseschritt Zeitung

Die Reise einer Brieftasche

A ist ein High-school-Schüler, der im Hunter Valley in Australien lebt. Eines Tages im August fuhr er mit dem Bus (in die Stadt), um ins Kino zu gehen, und musste dabei feststellen, dass er seine Brieftasche verloren hatte. Er hatte absolut keine Ahnung, wie sie ihm abhanden gekommen war. Er ging zur Polizei, um dort nachzufragen, ob sie vielleicht von jemandem gefunden und abgegeben worden sei, hatte aber kein Glück.

Einen Monat später tauchte die Brieftasche in einem Werk in Japan auf, wo sie jemand während der Arbeit in einem Kohlenhaufen fand. In der Brieftasche befanden sich fünfzig australische Dollar und ein Führerschein weswegen der Eigentümer bekannt war. Die Kohle war von den Bergen des Hunter Valley nach Japan importiert worden, aber niemand weiß, warum die Brieftasche die Kohle auf ihrer 9000 Kilometer langen Reise begleitet hatte. Im Oktober ging ein Mitarbeiter der Firma, die die Kohle importierte, auf Geschäftsreise nach Australien und gab die Brieftasche persönlich an A zurück. A, der tief gerührt war, konnte kaum glauben, was da geschehen war, und bat den Mitarbeiter allen (im Werk) seinen Dank zu übermitteln.

NEUE KANJI

1. 伝言（デンゴン）

伝　ノ イ 仁 仁 伝 伝 (6)

つた(える)

2. 直通（チョクツウ）

直　一 十 亣 冇 有 有 直 直 (8)

なお(す)

3. 切符（きっぷ）

切　一 七 切 切 (4)

セツ・き(る)

符　ノ 𠂉 ⺮ ⺮ ⺮ ⺮ 竹 符 符 符 符 (11)

フ

4. 空港（クウコウ）

港　丶 冫 氵 氵 汁 汫 洪 洪 洪 港 港 港 (12)

みなと

5. 代金（ダイキン）

代　ノ イ 仁 代 代 (5)

か(える)・か(わる)

LEKTION 4 EINKAUFEN VON TÖPFERWAREN

Frau Schmidt und Frau Tanaka schauen sich Töpferwaren an.

シュミット夫人(ふじん)：あの　お皿(さら)、いいですね。ほしいけれど　高(たか)そうですね。

田中夫人(たなかふじん)：ちょっと　待(ま)ってください。店(みせ)の　人(ひと)に　聞(き)きますから。

田中夫人(たなかふじん)：30万円(まんえん)ですって。有名(ゆうめい)な　人(ひと)の　作品(さくひん)らしいです。

シュミット夫人(ふじん)：そうですか。やっぱり　いいものは　高(たか)いんですね。

田中夫人(たなかふじん)：もう　1枚(まい)の　お皿(さら)は　もっと　高(たか)いそうです。

シュミット夫人(ふじん)：1枚(まい)　1500円(えん)ぐらいのは　ないんでしょうか。

田中夫人(たなかふじん)：これは　1700円(えん)ですが、こうしょうすれば　安(やす)くなりそうですよ。

シュミット夫人(ふじん)：安(やす)く　なるなら　買(か)おうかしら。

Frau Schmidt kauft einige Teller.

シュミット夫人(ふじん)：すみません、これは　いくらですか。

店(みせ)の人：1枚(まい)　1700円(えん)です。いい品(しな)ですよ。この　皿(さら)を使(つか)うと　料理(りょうり)が　おいしそうに　見(み)えますよ。

シュミット夫人(ふじん)：6枚(まい)　ほしいんですが、もう　少(すこ)し　安(やす)く　してくださいませんか。

店の人：　そうですねえ。じゃあ、お安く　しましょう。
1 枚　1,600 円に　しましょう。

シュミット夫人：どうも　ありがとう。　それから、この　はしおきも　お願いします。

店の人：　じゃ、全部で　12,600 円に　なります。

Schmidt: Dieser Teller ist hübsch, nicht wahr? Ich möchte ihn gerne (haben), aber er sieht teuer aus.
Tanaka: Moment (mal), ich frage den Ladenbesitzer.
Tanaka: Er sagt 300.000 Yen. Der Teller ist wohl das Werk eines berühmten Töpfers.
Schmidt: So?! Ja, schließlich hat Qualität ihren Preis.
Tanaka: Er sagte, dass der andere Teller (dort drüben) noch teurer ist.
Schmidt: Gibt es denn hier keine Teller für ungefähr 1.500 Yen pro Stück?
Tanaka: Der hier kostet 1.700 Yen, aber wenn wir handeln, können wir ihn wahrscheinlich billiger bekommen.
Schmidt: Wenn ich ihn billiger bekomme, dann könnte ich ihn eigentlich kaufen.

Schmidt: Sagen Sie (mal), wie viel kostet das?
Ladenbesitzer: 1.700 Yen pro Stück. Das ist gute Qualität! Auf diesem Teller sieht das Essen wirklich lecker aus.
Schmidt: Ich hätte gerne sechs. Könnten Sie mit dem Preis etwas heruntergehen?
Ladenbesitzer: Also... gut. Ich mache Ihnen einen besseren Preis. Sagen wir 1.600 Yen pro Stück.
Schmidt: Vielen Dank. Und diese Essstäbchenauflagen nehme ich auch.
Ladenbesitzer: Gut, das macht dann alles zusammen 12.600 Yen.

Neues Vokabular

（お）皿	Teller, Platte
けれど	aber, jedoch
高そうです	teuer aussehen
～そうです	sieht aus; man sagt, dass...
～（です）って	ich höre, ...
作品	Werk, Erzeugnis
～らしい	sieht aus (als ob/wie), scheint... zu sein
もう	der andere, ein anderer
こうしょう	Verhandlung
～かしら	ich frage mich, ob... (informelle Frauensprache)

品(しな)	Waren, Artikel, Güter
おいしそうに　見(み)える	sieht schmackhaft/lecker/delikat aus
安(やす)く　する	(es) billiger machen
はしおき	Essstäbchenauflage
はし	Essstäbchen
全部(ぜんぶ)で	alles zusammen

GRAMMATIK UND LERNZIELE

- そうです　„sieht aus wie/als ob"

  ほしいけれど　高(たか)そうですね。

  安(やす)く　なりそうです

  Beachten Sie die verschiedenen Formen, die diese Phrase そうです annimmt. Bei Verben wird sie an den ます -Stamm angehängt.

  Beispiel: 雨(あめ)が　ふりそうです .

  „Es sieht aus, als ob es regnen wird/es sieht nach Regen aus."

  Bei Adjektiven wird sie an den Stamm angehängt: 高(たか)そう z.B., und 便利(べんり)そうです „Es scheint praktisch/bequem zu sein."

  Das Adjektiv いい / よい wird zu よさそうです .. Ebenso wird ない zu なさそうです wie in かぜを　ひきましたが、ねつは　なさそうです - „Er/Sie hat sich erkältet, scheint aber kein Fieber zu haben."

  Bei der Modifizierung von Substantiven oder Verben wird die Struktur zu そうな oder そうに wie in この　お皿(さら)を　使(つか)うと　料理(りょうり)が　おいしそうに　見(み)えますよ。

  Beispiel: よさそうな　皿(さら) - „ein offensichtlich guter Teller";

  高(たか)そうな　皿(さら) - „ein teuer aussehender Teller".

  そう lässt sich nicht nach Substantiven verwenden; in diesem Fall ist らしい zu wählen (siehe Anmerkung 3 in dieser Lektion).

- く／に　する , に　なる

  こうしょうすれば　安(やす)く　なりそうですよ。

  もう　少(すこ)し　安(やす)く　してくださいませんか。

  お安(やす)く　しましょう。

  1 枚(まい)　1,600 円(えん)に　しましょう。

  1,600 円(えん)に　なりました。

く／に　する bringt die Absicht des Sprechers zum Ausdruck, in diesem Fall das, zu dem er sich entschieden hat. Aus der Sicht des Hörers würde die Struktur く／に　なる sein, nämlich die Anzeige des Resultats - d.h. das, zu dem er sich entschieden hat. Sich diese Unterscheidung vor Augen zu halten ist wichtig, und auch, dass nach Substantiven und な -Adjektiven die Struktur する／なる ist. Bei adverbialem Gebrauch (siehe Band 2A, Lektion 2) bedient man sich der く / に -Form der Adjektive vor する oder なる und mit Substantiven. Die Struktur ist Substantiv + にする / なる .

Man muss sich die Grundbedeutung von く / に なる als „geworden sein" denken. く / に なる , das unbestimmter als く / に する ist, dient jedoch unter Umständen dazu, den Sprecher als nicht verantwortlich für eine Entscheidung erscheinen zu lassen.

ANMERKUNGEN

1. あの　お皿（さら）、いいですね。

   Beachten Sie das Fehlen einer Partikel nach お皿（さら）. Dadurch wird tatsächlich die Aufmerksamkeit auf den Gegenstand gelenkt, und hier besagt die Struktur soviel wie „Schau Dir mal diesen Teller an."

2. 30万円（まんえん）ですって。

   って , das auf die です / ます -Form folgt, ist bedeutungsgleich mit だそうです und kommt vor allem in der Frauensprache vor. だって (in den KURZEN DIALOGEN) hat dieselbe Bedeutung und wird in informeller Sprache auch von Männern gebraucht.

3. 有名（ゆうめい）な　人（ひと）の　作品（さくひん）らしいです。

   Der Ladenbesitzer hat Frau Tanaka einige Angaben über den Künstler mitgeteilt, von dem der Teller stammt, so dass sie eine Schlussfolgerung zieht und sagt: 有名（ゆうめい）な　人（ひと）の　作品（さくひん）らしいです .

   らしい deutet die Ungewissheit des Sprechers an und folgt auf Substantive, Verben und Adjektive (siehe Anhang A). Es wird wie い -Adjektive konjugiert.

   Schlussfolgerungen, zu deren Ausdruck らしい gebraucht wird, basieren auf einer Informationsquelle, verlässlich oder nicht, und können sogar auf einem Gerücht beruhen. Man kann daher selbst an einem sonnigen Tag sagen 夕方から　雨が　ふるらしいですよ - „Ab dem frühen Abend ist mit Regen zu rechnen“, wenn man einen Schluss anhand des Wetterberichts zieht. Wenn man selbst sieht, dass sich der Himmel bewölkt, so sagt man 雨が　ふりそうです - „Es wird wohl regnen.“

Im Gegensatz zu そうです, kann らしい auf die Grundform, ない -Form, た -Form und なかった folgen.

4. もう　1枚の　お皿は　もっと　高いそうです。

   Frau Tanaka gebraucht もう - „den anderen“, nachdem sie sich auf den ersten ausgestellten Teller bezogen hat.

   この　会社では　外国人が　3人　働いています。二人は　中国人ですが、もう　一人は　フランス人です。

   „Drei Ausländer arbeiten in dieser Firma. Zwei sind Chinesen und der andere ist Franzose.“

   Der Ausdruck もっと „mehr“ wie in もっと　大きい „größer“ und もっと　便利な „bequemer“ darf nicht mit もう　少し „ein bisschen mehr“ verwechselt werden wie in もう　少し　多く „ein bisschen mehr“, もう　少し　大きい „ein bisschen größer“ oder もう　少し　便利な „ein bisschen bequemer“.

5. 1,500円ぐらいのは

   Die vollständige Phrase ist 1,500円ぐらいの　皿, aber 皿 wird weggelassen, weil es aus dem Zusammenhang hervorgeht.

6. 買おうかしら

   かしら spiegelt das Zögern oder die Unentschiedenheit/das Zaudern des Sprechers wider. かなあ ist ein anderer Ausdruck mit derselben Bedeutung, der von beiden Geschlechtern in informeller Rede gebraucht wird.

7. この　お皿を　使うと　料理が　おいしそうに　見えますよ。

   Nach einem Nebensatz, der mit と endet, können die Kommentare oder Gefühle des Sprechers ausgedrückt werden.

   Beispiele: 1. あまい　ものを　食べすぎると　けんこうに　悪いですよ。„Wenn man zu viele Süßigkeiten isst, dann ist das schlecht für die Gesundheit/Zu viele Süßigkeiten sind schlecht für die Gesundheit.“

2. みんなで　いっしょに　旅行に　行けると　うれしいですね。„Es ist nett, wenn wir alle zusammen eine Reise machen können.“ (Siehe Band 3B, Lektion 14, Anmerkung 2.)

8. お安く　しましょう

Die Bedeutung unterscheidet sich nicht von 安く　しましょう, ist aber höflicher. Man hört diesen Ausdruck vor allem von Verkäufern.

EINFACHE SATZSTRUKTUREN ZUM EINPRÄGEN

1. あの　かびんは　きれいですが、高そうですね。
2. この　ねだん、安く　なりませんか。
   じゃ、安く　しましょう。
3. 台風で　ひこうきが　とばないらしいです。

1. Diese Vase ist (zwar) schön, aber sie sieht teuer aus.
2. Können Sie nicht mit dem Preis heruntergehen?
   Gut, ich gebe sie Ihnen billiger.
3. Wegen des Taifuns scheint es keine Flüge zu geben.

Neues Vokabular

ねだん　　Preis

ÜBUNGEN TEIL A

I. Üben Sie die folgende Satzstruktur ein durch Ändern der wie im folgenden Beispiel unterstrichenen Teile.

A. <u>この　カメラ</u>は　<u>高</u>そうです。

1. この　くつ、はきやすい
2. 佐藤さんが　着ている　洋服、安くない
3. かどの　こうばんの　おまわりさん、いつも　ひま
4. 鈴木さんが　勤めている　会社、給料が　いい
5. 山下さんが　引っこした　うち、駅から　遠くて　便利では　ない

B. 天(てん)気が　悪(わる)く　なりそうです。

1. 雨(あめ)が　ふる
2. かびんが　おちる
3. 火(ひ)が　きえる
4. この　洋服(ようふく)の　ほうが　にあう
5. この　仕事(しごと)は　時間(じかん)が　かかる
6. 伊藤(いとう)さんは　お金(かね)が　ある

II. Formulieren Sie Dialoge durch Ändern der wie im folgenden Beispiel unterstrichenen Teile.

A. A: 高(たか)そうな　レストランですね。
B: 高(たか)そうに　見(み)えますが、そんなに　高(たか)くないですよ。

1. むずかしい、本(ほん)
2. 重(おも)い、かばん
3. やさしい、お父(とう)さん
4. こわい、人(ひと)
5. ひま、ポスト
6. 楽(らく)、仕事(しごと)

B. A: もう　少(すこ)し　安(やす)く　してくださいませんか。
B: じゃ、安(やす)く　しましょう。

1. 早(はや)い
2. 少(すく)ない
3. きれい
4. かんたん

C. A: 会議(かいぎ)は　いつに　しますか。
B: 来週(らいしゅう)の　月曜日(げつようび)に　します。
A: 加藤(かとう)さん、会議(かいぎ)は　月曜日(げつようび)に　なりました。

1. パーティー、いつ、15日(にち)
2. 部屋代(へやだい)、いくら、60,000円(えん)
3. 出発(しゅっぱつ)、何時(なんじ)、朝(あさ)　8時(じ)
4. 旅行(りょこう)、どこ、北海道(ほっかいどう)

D. F: だれが　ドイツに　行(い)くんですか。
   A: 田中(たなか)さんが　行(い)くらしいです。

1. スピーチを　します
2. ロシア語(ご)が　わかります
3. 書類(しょるい)を　わすれました
4. 約束(やくそく)を　まもりませんでした

E. A: スミスさんは　すもうに　くわしいらしいですよ。
   B: そうですか。ちっとも　知(し)りませんでした。

1. 課長(かちょう)、病気(びょうき)
2. 新(あたら)しい　事務所(じむしょ)、やちんが　すごく　高(たか)い
3. 駐車場(ちゅうしゃじょう)に　ある　赤(あか)い　スポーツカー、田中(たなか)さんの
4. 東京(とうきょう)ホテルの　うらに　ある　レストラン、有名(ゆうめい)

Neues Vokabular

洋服(ようふく)	(westliche) Kleidung
おまわりさん	Polizist
山下(やました)	japanischer Familienname
火(ひ)	Feuer
にあう	(zusammen)passen, (gut) übereinstimmen
そんなに〜ない	nicht so...
かばん	Tasche, Aktentasche, Koffer
やさしい	freundlich, sanft(mütig)
こわい	erschreckend, schrecklich, fürchterlich
ポスト	Position/Posten/Stellung, Briefkasten
楽(らく)（な）	einfach, komfortabel, bequem
部屋代(へやだい)	Zimmergebühr, Miete
〜代(だい)	Gebühr
ロシア語(ご)	Russisch (Sprache)
すごく	sehr (umgangssprachlich), furchtbar
スポーツカー	Sportwagen

KURZE DIALOGE

1. 鈴木(すずき)：あしたから　東京(とうきょう)デパートで　冬物(ふゆもの)の　バーゲンが　あるんだって？

佐藤(さとう)：うん、ずいぶん　安(やす)く　なるらしいよ。40 パーセント引(び)きだって。

Suzuki: Haben Sie vom Sonderangebot an Winterkleidung im Tōkyō-Kaufhaus von morgen an gehört?

Satō : Ja, das scheint wirklich billig zu sein. Vierzig Prozent Rabatt, soviel ich weiß.

2. 鈴木(すずき)：あの　プロジェクトは　中止(ちゅうし)に　なったそうですね。
   加藤(かとう)：あの　プロジェクトって？
   鈴木(すずき)：部長(ぶちょう)が　ていあんした　横浜(よこはま)の　プロジェクトですよ。
   加藤(かとう)：ああ、あれね。そう。たんとう者(しゃ)は　ざんねんそうだったよ。

Suzuki: Ich höre, dass das Projekt eingestellt worden ist.

Katō : Welches Projekt meinen Sie?

Suzuki: Das Projekt in Yokohama, das der Abteilungsleiter vorgeschlagen hat.

Katō : Ach das. Ja, die dafür Verantwortlichen scheinen alle sehr enttäuscht (darüber) zu sein.

Neues Vokabular

バーゲン	Sonderangebot
～だって	ich höre, ... (informell für ですって)
～引(び)き	Rabatt
中止(ちゅうし)	Annullierung, Abbruch
ていあんする	vorschlagen
ていあん	Vorschlag

ÜBUNGEN TEIL B

I. Lesen Sie den Lektionstext und beantworten Sie die folgenden Fragen.

1. スミスさんが　ほしいけれど　高(たか)そうだと　言(い)った　皿(さら)は　いくらですか。
2. スミスさんは　いくらぐらいの　皿(さら)が　ほしいと　言(い)いましたか。
3. 1,700 円(えん)の　皿(さら)を　見(み)て、こうしょうすれば　安(やす)く　なりそうだと言(い)ったのは　だれですか。
4. 店(みせ)の　人(ひと)は　1,700 円(えん)の　皿(さら)を　いくらに　しましたか。

II. Ergänzen Sie, falls nötig, die fehlenden Partikeln.

1. いくらですか。
   全部[ぜんぶ]（で　）55,000円[えん]（に　）なります。
2. こちらは　いかがですか。
   ちょっと　小[ちい]さいですね。大[おお]きい（の　）は　ありませんか。
   それでは　こちらは　いかがですか。25,000円[えん]です。
   少[すこ]し　高[たか]いですね。
   それでは　23,000円[えん]（に　）しましょう。
3. 重[おも]そう（な　）かばんですね。
   重[おも]そう（に　）見[み]えますか。そんなに　重[おも]くないですよ。

III. Kreisen Sie das passende Wort in den Klammern ein.

1. いかがですか。
   少[すこ]し　大きいですね。（[redacted]、もう）少[すこ]し　小[ちい]さいのは　ありませんか。
2. うるさいですね。
   ええ。（もっと、[redacted]）静[しず]かな　所[ところ]で　話[はな]しましょう。
3. あの　皿[さら]は　すばらしいですが、高[たか]いんでしょう。
   左[ひだり]の　皿[さら]は　50万円[まんえん]だそうです。（[redacted]、もう）　1枚[まい]のは　（もっと、[redacted]）高[たか]いそうです。
4. コーヒーを（[redacted]、もう）1ぱい　いかがですか。
   いいえ、（[redacted]、もう）けっこうです。ありがとう。
5. こちらは　いかがですか。
   （もっと、[redacted]）安[やす]いのは　ありませんか。

IV. Ergänzen Sie die Sätze mit den korrekten Formen der angegebenen Wörter, um die Bedeutung „scheint (zu sein/dass)" auszudrücken.

1. スミスさんは　いつも（忙し）そうですね。
   ええ、仕事[しごと]が　多[おお]くて　たいへん　らしいです。（忙[いそが]しい、たいへんだ）
2. この　じしょと　あの　じしょと　どちらが　いいでしょうか。
   こちらの　ほうが（よさ）そうです。（いい）
3. 地震[じしん]ですね。
   あっ、たなから　本[ほん]が　お[redacted]ち　そうですよ。（おちる）
4. 田中[たなか]さんは　スキーに（行って）、けがを（した　）らしいです。（行[い]

く、した）

5. 鈴木(すずき)さんは　すもうに　きょうみが（ない）らしいです。（ない）
6. あの　レストランは（安くて）、（おいしい）らしいです。（安(やす)い、おいしい）
7. かのじょの　お母(かあ)さんは　有名(ゆうめい)な（デザイナー）らしいです。（デザイナーだ）

V.　Wählen Sie einen zur beschriebenen Situation passenden Satz.

A. Bitten Sie einen Nachbarn höflich, weniger Lärm zu machen.

1. みんな　もっと　静(しず)かに　しましょう。
2. うるさいです。やめてください。
3. もう　少(すこ)し　静(しず)かに　してくださいませんか。

B. Sie wollen in ungezwungener Weise sagen, dass Nakamura nicht zur Party kommen kann.

1. 中村(なかむら)さんは　パーティーに　来(こ)られないんですって。
2. 中村(なかむら)さんは　パーティーに　来(こ)られないそうです。
3. 中村(なかむら)さんは　パーティーに　来(こ)られないと　言(い)っていました。

4

MHMM, DAS SIEHT ABER LECKER AUS!

Das sollte eigentlich ein Kinderspiel sein!

SATZMUSTER 1

～そうです

A: わあ、おいしそう！

Mhmm, das sieht aber lecker aus!

B: 作(つく)り方(かた)もかんたんそうですね。

Und auch die Zubereitung scheint einfach zu sein.

Die Buchhandlungen sind voller reich bebilderter Kochbücher mit appetitanregenden Rezepten und Farbfotos, die einem das Wasser im Mund zusammen laufen lassen. Japanisches Essen sieht vielleicht schwierig aus, aber tatsächlich lassen sich viele schmackhafte Gerichte relativ einfach zubereiten.

ANWENDUNG DER SATZMUSTER 1

1-1. Betrachten Sie die Fotos eingehend und lesen Sie dann die zugehörigen Titel.

①

②

4

③

④

① うれしそうですね。

② ひまそうですね。

③ あたまのよさそうな犬（いぬ）ですね。

④ おいしそうに食（た）べていますね。

2-1. Hören Sie sich die CD an und verfolgen Sie dabei die nachstehenden Bilder.

2-2 . Üben Sie den Dialog, während Sie sich die CD anhören. Achten Sie ganz besonders auf Ihre Aussprache und sprechen Sie mit derselben Geschwindigkeit wie auf der CD.

ÜBERPRÜUNG DES GEPÄCKS

Herr Sausewind und Herr Satō warten darauf, dass ihr Gepäck vom Zoll überprüft wird. Viele Leute gehen heute auf die Reise, so dass Herr Sausewind und Satō erörtern, welche Warteschlange schneller abgefertigt werden wird.

ビジー：どちらのれつが早(はや)いでしょうか。右(みぎ)のれつのほうが①はやそうですね。

佐藤(さとう)：いいえ、左(ひだり)のれつのほうが②はやそうですよ。並(なら)んでいる人(ひと)の荷(に)物(もつ)が少(すく)ないですから。

ビジー：でも左(ひだり)の係(かかり)の人(ひと)は、ちょっと③こわそうですよ。おこっているように見(み)えます。右(みぎ)の係(かかり)の人(ひと)は④やさしそうです。

佐藤(さとう)：でも、左(ひだり)に並(なら)んでいる人(ひと)はツアーのようだから、あまり時間(じかん)がかからないと思(おも)いますよ。それに右(みぎ)のれつの人(ひと)は荷物(にもつ)がとても多(おお)いです。

ビジー：そうですね。右(みぎ)のれつのほうが時間(じかん)が⑤かかりそうですね。左(ひだり)に並(なら)びましょう。

Neues Vokabular

れつ	Warteschlange
おこる	verärgert, zornig

3-1. Betrachten Sie die Bilder eingehend und lesen Sie dann die zugehörigen Titel.

もしもし、けいさつですか。車(くるま)が海(うみ)におちそうなんです。すぐに来(き)てください。

Hallo, ist dort die Polizei? Ein Auto ist dabei ins Meer zu stürzen. Kommen Sie bitte schnell.

① あぶない！切(き)れそうです。
② あ！火(ひ)がきえそうです。
③ 雨(あめ)がふりそうです。
④ あと 2、3 日(にち)で読(よ)み終(お)わりそうです。
⑤ もうすぐさくらがさきそうです。

3-2. Vervollständigen Sie die Sätze jeweils durch ein Wort aus der nachstehenden Liste.

Bsp. 雨(あめ)がふりそうです。駅(えき)も遠(とお)いし、かさもないし、今(いま)のうちに帰(かえ)ったほうがいいかもしれません。

① 家の近くのさくらがもうすぐさき＿＿＿＿そうなので、今週の週末に花見パーティーをするつもりです。

② 今、書いているレポートはあと 2、3 日でおわり＿＿＿＿そうです。書き終わったら、どこかにあそびに行きたいと思います。

③ ねだんのあがり＿＿＿＿そうなかぶがあったら、買いたいと思って、経済新聞を毎日読んでいます。何かいいじょうほうがあったら教えてください。

④ 来月、ニューヨーク支店へ転勤します。ニューヨーク支店に行ったら、仕事が忙しくなり＿＿＿＿そうなので、行きたくないんですが、つまはニューヨークに行くのを楽しみにしています。

Bsp.	ふる	あがる	終わる	さく	いそがしくなる

Neues Vokabular

レポート	Bericht
かぶ	Aktie, Geschäftsanteil
じょうほう	Informationen

4-1. Lesen Sie die folgenden Absätze durch.

がまんしました
hat die Ohren steif gehalten

① 会社のパーティーに行ったときの話なんですが、社長のスピーチが長くて、つまらなかったので、ねむくなりました。社長のスピーチを聞いているときに、あくびが出そうで困りました。

② 友だちとクラシックのコンサートに行ったときの話なんですが、あいにくひどいかぜをひいていたんです。コンサート中、くしゃみが出そうで、困りました。

＿＿＿＿＿＿＿ときの話なんですが、＿＿＿＿Erläutern Sie die Umstände＿＿＿＿＿＿＿＿ そうで困りました。

Neues Vokabular

あくびが出(で)る	gähnen
クラシック	Klassik, klassische Musik
あいにく	leider, unglücklicherweise
くしゃみ	Niesen

4-2. Erzählen Sie anhand der Bilder die eben von Ihnen gelesenen Geschichten nach.

① 会社(かいしゃ)のパーティーに行(い)ったときの話(はなし)なんですが

② 友(とも)だちとクラシックのコンサートに行(い)ったときの話(はなし)なんですが

FREIES SPRECHEN

4-3. Hatten Sie sich schon einmal Schwierigkeiten z.B. ein Niesen oder Gähnen zu unterdrücken? Hören Sie sich die Erfahrungen einer anderen Person auf der CD an. Wählen Sie ein Thema aus der nachstehenden Liste aus und sprechen Sie frei darüber. Fassen Sie schließlich Ihre eigene Geschichte wie im folgenden Kasten zusammen.

THEMEN

あくびが出(で)る	なみだが出(で)る
せきが出(で)る	わらい出(だ)す

Neues Vokabular

なみだが出(で)る	in Tränen ausbrechen, zu Weinen anfangen
わらい出(だ)す	in Lachen ausbrechen, zu Lachen anfangen

SATZMUSTER 2

〜く／にする
〜く／になる

部屋がきたないので、きれいにしようと思って、そうじをしました。そうじが終わったら、きれいになって、気持ちがよくなりました。

Mein Zimmer war unaufgeräumt, und um es aufzuräumen, habe ich es geputzt. Nach dem Putzen war mein Zimmer tipptopp und ich fühlte mich zufrieden (damit).

ANWENDUNG DER SATZMUSTER 2

Ergänzen Sie die unterstrichenen Teile mit der korrekten Form von なる oder する.

① 子どもが生まれていろいろな物をおいたので、部屋がせまく (a) なりました＿＿。もう少し広く (b) し＿＿たいと思って、いろいろな物をすてました。部屋が少し広く (c) なった＿＿ので、子どものベッドを買いに行きました。デパートにはいろいろなベッドがありましたが、部屋が小さいですから、一番小さいのに (d) しました＿＿。デパートからベッドが届いたら、また部屋がせまく (e) なりました＿＿。

② かみが長く (a) なった＿＿ので、今日初めてうちの近くのとこやに行きました。とこやに3センチぐらいみじかく (b) する＿＿ようにたのみました。かみを切っているとき、ずっと本を読んでいました。終わってから、かがみを見たら、とてもみじかく (c) なって＿＿ていました。おこったはりねずみのようでした。とこやは私がハンサムに (d) なった＿＿と言いましたが、私は気に入りませんでした。

Neues Vokabular

とこや	Friseursalon
はりねずみ	Igel

SATZMUSTER 3

～らしいです

A：田中さんが会社をやめるらしいですよ。

Anscheinend wird Herr Tanaka die Firma verlassen.

B：えっ、本当ですか。だれに聞いたんですか。

Was? Wirklich? Von wem haben Sie das gehört?

A：さあ、だれだったか。

Wer war das noch'mal.....?

ANWENDUNG DER SATZMUSTER 3

Hören Sie sich die CD an. Eine Gruppe von Leuten, die in der Bahn neben Ihnen sitzen, unterhalten sich laut und angeregt. Erzählen Sie wie im folgenden Beispiel jemandem, wovon sie gesprochen haben.

Bsp. ちょっと聞いたんですが、ABC コンピューターは給料がいいらしいですよ。

① ちょっと聞いたんですが、MX 社は新しいスポーツカーを はっぴょうする らしいですよ。

② ちょっと聞いたんですが、「知らない人」っていう映画は おもしろい らしいですよ。

③ ちょっと聞いたんですが、今度ＡＢ社の社長が かわる らしいですよ。

KOMMUNIKATION

1. Lesen Sie den folgenden Absatz durch und hören Sie sich dann die CD an.

ビジーさんと小林さんは出張でアメリカに行くので、今 成田空港に来ています。飛行機を待っている間、何か話しています。

① Wählen Sie das am besten zutreffende Wort aus den Alternativen in Klammern.

(a) 空港はとても（込んでいる／~~空いている~~）。

(b) ビジーさんと小林さんは今（~~映画~~／~~ブラジル~~／サッカー）について話している。

(c) 最近（~~子ども~~／~~外国人~~／女性）の間で、サッカーは人気があるらしい。

(d) 日本には女性のチームが（ある／~~ない~~）。

(e) ビジーさんはサッカーを（おもしろそうだ／~~むずかしそうだ~~）と思っている

② Beantworten Sie die folgenden Fragen.

(a) 小林さんはゲートの前で待っている人たちをどんな人たちだと思っていましたか。

(b) 小林さんは空港のアナウンスを聞いてどんなことがわかりましたか。

4

2. Erörtern Sie das Folgende in einer Gruppe oder mit einem Partner.

① あなたの国で人気のあるスポーツは何ですか。

② ビジーさんはサッカーは男性のスポーツだと思っていました。あなたの国では女性むきのスポーツと男性むきのスポーツという考え方がありますか。

Neues Vokabular

ゲート	Tor
女性向き	Damen..., für Damen
男性向き	Herren..., für Herren

ザウゼシュリット新聞

お父さんたちのピアノレッスン

Spielen Sie ein Musikinstrument? Es folgt die Geschichte eines Angestellten in mittlerem Alter, der nun Klavierunterricht nimmt.

「今までピアノを弾いたことはありませんでした。でも、いつか娘といっしょにピアノを弾きたいと思って習い始めたんです」と、銀行員の田中さんは照れくさそうに言った。田中さんは三ヶ月前から会社の帰りにこのピアノ教室に来て練習している。レッスンは午後七時からの一時間。四、五人のグループレッスンだ。最初はヘッドホンを使って一人で右手、それから左手の練習をする。次にみんなでいっしょに弾く。どの人もほんとうに楽しそうだ。最後に自分の好きな曲を練習する。田中さんは、映画「タイタニック」の音楽をうれしそうに弾いていた。

このごろ会社の部長とか課長とか、忙しいサラリーマンの間でピアノを習う人が増えている。中年サラリーマンの楽しみはゴルフが多いだろうと思っていたが、そうではないらしい。出張などでレッスンに出られないときはどうするのかピアノの先生に聞いたら「休む人はそんなに多くないですよ」と言っていた。

Neues Vokabular

今(いま)まで	bisher, bislang
最後(さいご)に	schließlich, zuletzt
照(て)れくさそうに	verlegen
曲(きょく)	Musik(stück)
ピアノ教室(きょうしつ)	Klavierstunden
タイタニック	Titanic
ヘッドホン	Kopfhörer
中年(ちゅうねん)	in mittlerem Alter

Fragen

1. 田中(たなか)さんはどうしてピアノを習(なら)い始(はじ)めたのですか。
2. あなたの国(くに)の中年(ちゅうねん)サラリーマンの楽(たの)しみはどんなことですか。

Sauseschritt Zeitung

Klavierstunden für Väter

„Ich habe bisher nie Klavier gespielt, aber ich dachte, es wäre nett, zusammen mit meiner Tochter zu spielen, und darum habe ich damit angefangen“, sagt Herr Tanaka, ein Bankangestellter, etwas verlegen. Seit drei Monaten nimmt Herr Tanaka nun Klavierstunden in dieser Schule auf seinem Heimweg von der Arbeit. Der Unterricht beginnt um 19.00 Uhr und dauert eine Stunde. Es handelt sich um Unterricht in Gruppen aus bis zu vier oder fünf Schülern. Sie beginnen mit individuellen Übungen, wobei mit der rechten und dann mit der linken Hand gespielt und gleichzeitig über Kopfhörer mitgehört wird. Anschließend spielen alle zusammen und sehen dabei aus, als ob sie sich sehr amüsierten. Schließlich kann man Musik eigener Wahl üben, und Herr Tanaka sah ganz verzückt aus, als er das Titelsongthema von „Titanic“ spielte.

Derzeit beginnen immer mehr vielbeschäftigte Abteilungs- und

Unterabteilungsleiter mit dem Klavierspielen. Es heißt, dass Golf das Lieblingshobby der meisten Angestellten im mittleren Alter ist, aber das scheint nicht die ganze Wahrheit zu sein. Auf die Frage, ob die Schüler Unterrichtsstunden wegen Verpflichtungen wie Geschäftsreisen ausfallen lassen würden, sagte der Lehrer, dass die Abwesenheitsrate niedrig sei.

NEUE KANJI

1. 有名 (ユウメイ)

有	ノ	ナ	十	冇	有	有	(6)

あ(る)

2. 作品 (サクヒン)

作	ノ	イ	亻'	作	竹	作	作	(7)

つく(る)

3. 皿 (さら)

皿	丨	冂	冂	罒	皿	(5)

4. 枚 (マイ)

枚	一	十	才	木	木'	木'	杁	枚	(8)

5. 洋服 (ヨウフク)

洋	丶	氵	氵	氵	氵'	氵	洋	洋	洋	(9)

服	丿	月	月	月	月	月	服	服	(8)

Kanji zum Erkennen: 夫人 (ふじん) 地震 (じしん)

TEST 1

I. Wählen Sie den korrekten Ausdruck aus den beiden Alternativen in Klammern.

このごろ若い人の（間／[redacted]）でおんせんのあるスキー場が人気があります。ビジーさんも山の中の旅館に泊まりに行きました。

ビジー：こんにちは！（先日／[redacted]）電話で部屋の予約をしたビジーですが。

受付係：ビジー様ですね。いらっしゃいませ。お待ちしていました。そうそう、（[redacted]／さっき）佐藤様という方からお電話が（ありました／[redacted]）。

ビジー：そうですか。佐藤さんも今日いっしょに泊まるんです。でも、かれは今日の昼ごろ東京を車で出発したので、もうこちらに着いている（はず／[redacted]）ですが、まだ来ていないんですか。

受付係：はい、雪で道が込んでいるそうですから、ご到着は9時ごろになりそうですね。テレビのニュース（[redacted]／によると）新幹線も（おくれている／[redacted]）そうですよ。

ビジー：そうですか。私がのった新幹線はだいじょうぶだったけど。（そういえば／[redacted]）、スキーの道具を4、5日前に送りましたが（届きましたか／[redacted]）。

受付係：はい、預かっています。こちらですね。

ビジー：ええ、これです。あれっ、これはつりの道具！（[redacted]／たしかに）スキーの道具を送ったと思いましたが、どうして？

受付係：さあ、どうしてでしょう……。

Neues Vokabular

おんせん　　Thermalbad, japanisches Onsen

II. Wählen Sie den korrekten Ausdruck aus den beiden Alternativen in Klammern.

(1)

佐藤：　おや、ビジーさん、今日はずいぶん（~~うれしいよう~~／うれしそう）ですね。どうしたんですか。

ビジー：子どもが生まれたんですよ。かおが長くて、ちょっとうまの（ように／~~そうに~~）見えるけど。

佐藤：　えっ、ビジーさんはどくしんだと思っていましたが。最近はどくしんの映画スターもお母さんに（なるそう／~~なりそう~~）ですから。とにかく、おめでとうございます。

ビジー：？？？犬のメアリーの話ですよ。

(2)

スミス：あの大きい花びんを見せてくれませんか。

店の人：あの青いのですか。いい色でしょう？ああいう海の（~~ような~~／ように）青いいろはなかなかないんですよ。

スミス：でも、ちょっと（~~重いよう~~／重そう）ですね。

店の人：今、ここへ運びます。はい、どうぞ。

スミス：あっ、これは重い。一人では持てませんね。

店の人：お客さん、下のテーブルもいっしょに持っていますよ。

(3)

大山：　林さんから聞きましたよ。札幌のプロジェクトは大せいこうだった（~~よう~~／そう）ですね。

小川：　ええ、おかげさまで。実は、社内ではあまりひょうばんがよくなかったので、担当者は（あきらめていたよう／~~あきらめそう~~）なんですが、いいけっかがでて本当によかったです。

大山：　ところで、横浜の方のプロジェクトはどうなったんですか。

小川：　最初は（~~よいそう~~／よさそう）だったんですが、いろいろ問題がありまして中止になりました。残念でしたけど。

LEKTION 5 BEIM IMMOBILIENMAKLER

Frau Nakamura ist auf der Suche nach einer Wohnung.

中村(なかむら)：　この　へんで　うちを　さがしているんですが……。事務所(じむしょ)が　移転(いてん)して、今(いま)の　うちから遠(とお)く　なって　しまったんです。

ふどうさん屋(や)：　広(ひろ)さは、どのくらいの　ものが　よろしいでしょうか。

中村(なかむら)：　居間(いま)の　ほかに　部屋(へや)が　一(ひと)つ　あれば　いいんです。

ふどうさん屋(や)：　これなんか　いかがですか。ダイニング　キッチンと　ほかに　部屋(へや)が　二(ふた)つ、一(ひと)つは　和室(わしつ)です。

中村(なかむら)：　犬(いぬ)を　かっても　いいでしょうか。

ふどうさん屋(や)：　大家(おおや)さんに　電話(でんわ)して、犬(いぬ)を　かっても　いいかどうか　聞(き)いてみましょう。よかったら　これから　行(い)ってみませんか。

中村(なかむら)：　あの、やちんは？

ふどうさん屋(や)：　1か月(げつ)　11万円(まんえん)ですが、初(はじ)めの　月(つき)は　やちんの　ほかに　しき金(きん)、礼金(れいきん)として　4か月分(げつぶん)　必要(ひつよう)です。

5

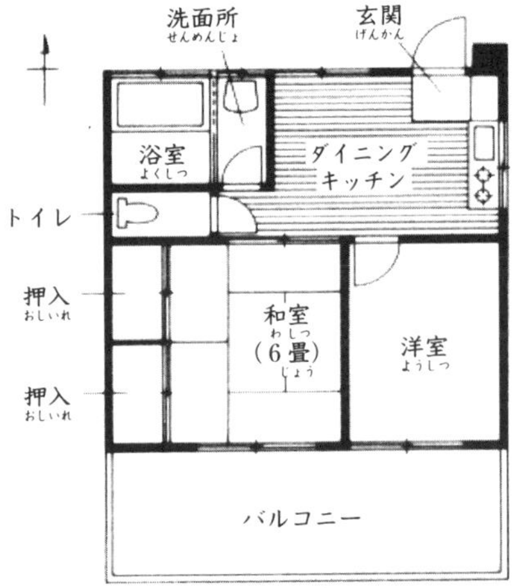

中村(なかむら)：　そうですか。では、見(み)てから　借(か)りるか　どうか決(き)めたいと　思(おも)います。

Nakamura: Ich suche nach einer Wohnung in diesem Viertel. Unser Büro ist (leider) umgezogen und nun sehr weit von meiner derzeitigen Wohnung entfernt.
Makler: An welche Größe haben Sie gedacht?
Nakamura: Neben dem Wohnzimmer hätte ich gerne noch ein weiteres Zimmer.
Makler: Wie wäre es mit einem Objekt wie diesem hier? Neben der Küche mit Essecke gibt es hier zwei Zimmer, eines davon im japanischen Stil.
Nakamura: Darf man einen Hund halten?
Makler: Ich werde den Hauswirt anrufen und fragen, ob er mit einem Hund in der Wohnung einverstanden ist. Wenn es Ihnen passt, könnten Sie sich die Wohnung jetzt (gleich) anschauen.
Nakamura: Wie hoch ist denn die Miete?
Makler: Monatlich 110.000 Yen. Im ersten Monat kommen dazu noch die Kaution und das „Schlüsselgeld“, so dass dann also insgesamt vier Monatsmieten fällig sind.
Nakamura: Gut. Ich werde mich endgültig entscheiden, nachdem ich mir die Wohnung angesehen habe.

Neues Vokabular

移転(いてん)する		umziehen
移転(いてん)		Umzug
～てしまう		... (zeigt abgeschlossene Handlung/ abgeschlossenen Vorgang an sowie auch Bedauern)
しまう		abschließen, beenden
ふどうさん屋(や)		Immobilienmakler
広(ひろ)さ		Raum, „Fläche“
～さ		... (Suffix zur Substantivierung von Adjektiven)
くらい	(= ぐらい)	ungefähr
なんか	(= など)	- u.a., usw., z.B. ...
ダイニングキッチン		Kombination aus Küche und Essecke
和室(わしつ)		Zimmer im japanischen Stil
かう		halten, aufziehen (Tiere, nicht Kinder)
大家(おおや)さん		Hauswirt, Eigentümer
～てみる		etwas tun und das Ergebnis abwarten, etwas ausprobieren

よかったら	wenn es Ihnen passt, ...
しき金(きん)	Mietkaution (wird beim Auszug (teilweise) rückerstattet)
礼金(れいきん)	„Schlüsselgeld" (wird vom Hauswirt einbehalten)
げんかん	Eingang
洗面所(せんめんじょ)	Waschbecken
よく室(しつ)	Badezimmer
おしいれ	„Oshiire", japanischer Einbauwandschrank mit Schiebetüren
6じょう	Grundfläche von sechs Tatami (Binsenmatten)
〜じょう	(Zählwort für Tatami)
洋室(ようしつ)	Zimmer im westlichen Stil
バルコニー	Balkon

GRAMMATIK UND LERNZIELE

・てしまう

事務所(じむしょ)が　移転(いてん)して　今(いま)の　うちから　遠(とお)く　なってしまったんです。

てしまう bringt Bedauern oder Unzufriedenheit mit einem Resultat zum Ausdruck, manchmal auch Zögern oder Resignation und, wie im obigen Vokabelverzeichnis angegeben, besagt diese Struktur, dass eine Handlung/ein Vorgang abgeschlossen ist.

Beispiel: 1. あい犬(けん)の　ブラッキーが　死(し)んでしまった。
„Mein Hund Blacky ist (leider) eingegangen."
2. 時間(じかん)が　ありませんから、早(はや)く　ご飯(はん)を　食(た)べてしまいましょう。
„Wir haben keine Zeit mehr, also essen wir schnell zu Ende."

Sowohl て / でしまう als auch て / でしまった werden in der Umgangssprache oft zu ちゃう / じゃう bzw. ちゃった / じゃった zusammengezogen.

・てみる

犬(いぬ)を　かっても　いいか　どうか　聞(き)いてみましょう。
これから　行(い)ってみませんか。

Die Bedeutung dieser て -Form plus みる ist „etwas tun und sehen, was daraus wird".

Beispiel: 1. この　ドレスを　着(き)てみてください。

„Probieren Sie bitte dieses Kleid an.“

2. 食(た)べてみます。

„Ich werde es essen (und sehen, wie es schmeckt).“ („Ich werde es mal probieren.“)

• Idiomatischer Gebrauch von たら und ば / れば

よかったら　これから　行(い)ってみましょう。

よかったら und よければ - „Wenn es Ihnen passt, ...“ - können bei Vorschlägen oder Bitten gebraucht werden.

居間(いま)の　ほかに　部屋(へや)が　一(ひと)つ　あれば　いいんです。

Ebenso ist es mit der Struktur たら /(れ) ば　いい , die sich wie folgt umschreiben lässt: „Wenn Sie es in dieser Art tun, sollten die Ergebnisse zufriedenstellend sein.“

Beispiel: どう行(い)けば／行(い)ったら　いいですか。

„Wie komme ich am besten dorthin?“

この　バスに　のって　しゅうてんで　おりれば／おりたら　いいです。

„Wenn Sie diesen Bus nehmen und an der Endhaltestelle aussteigen.“ (Nehmen Sie diesen Bus, und steigen Sie an der Endhaltestelle aus.“)

Dabei handelt es sich um Anwendungsmöglichkeiten der konditionalen Verbformen, die in Band 2B, Lektion 15 und 16 eingeführt wurden.

ANMERKUNGEN

1. 広(ひろ)さ

広(ひろ)さ ist ein Beispiel für ein substantiviertes Adjektiv. Diese Art der Substantivierung ist bei jedem Adjektivtyp möglich.

い -Adjektiv: 長(なが)さ - Länge, 重(おも)さ - Gewicht, 大(おお)きさ - Größe

な -Adjektiv: 便利(べんり)さ - Bequemlichkeit/Komfort, 大切(たいせつ)さ -- Wichtigkeit

2. しき金(きん), 礼金(れいきん)

Zusätzlich zur i.a. beim Auszug rückerstatteten Mietkaution erwartet der Hauswirt vom Mieter für das Privileg seine Wohnung oder sein Büro beziehen zu dürfen, die Zahlung eines bestimmten Betrags, dessen Höhe sich nach der Lage des Mietobjekts richtet. Das Zeichen 礼(れい) in 礼金(れいきん) bedeutet „Dankbarkeit“.

EINFACHE SATZSTRUKTUREN ZUM EINPRÄGEN

1. 道(みち)が　こんでいて、3時間(じかん)も　かかってしまいました。
2. この　くつは　いかがですか。はいてみてください。

1. Die Straßen waren verstopft, und wir brauchten (geschlagene) drei Stunden.
2. Wie gefallen Ihnen diese Schuhe? Probieren Sie sie doch bitte einmal an.

ÜBUNGEN TEIL A

I. Formulieren Sie Dialoge durch Ändern der wie im folgenden Beispiel unterstrichenen Teile.

A. F: どう　したんですか。
　A: ナイフで　手(て)を　切(き)ってしまったんです。
　1. コップを　わる
　2. さいふを　おとす
　3. 資料(しりょう)が　なくなる
　4. かっていた　ねこが　死(し)ぬ
　5. 車(くるま)が　こしょうする
　6. かぜを　ひく

B. A: あまり　時間(じかん)が　ありません。
　B: そうですか、じゃ　早(はや)く　かたづけてしまいましょう。
　1. 決(き)める
　2. 仕事(しごと)を　する
　3. 直(なお)す
　4. 食(た)べる
　5. 届(とど)ける

C. A: できるか　どうか　やってみます。
　B: どうぞ、ぜひ　やってみてください。
　1. わかる、調(しら)べる
　2. にあう、着(き)る
　3. おもしろい、読(よ)む
　4. いい　店(みせ)、一度(いちど)　行(い)く

D. F: おいしそうな　おかしですね。食(た)べてみても　いいですか。
　A: はい、どうぞ。
　1. はきやすい、くつ、はく

2. おもしろい、本(ほん)、読(よ)む
3. かるい、コート、着(き)る
4. いい、ステレオ、聞(き)く

E. F: 着(き)てみましたか。
A: ええ、着(き)てみましたが、にあいませんでした。
1. 調(しら)べる、わかりません
2. 電話(でんわ)を かける、だれも いません
3. こうしょうする、安(やす)く なりません
4. さがす、どこにも ありません

F. F: 何時(なんじ)に 来(き)たら いいですか。
A: 10時(じ)に 来(く)れば いいですよ。
1. だれに 聞(き)く、けいかんに
2. どこで 会議(かいぎ)を する、あの 部屋(へや)で
3. 何(なに)で 行(い)く、地下鉄(ちかてつ)で
4. どこで のりかえる、東京(とうきょう)で

G. F: 富士山(ふじさん)の 高(たか)さは どのくらいですか。
A: 3,800 メートルぐらいです。
1. にもつ、重(おも)い、15 キログラム
2. 新幹線(しんかんせん)、はやい、じそく 200 キロ
3. 部屋(へや)、広(ひろ)い、6 じょう
4. はし、長(なが)い、1 キロ

Neues Vokabular

ナイフ	Messer
わる	zerbrechen, kaputt machen, teilen
なくなる	verschwinden, verloren gehen
ねこ	Katze
こしょうする	kaputt gehen, gestört/defekt sein, außer Betrieb sein
こしょう	Defekt
ステレオ	Stereo
のりかえる	umsteigen
高(たか)さ	Höhe
キログラム	Kilogramm
じそく	Geschwindigkeit pro Stunde
キロ（メートル）	Kilometer

はし　　Brücke

KURZE DIALOGE

1. 中村（なかむら）：あの　こと、もう　しゃべってしまったんですか。
   鈴木（すずき）：あ、いけなかったんですか。うっかり　しゃべっちゃいました。

   Nakamura: Haben Sie diese Angelegenheit schon ausgeplaudert?
   Suzuki: Oh, hätte ich das nicht tun sollen? Ich habe davon gesprochen ohne (weiter) nachzudenken.

2. A: 東京（とうきょう）タワーへ　行（い）きたいんですが、どの　バスに　のれば　いいですか。
   B: 88 番（ばん）の　バスに　のって、しゅうてんで　おりたら　いいですよ。

   A: Ich möchte zum Tōkyō Tower. Welchen Bus soll ich nehmen?
   B: Nehmen Sie Bus Nr. 88, und steigen Sie an der Endhaltestelle aus.

3. A: 夏休（なつやす）みは　1 か月（げつ）ぐらい　とれるんですか。
   B: そうだと　いいんですが。

   A: Können Sie einen Monat Sommerurlaub nehmen?
   B: Das wäre zu schön, um wahr zu sein.

Neues Vokabular

しゃべる	plaudern, sprechen (umgangssprachlich)
いけない	nicht in Ordnung, nicht erlaubt
うっかり	ohne nachzudenken, unbedacht, zerstreut
しゃべっちゃいました	(umgangssprachlich für しゃべってしまいました)
しゅうてん	Endhaltestelle

ÜBUNGEN TEIL B

I. Lesen Sie den Lektionstext und beantworten Sie die folgenden Fragen.

1. 中村（なかむら）さんは　なぜ　うちを　さがしているんですか。
2. 中村（なかむら）さんは　居間（いま）の　ほかに　部屋（へや）が　いくつ　あれば　いいと言（い）いましたか。
3. 中村（なかむら）さんは　新（あたら）しい　うちで、ねこを　かいたがっていますか。
4. この　うちを　借（か）りる　人（ひと）が　初（はじ）めの　月（つき）に　払（はら）わなければ　ならない　お金（かね）は　全部（ぜんぶ）で　いくらに　なりますか。

5. 中村さんは　この　うちを　借りるでしょうか。

II. Ergänzen Sie, falls nötig, die fehlenden Partikeln.

1. 居間の　ほか（に　）部屋が　二つ　あります。
2. 見て（から）、借りる（か　）どう（か　）決めたいと　思います。
3. しき金、礼金（と　）して　4か月分の　やちんを　払ってください。
4. この　へん（で　）うち（を　）さがしています。

III. Ergänzen Sie die folgenden Fragen sinnvoll.

1. にもつの　重さは（どの）くらいに　なりますか。
   約　10キロです。
2. 初めに（何　）か月分　払わなければ　なりませんか。
   全部で　5か月分に　なります。
3. （いつ）から　この　うちに　入れますか。
   今　すぐ　入れます。
4. アパートを　借りる　場合は（いつ）までに　返事すれば　いいですか。
   来週中に　お願いします。

IV. Ergänzen Sie die Sätze mit der passenden Verbform.

1. じこで　電車が（止まって）しまいました。（止まる）
2. 電話を　かけるのを（わすれて）しまいました。（わすれる）
3. きのう　買ったばかりの　皿を　うっかり（わって）しまいました。（わる）
4. 1時から　会議が　始まるので、その　前に　昼ご飯を（たべて）しまいましょう。（食べる）
5. これで　ほんとうに　いいか　どうか　課長に（きいて）みてください。（聞く）
6. この　くつを（はいて）みてください。（きに入っ）たら、あげますよ。（はく、気に　入る）
7. 銀座に　行きたいんですが、どこで（のりかえ）たら　いいですか。（のりかえる）
8. やちんは　いつまでに（はらえ）ば　いいですか。（払う）

5

V. Wählen Sie den zur beschriebenen Situation passenden Satz.

A. Erkundigen Sie sich, wie Sie zum Tōkyō Hospital kommen.

1. すみませんが、東京病院(とうきょうびょういん)まで　行(い)ってくださいませんか。
2. こんにちは。東京病院(とうきょうびょういん)に　行(い)こうと　思(おも)います。
3. すみませんが、東京病院(とうきょうびょういん)は　どう　行(い)ったら　いいですか。

B. Fragen Sie den Verkäufer im Geschäft, ob Sie einen Anzug anprobieren können.

1. この　せびろを　着(き)てみても　いいですか。
2. よかったら、この　せびろを　着(き)てみませんか。
3. この　せびろを　ください。

ICH HABE ES IN DEN WÄSCHETROCKNER GEGEBEN

SATZMUSTER 1A

〜てしまいます

A: そのふく、どうしたんですか？

Was ist denn mit Ihrem Kleid passiert?

B: かんそうきに入(い)れてしまったんです。

Ich habe es in den Wäschetrockner gegeben.

Glauben Sie, dass es jemand bemerkt?

Neues Vokabular

かんそうき　　　　　Wäschetrockner

Heutzutage habe die meisten Kleidungsstücke ein eingenähtes Etikett, das Anweisungen zum Waschen/Reinigen in Form von Symbolen angibt. Vergessen Sie keinesfalls sich mit dem Inhalt dieses Etiketts vertraut zu machen, da nicht alle Kleidungsstücke in den Wäschetrockner gegeben werden können.

ANWENDUNG DER SATZMUSTER 1A

1. Betrachten Sie die Bilder und ergänzen Sie die unterstrichenen Teile mit einer passenden Verbform.

どうしたんですか。　　Was ist denn passiert?

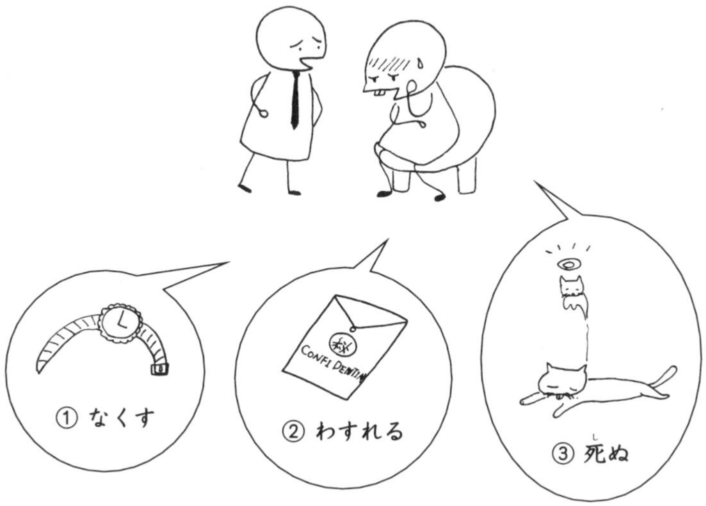

① A: どうしたんですか。
B: 時計を なくして しまったんです。
母にもらった大事な時計だったんです。

② A: どうしたんですか。
B: 電車に大事な書類を わすれて しまったんです。
駅に問い合わせましたが、わかりませんでした。

③ A: どうしたんですか。
B: 飼っていたねこが しんで しまったんです。
家族のように大切なねこでした。

2-1. Hören Sie sich die CD an und verfolgen Sie dabei die nachstehenden Bilder. Setzen Sie fehlenden Teile ①, ②, ③, an die freigelassenen Stellen.

2-2. Üben Sie den Dialog, während Sie sich die CD anhören. Achten Sie ganz besonders auf Ihre Aussprache und sprechen Sie mit derselben Geschwindigkeit wie auf der CD.

ビジーさんは日曜日（にちようび）に小林（こばやし）さんといっしょに富士山（ふじさん）にドライブに行（い）きました。今（いま）ビジーさんは佐藤（さとう）さんに日曜日（にちようび）のドライブについて話（はな）しています。

佐藤（さとう）：　ビジーさん、小林（こばやし）さんとドライブに行（い）ったそうですね。
ビジー：ええ、でも、大変（たいへん）だったんです。
佐藤（さとう）：　何（なに）かあったんですか。
ビジー：富士山（ふじさん）に行（い）ったんですが、雪（ゆき）がふっていたんですよ。
佐藤（さとう）：　え、雪（ゆき）だったんですか。
ビジー：ええ、雪（ゆき）の中（なか）で車（くるま）が ① こしょうしてしまったんです。
　　　　直（なお）すのに1時間（じかん）も ② かかってしまいました。
佐藤（さとう）：　それは大変（たいへん）でしたね。
ビジー：ええ、帰（かえ）りの道（みち）もじゅうたいしていたので、帰（かえ）るのが ③ おそくなってしまいました。小林（こばやし）さんは ④ おこってしまったし、私（わたし）はさむくて ⑤ かぜをひいてしまったし、本当（ほんとう）に大変（たいへん）でした。

3-1. Lesen Sie die folgenden Absätze.

私のしっぱい
Mein Fehlschlag

① じつはこのあいだ、タクシーとパトカーを間違えてしまったんです。くらくてよく見えなかったので、タクシーだと思って止めたら、パトカーだったんです。おまわりさんが車から出てきたときは、本当におどろきました。

② じつはこのあいだ、電車を間違えて、約束の時間に1時間も遅れてしまったんです。駅のホームに着いたら電車が来ていたので、急いでのったら、はんたい方向へ行く電車だったんです。待ち合わせの場所は外だったので、友だちは1時間も立って待っていました。とても申しわけなかったです。

Neues Vokabular

このあいだ	neulich, kürzlich, vor Kurzem
パトカー	Streifenwagen
間違える	verwechseln mit
はんたい方向	Gegenrichtung, entgegengesetzte Richtung

3-2. Erzählen Sie anhand der Bilder die eben von Ihnen gelesenen Geschichten nach.

① じつはこのあいだ、

くらくてよく見えなかったので、

本当におどろきました。

② じつはこのあいだ、

駅のホームに着いたら電車が来ていたので、

とても申しわけなかったです。

FREIES SPRECHEN

3-3. Ist Ihnen schon einmal solch ein Versehen unterlaufen? Hören Sie sich die Erfahrungen einer anderen Person auf der CD an. Erzählen Sie Ihre Geschichte mit Ihren eigenen Worten und fassen Sie schließlich wie im folgenden Kasten zusammen.

じつはこのあいだ、________________________________です。
__________Geben Sie weitere Informationen ________________。
__________Beschreiben Sie, wie Sie sich fühlten ______________。

SATZMUSTER 1B

～てしまいます

今日は6時からパーティーですから、早く仕事をすませてしまいましょう。

Heute ab sechs Uhr findet eine Party statt, also machen wir heute früher Schluss.

ANWENDUNG DER SATZMUSTER 1B

1. Vervollständigen Sie die Sätze durch Ergänzen der unterstrichenen Teile mit einem Verb aus der nachstehenden Liste.

①

佐藤：　ビジーさん、もう出かけませんか。

ビジー：ちょっと待ってください。出る前に、大阪支社にファックスを おくって＿＿ しまいたいんです。

②

佐藤：　ビジーさん、よかったら、このざっしを読みませんか。私はもう よんで＿＿ しまったんです。なかなかおもしろいですよ。

ビジー：じゃ、借りてもいいですか。

③

佐藤：　このコーヒー、なかなかおいしいですよ。

ビジー：そうですか。じゃ、今うちにあるのを のんで＿＿ しまったら、買います。

飲む	しらべる	読む	買う	送る	食べる

SATZMUSTER 2

〜てみます

A: おいしそうですが、どんな味でしょうか。

Das sieht gut aus. Wie das wohl schmecken mag?

B: さあ、わかりません。ちょっと食べてみましょう。

Keine Ahnung. Warum nicht mal ein bisschen probieren?

ANWENDUNG DER SATZMUSTER 2

Vervollständigen Sie die Sätze durch Ergänzen der unterstrichenen Teile mit einem Verb aus der nachstehenden Liste.

Beispiel

A: まだ銀座ホールで生け花展をやっているでしょうか。

B: さあ、電話で<u>問い合わせて</u>みましょう。

→ ホールに<u>問い合わせて</u>みたら、生け花展はもう終わっていました。

①
A: 新しいモデルですね。
B: ええ、どうぞ (a)うんてんして みてください。
→ (b)うんてんして みたら、エンジンの音が静かで、よかったです。

A: 新しいいすですね。ちょっと (a)すわって みてもいいですか。
B: はい、どうぞ。
→ いすに (b)すわって みたら、こわれてしまいました。

すわる	運転する	問い合わせる	運動する

Neues Vokabular

生け花展	Ikebana-Ausstellung
モデル	Modell
エンジン	Motor

2-1. Lesen Sie die folgenden Absätze.

けっかはどうでしたか
Wie ging es aus?

① 春になったので、新しいくつがほしいと思っていました。このあいだくつ屋の前を歩いていたら、歩きやすそうなくつがあったんです。デザインもよかったので、はいてみたら、あしにぴったりでした。今はいているのがそのとき買ったくつです。

② 最近少しひまになったので、何か勉強を始めたいと思っていました。このあいだ新聞を読んでいたら、やくにたちそうなけいざいセミナーの広告があったんです。セミナーのこうしも有名な人だったので、

行ってみたら、つまらなくてねてしまいました。

Neues Vokabular

ぴったり	perfekter Sitz, genau passend
やくにたつ	nützlich
セミナー	Seminar, Kurs
広告	Werbung, Reklame
こうし	(Vortrags)Redner, Dozent

2-2. Erzählen Sie anhand der Bilder die eben von Ihnen gelesenen Geschichten nach.

① 春になったので、新しいくつがほしいと思っていました。

このあいだくつ屋の前を歩いていたら

デザインもよかったので

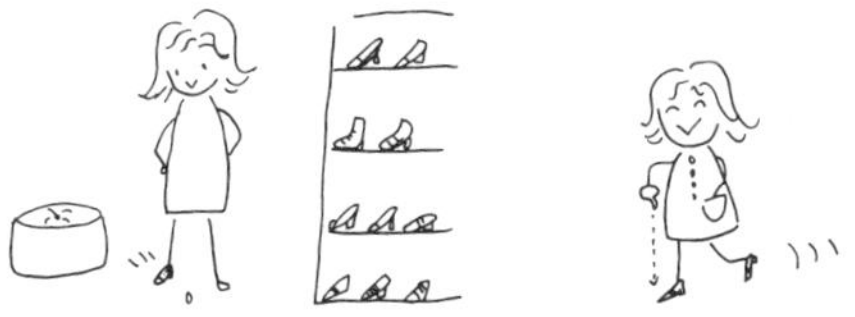

② 最近少しひまになったので、何か勉強を始めたいと思っていました。

このあいだ新聞を読んでいたら

セミナーのこうしも有名だったので

FREIES SPRECHEN

2-3. Ist Ihnen schon einmal so etwas passiert? Vielleicht haben Sie etwas versucht, das genau richtig war, oder Sie waren völlig unvorbereitet für das, was sich Ihnen darstellte. Hören Sie sich die Erfahrungen einer anderen Person auf der CD an. Wählen Sie ein Thema aus der nachstehenden Liste und sprechen Sie frei darüber. Fassen Sie schließlich Ihre eigene Geschichte wie im folgenden Kasten zusammen.

> このあいだ＿＿＿＿＿＿＿＿たら、＿＿＿＿＿＿＿＿あったんです。
> ＿＿＿＿＿＿＿てみたら、＿＿＿＿Das Resultat＿＿＿＿＿＿＿＿。

THEMEN

バーゲンセールに行(い)ったら
道(みち)を歩(ある)いていたら
本屋(ほんや)に行(い)ったら
インターネットをしらべていたら
デパートやスーパーに行(い)ったら

Neues Vokabular

インターネット　　Internet

KOMMUNIKATION

Haben Sie schon jemals etwas machen wollen, aber nicht gewusst, wie es zu bewerkstelligen war? Oder vielleicht waren Sie mit einem kniffligen Problem konfrontiert, das Sie selbst nicht lösen konnten. Bei solchen Gelegenheiten kann sich der Ratschlag eines Freundes u.U. als sehr nützlich erweisen.
Es folgt ein kurzer Text über die Probleme zweier Leute und die Ratschläge, die sie erhalten haben. Was sollten sie Ihrer Meinung nach tun? Geben Sie auch selbst einen Ratschlag.

そうだん　1

このあいだテレビを見(み)ていたら和(わ)だいこをしょうかいしていました。えんそうがとてもすばらしかったし、楽(たの)しそうだったので、私(わたし)もやってみたいと思(おも)いました。さっそくれんらくしたいと思(おも)って、えんそうしていたグループの名前(なまえ)をメモしましたが、そのメモをなくしてしまったんです。テレビきょくの名前(なまえ)もわすれてしまったので、そのグループにれんらくできません。どうしたらいいでしょう。

アドバイス　a

私があなただったら、テレビを見た日の新聞をさがします。新聞にはテレビの番組らんがあるので、それを見てテレビきょくに電話してみます。新聞は図書館で見ればいいと思います。

アドバイス　b

私があなただったら、インターネットで和だいこのグループをさがしてみます。もしさがしているグループが見つからなかったら、ほかのグループにれんらくして、ほかにどんなグループがあるか聞いてみます。とにかくインターネットで、知っていそうな人をさがせばいいと思います。

Neues Vokabular

和だいこ	japanische Trommel
テレビきょく	TV-Gesellschaft
番組らん	TV-Programmübersicht

私があなただったら、ほんやにいって日本のおんがくの本をさがしてみます。そのグループがみつからなかったら、その本のかいしゃに電話して といあわせればいいと思います。

そうだん　2

私の知り合いでつりの好きな人がいて、つりに行くと、いつもつった魚をくれるんです。初めて魚をもらったとき、家族全員が好きだと言ってしまったからなんですが、それから毎週、魚をたくさんくれるんです。最初はよろこんで食べていた家族も、今はあまり食べたがらなくなりました。申しわけないと思いますが、すててしまうこともあります。どうしたらいいでしょう。

5

アドバイス　a

つったばかりの魚はおいしいし、魚は体にもいいですから、いらないと言うのはざんねんですね。私があなただったら、料理が好きな友だちにいろいろな料理の仕方を聞いてみます。料理のレパートリーをふやせば、いいと思います。きっと家族のみんなもよろこんで食べるはずです。

アドバイス　b

私があなただったら、魚の好きな友だちにあげます。魚をすててしまうのはもったいないです。つったばかりのおいしい魚はなかなか手に入らないので、もらった人はきっとよろこぶはずです。

Neues Vokabular

つる	angeln/fischen gehen
レパートリー	Repertoire
ふやす	steigern, erhöhen, vermehren
もったいない	(ist eine) Verschwendung, schade sein um ...
手に入る	in die Hand bekommen, fangen

私があなただったら、さかなをくれるひとにはっきりことわります。
ざんねんだけど忙しくてさかなをりょうりするじかんがない
といえばそのひとはおこらないはずです。

ザウゼシュリット新聞

カモ猟を見に行きました

Früher waren Enten eine wichtige Eiweißquelle für die Bewohner der Bauerndörfer, und in den verschiedenen Gegenden Japans wurde die Entenjagd in unterschiedlicher Weise betrieben. Die rasch fortschreitende Entwicklung auf dem Land in den letzten Jahren hat allerdings zu einem drastischen Rückgang der Entenzahl geführt; außerdem unterliegt die Entenjagd inzwischen auch aus Umweltschutzgründen Einschränkungen. Ich war Zeuge einer Entenjagd mit Netzen, eine Tradition, die sich bis auf den heutigen Tag in einer kleinen Stadt am Japanischen Meer erhalten hat.

「今晩、よかったらカモ猟を見に来ませんか」と夕方、知り合いの山田さんから電話があった。今、この伝統的なカモ猟をする人は七五歳の山田さんなど六人になってしまって、なかなか見ることができない。前からカモ猟に興味があった私は、さっそくカメラを持って出かけた。

カモはゴルフ場の池のそばで休んでいた。月が出るころになると、カモは近くの水田に食べる物をさがしに行くので、それまで四五m×一〇mの網をセットしてカモが飛ぶの待った。私もちょっと網を持ってみたが、とても重かった。風が強いと、網の音でカモが逃げてしまう。だからカモの飛ぶコースや高さ、風の強さをよく考えて網をセットしなければならない。うっかりしているとカモの方が頭がよくて、人が走る前に逃げていなくなってしまうそうだ。カモは急に高くは飛べないので、飛び始めたときに人々は走りながら網を上げたり下げたりして捕まえるのだ。

実は今、カモ猟はゴルフ場の中でする。十年前にこの辺の土地を持っていた人が土地をゴルフ場に売ってしまったのだ。木があるのはこのゴルフ場の池のまわりだけになってしまった。飛んで来るカモも少なくなったし、この伝統的なカモ猟も何年かしたらなくなってしまうのかもしれない。

Neues Vokabular

カモ猟(りょう)	Entenjagd	網(あみ)をセットする	ein Netz aufstellen
知(し)り合(あ)い	Bekannter, Freund	逃(に)げる	wegfliegen
ゴルフ場(じょう)	Golfplatz	走(はし)る	laufen
池(いけ)	Teich, Weiher	捕(つか)まえる	fangen
水田(すいでん)	Nassreisfeld	土地(とち)	Boden, Land, Grundstück

Fragen

1. カモ猟(りょう)をするとき、どんなことを考えて網(あみ)をセットしますか。
2. あなたの国(くに)でも伝統的(でんとうてき)な猟(りょう)がありますか。それはどうやってするのですか。

Sauseschritt Zeitung

Ich bin auf Entenjagd gegangen

Mein Freund, Herr Yamada, rief mich am frühen Abend an, und fragte mich, ob ich in dieser Nacht mit auf Entenjagd gehen wolle. Da es nur noch sechs Leute - einschließlich des 75-jährigen Yamada - gibt, die sich noch dieser traditionellen Form der Entenjagd widmen, bekommt man nur selten Gelegenheit sie zu sehen. Ich war bereits neugierig: also schnappte ich meine Kamera und los ging's.

Die Enten ruhten bei einem Teich auf dem Golfplatz. Deswegen stellten wir ein Netz von 45 mal 100 Metern auf und warteten darauf, dass die Enten auffliegen und in den benachbarten Reisfeldern nach Futter suchen würden - und zwar würden sie das tun, sobald der Mond aufging. Ich versuchte das Netz anzuheben, aber es war äußerst schwer. Bei starkem Wind macht das Netz so laute Geräusche, dass die Enten aufgeschreckt werden und wegfliegen. Daher muss man beim Aufstellen des Netzes unbedingt auch die Flughöhe der Enten und die Windstärke berücksichtigen. Wenn man sich nicht konzentriert, schlagen einem die Enten ein Schnippchen und verschwinden, bevor die Jäger zu laufen beginnen. Da Enten nicht auf einen Schlag große Höhen gewinnen können, besteht die Fangmethode darin, auf sie zuzulaufen und dabei das Netz anzuheben und zu senken, sobald sie vom Boden abheben.

Die Entenjagd findet hier nun auf dem Golfplatz statt, weil der Eigentümer dieses Grundstück vor zehn Jahren zur Entwicklung verkaufte. Das Resultat: die einzige Stelle, wo es noch Bäume gibt, erstreckt sich um den Teich herum, und die Zahl der Enten, die hierher kommen hat sich verringert. In ein paar Jahren wird diese traditionelle Art der Entenjagd wohl ganz verschwunden sein.

NEUE KANJI

1. 遠(とお)い

遠  (13)

エン

2. 和室(ワシツ)

和  (8)

ワ

室  (9)

シツ

3. 移転(イテン)

移  (11)

うつ(す)・うつ(る)

4. 事務所(ジムショ)

務  (11)

つと(める)

5. 死(し)ぬ

死 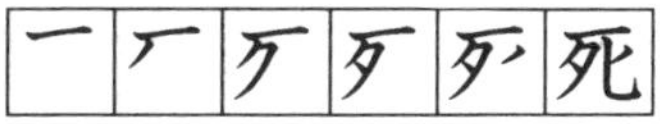 (6)

シ

Kanji zum Erkennen: 居間(いま)

LEKTION 6 VORBEREITUNGEN FÜR EINE SITZUNG

Frau Nakamura und Herr Suzuki bereiten eine Firmensitzung vor.

中村：会議は　3時からですから、そろそろ　つくえや　いすを
　　　並べておいてください。
鈴木：どんな　形に　並べますか。
中村：まず　スライドを　見てから、新しい　きかくの　説明を
　　　しますから、コの字がたに　並べてください。
鈴木：出席者は　18人ですね。
中村：はい。いすが　たりない　ときは　となりの　部屋のを使ったら　どうですか。書類は　人数分　コピーしてありますか。
鈴木：ええ、20部　コピーしてあります。
中村：ところで、スライドの　準備は　してありますか。
鈴木：はい、さっき　きかいを　試して、セットしておきました。
中村：スライドを　見終わったころ　コーヒーを　出しますから、
　　　下の　コーヒーショップに　注文しておいてください。
鈴木：3時半ごろ　持ってくるように　言いましょうか。
中村：3時半は　早すぎます。4時ごろで　いいでしょう。
鈴木：わかりました。

Nakamura:	Die Sitzung findet ab drei (Uhr) statt; sorgen Sie bitte gleich (wörtlich: „bald“) dafür, dass Tische und Stühle aufgestellt werden.
Suzuki:	In welcher Form soll ich sie aufstellen?
Nakamura:	Da wir zunächst Dias vorführen und den neuen Plan erläutern, stellen Sie sie in Hufeisenform auf (wörtlich: in Form eines Katakana-ko コ).
Suzuki:	Es sind 18 Teilnehmer, nicht wahr?
Nakamura:	Richtig. Falls die Stühle nicht ausreichen, können wir welche aus dem Nachbarzimmer benutzen. Sind genügend Unterlagenexemplare für alle Teilnehmer vorhanden?
Suzuki:	Ja, 20 Exemplare wurden vorbereitet.
Nakamura:	Gut; ist alles für die Diavorführung bereit?
Suzuki:	Ja, ich habe das Gerät vorhin getestet und bereits aufgestellt.
Nakamura:	Nach dem Betrachten der Dias werden wir Kaffee servieren. Bestellen Sie ihn bitte im Coffee Shop unten (im Erdgeschoss).
Suzuki:	Soll ich ihn für 3.30 Uhr bestellen?
Nakamura:	Halb vier ist zu früh. Um vier ist in Ordnung.
Suzuki:	In Ordnung.

Neues Vokabular

そろそろ	bald/gleich, es ist (allmählich) an der Zeit,...(zu tun)
並(なら)べる	aufstellen, arrangieren
～ておく	(vorbereiten, dafür sorgen, dass)
形(かたち)	Form
きかく	Planung, Plan
コの字(じ)がた	Form des Katakana-Zeichens コ
～がた	-förmig, in Form von
出席者(しゅっせきしゃ)	Teilnehmer
人数分(にんずうぶん)	(Exemplare/Portionen) für eine Zahl von Personen
～てある	- (Siehe Grammatikteil.) impliziert: etwas ist vorbereitet, bereit
～部(ぶ)	Exemplar (Zählwort)
試(ため)す	testen, ausprobieren, (über)-prüfen
セットする	aufstellen, installieren
出(だ)す	servieren
コーヒーショップ	Coffee Shop/(Steh)cafe
注文(ちゅうもん)する	bestellen
注文(ちゅうもん)	Bestellung
早(はや)すぎる	zu früh
～すぎる	= zu viel, übermäßig, in zu hohem Grad (wörtlich: „übertreffen/überholen“)

GRAMMATIK UND LERNZIELE

・ておく

つくえや　いすを　並(なら)べておいてください。
さっき　きかいを　試(ため)して、セットしておきました。
コーヒーを　出(だ)しますから、下(した)の　コーヒーショップに　注文(ちゅうもん)しておいてください。

ておく vermittelt die Vorstellung, dass etwas, das getan oder vorbereitet wurde, von nun an verfügbar ist.

・てある

書類(しょるい)は　人数分(にんずうぶん)　コピーしてありますか。

Der Gebrauch von てある zeigt, dass etwas, das getan oder vorbereitet wurde, sich in einem bestimmten Zustand befindet.

私(わたし)は　書類(しょるい)を　コピーしておきました。„Ich habe die Unterlagen kopiert (so dass sie nun bereit sind)."
書類(しょるい)は　コピーしてあります。„Die Unterlagen sind kopiert worden."

Diese beiden Sätze beziehen sich auf dieselbe Situation aus unterschiedlichem Blickwinkel. Bei ておく ist die handelnde Person, ob explizit oder implizit, von Bedeutung. Bei てある dagegen liegt der Schwerpunkt auf dem Vorgang und seinem Resultat. Es ist zu beachten, dass es sich in beiden Fällen um einen beabsichtigten Vorgang handelt. Ob es sich dabei um ein natürliches Ereignis oder eine Intention handelt, ist irrelevant, da diese Strukturen niemals zusammen mit den Verben ふる , なる und 死(し)ぬ verwendet werden.

Da die てある -Struktur auf Situation oder Status konzentriert ist, wird die Partikel が oder は gebraucht. Bei Verwendung der Struktur てある ist jeweils der Gegenstand oder die Situation das grammatische Subjekt. Daher ist が die regelrechte Partikel, wobei jedoch auch は als „Topic Marker" (Kennzeichnung des Redegegenstands) auftreten kann wie z.B. bei スライドの　準備(じゅんび)が／は　してあります . Vergleiche auch: (鈴木(すずき)さんが／は) スライドの　準備(じゅんび)を　しました／しておきました . Wie in diesem Satz steht die Objektivpartikel を vor する , entweder allein oder zusammen mit ておく .

ANMERKUNGEN

1. そろそろ

   Dieses Wort erscheint oft im Gespräch, wenn der Sprecher kurz vor einer Handlung steht. Es lässt sich verstehen als „Es ist an der Zeit, zu... /es wird allmählich Zeit zu“

   Beispiel: そろそろ　出(で)かけましょう。„Nun gehen wir langsam mal los.“

2. いすが　たりない　ときは　となりの　部屋(へや)のを　使(つか)ったら　どうですか。

   Die Strukturen mit たら in Kombination mit いかがですか, どうですか oder いいですよ können Vorschläge oder Warnungen beinhalten.

   Beispiel: 1. こうばんで　聞(き)いたら　どうですか。

   „Warum fragen Sie nicht/erkundigen Sie sich nicht bei der Koban (=Polizei-Box; der Polizist an der Ecke)?“

   2. 部屋(へや)を　そうじしたら　どうですか。

   „Es wäre besser, du würdest dein Zimmer sauber machen/Du solltest dein Zimmer sauber machen.“

   3. 電話(でんわ)で　知(し)らせたら　いいですよ。

   „Wenn Sie (ihn) telefonisch verständigen, ist es in Ordnung.“ (Ein Telefonanruf genügt.)

   Die zuletzt stehende Formel どうですか oder いいですよ entfällt, wenn man informell einen Vorschlag macht. In diesem Fall wird たら wie bei einer Frage mit steigender Intonation ausgesprochen.

   Beispiel: にもつが　重(おも)いでしょう。ここに　おいたら。

   „Dein Gepäck muss schwer sein; warum stellst du es nicht hier ab?“

3. 3時半(じはん)は　早(はや)すぎます。

   すぎる, „vergehen, passieren/vorbeigehen, darüber hinausgehen/übersteigen“, wird an den Adjektivstamm bzw. ます-Stamm von Verben angehängt und bringt dann die Bedeutung „zu (Adjektiv)“, „zuviel“, „übermäßig“ zum Ausdruck.

   Beispiel: 大(おお)きい→大(おお)きすぎる, „zu groß“, 高(たか)い→高(たか)すぎる, „zu hoch/teuer“, 静(しず)かな→静(しず)かすぎる, „zu ruhig“, 食(た)べます→食(た)べすぎる, „zu viel essen“.

EINFACHE SATZSTRUKTUREN ZUM EINPRÄGEN

1. 〔私(わたし)は〕 電話(でんわ)で　レストランの　席(せき)を　予約(よやく)しておきました。
2. レストランの　席(せき)が　予約(よやく)してあります。

1. Ich habe telefonisch im Restaurant Plätze reservieren lassen.
2. Plätze im Restaurant sind reserviert worden (von mir).

Neues Vokabular

席(せき)　　Sitz, Platz

ÜBUNGEN TEIL A

Formulieren Sie Dialoge durch Ändern der wie im folgenden Beispiel unterstrichenen Teile.

A. F: 会議(かいぎ)の　前(まえ)に　いすと　つくえを　並(なら)べておきましょうか。
　A: ええ、並(なら)べておいてください。
　　1. 会議(かいぎ)、書類(しょるい)を　作(つく)る
　　2. パーティー、ビールを　買(か)う
　　3. 出(で)かけます、地図(ちず)で　調(しら)べる
　　4. ぼうねん会(かい)の　日(ひ)を　決(き)めます、部長(ぶちょう)の　都合(つごう)を　聞(き)く

B. F: もう　切符(きっぷ)を　買(か)いましたか。
　A: はい、買(か)っておきました。
　　1. ヒーターを　つける
　　2. 部屋(へや)を　かたづける
　　3. 大切(たいせつ)な　書類(しょるい)を　預(あず)ける
　　4. 部長(ぶちょう)に　来(こ)られるか　どうか　聞(き)く

C. F: あなたの　車(くるま)は　どこですか。
　A: この　ビルの　前(まえ)に　止(と)めてあります。
　　1. ワープロ、となりの　部屋(へや)に　おく
　　2. 書類(しょるい)、つくえの　上(うえ)に　出(だ)す
　　3. にもつ、車(くるま)の　後(うし)ろに　つむ
　　4. スミスさんの　手紙(てがみ)、引(ひ)き出(だ)しの　中(なか)に　しまう

D. F: 書類(しょるい)は　もう　準備(じゅんび)してありますか。
　A: はい、準備(じゅんび)しておきました。

6

F: スライドは？

A: スライドも　準備(じゅんび)してあります。

1. 飲(の)み物(もの)、買(か)う、くだもの
2. 入学金(にゅうがくきん)、払(はら)う、じゅぎょう料(りょう)
3. 契約書(けいやくしょ)、作(つく)る、せいきゅう書(しょ)
4. パスポート、用意(ようい)する、トラベラーズチェック

E. F: 道(みち)が　わからない　ときは　どうしたら　いいでしょう。

A: こうばんで　聞(き)いたら　どうですか。

1. 電話番号(でんわばんごう)を　知(し)りたい、104に　電話(でんわ)する
2. 困(こま)った、じょうしに　そうだんする
3. さびしい、旅行(りょこう)に　出(で)かける
4. （お）金(かね)が　たりない、親(おや)に　たのむ

F. F: 味(あじ)は　どうですか。

A: ちょっと　からすぎますね。

1. 味(あじ)、あまい
2. ねだん、高(たか)い
3. この　部屋(へや)、せまい
4. この　町(まち)、にぎやか

G. F: どう　しましたか。

A: 食(た)べすぎて、おなかが　いたいんです。

1. 飲(の)む、あたま
2. 歩(ある)く、足(あし)
3. 働(はたら)く、かたや　こし
4. 本(ほん)を　読(よ)む、目(め)

Neues Vokabular

ぼうねん会(かい)	Jahresabschlussfeier (wörtl.: „Vergiss-das-Jahr-Feier“)
大切(たいせつ)（な）	wichtig, wertvoll/kostbar, ernst(haft)
出(だ)す	ausgeben, heraus-/hervorholen
つむ	(be)laden, aufhäufen/aufeinanderlegen
引(ひ)き出(だ)し	Schublade
しまう	aufbewahren, (auf)sparen
契約書(けいやくしょ)	(schriftlicher) Vertrag

せいきゅう書(しょ)	Rechnung
用意(ようい)する	vorbereiten
用意(ようい)	Vorbereitung
トラベラーズチェック	Reisescheck
104	104 (In Japan die Rufnummer der Fernsprechauskunft)
さびしい	einsam/verlassen
親(おや)	Elternteil/Eltern
からい	salzig, scharf
あまい	süß, nachsichtig
かた	Schulter
こし	Hüfte(n), Kreuz

KURZE DIALOGE

1. 課長(かちょう)：ねんがはがきは　もう　買(か)ってありますか。
山田(やまだ)：はい。1,000 枚(まい)　買(か)っておきましたが、たりますか。
課長(かちょう)：あと　500 枚(まい)　買(か)っておいてください。

Abteilungsleiter: Haben Sie schon Neujahrsgrußkarten gekauft?
Yamada: Ja, 1000 Stück. Sind das genug?
Abteilungsleiter: Kaufen Sie bitte noch 500.

2. リンダ：きのうの　新聞(しんぶん)に　みそしるの　作(つく)り方(かた)が　書(か)いてありました。
けい子(こ)：へえ。一度(いちど)　作(つく)ってみたら。

Linda: Gestern habe ich in der Zeitung gelesen, wie man Miso-Suppe macht.
Keiko: Tatsächlich? Warum versuchst du nicht einmal welche zu machen?

3. 渡辺(わたなべ)：コーヒーを　入(い)れました。少(すこ)し　休(やす)んだら　いかがですか。
加藤(かとう)：ありがとう。じゃ　一休(ひとやす)みしよう。ああ、つかれた。

Watanabe: Ich habe Kaffee gekocht. Wie wäre es, wenn Sie sich eine Weile ausruhen?
Katō : Danke. Eine kurze Pause kann nicht schaden. Ah, ich bin wirklich fertig!

4. 客(きゃく)：あ、もう　4 時(じ)ですね。そろそろ　失礼(しつれい)します。
田中夫人(たなかふじん)：もう　お帰(かえ)りですか。じゃ、また　いらっしゃってください。

Besucher(in): Oh, es ist schon 4 Uhr. Ich gehe (wohl) jetzt besser/Ich muss jetzt aufbrechen.
Frau. Tanaka: Jetzt schon/(Müssen Sie wirklich schon gehen)? Kommen Sie

(doch) bald wieder einmal vorbei.

Neues Vokabular

ねんがはがき	Neujahrs(gruß)karte
あと	mehr, (und noch) dazu
入(い)れる	Kaffe, Tee usw. machen/kochen
一休(ひとやす)み	(kurze) Pause
失礼(しつれい)する	hier: aufbrechen (wörtl.: sich entschuldigen, eine Unhöflichkeit begehen)
いらっしゃってください	kommen Sie bitte (höflich für 来(き)てください)

ÜBUNGEN TEIL B

I. Lesen Sie den Lektionstext und beantworten Sie die folgenden Fragen.

1. 中村(なかむら)さんは　鈴木(すずき)さんに　会議(かいぎ)が　始(はじ)まる前(まえ)に　つくえや　いすを並(なら)べておくように　言(い)いましたか。
2. 会議(かいぎ)の　出席者(しゅっせきしゃ)は　何人(なんにん)ですか。
3. 書類(しょるい)は　何部(なんぶ)　コピーしてありますか。
4. 鈴木(すずき)さんは　会議(かいぎ)で　スライドを　使(つか)うことを　知(し)っていましたか。
5. 中村(なかむら)さんは　コーヒーを　何時(なんじ)ごろ　持(も)ってくるように　言(い)いましたか。

II. Ergänzen Sie, falls nötig, die fehlenden Partikeln.

1. コの字(じ)がた（ に ）つくえ（ を ）並(なら)べてください。
2. コーヒーが　ないんですが。
   じゃ、水(みず)（ で ）けっこうです。
3. とだな（ の ）中(なか)に　コップ（ を ）しまいました。
4. コップ（ が ）たりない　ときは、新(あたら)しい（ の ）を　使(つか)ってください。
5. 電話(でんわ)を　して、さか屋(や)（ に ）ビール（ を ）注文(ちゅうもん)しておいてください。

III. Ergänzen Sie die folgenden Fragen sinnvoll.

1. つくえは　どんな　形(がた)に　並(なら)べましょうか。
   コの字(じ)がたに　並(なら)べておいてください。

6

2. スライドの　きかいは（どこ）ですか。
もう　会議室に　運んであります。

3. この　部屋は（どう）ですか。
せますぎて、ちょっと　むりです。

4. コーヒーは（何人）分　注文しましょうか。
6人分　お願いします。

IV. Ergänzen Sie die folgenden Sätze sinnvoll mit Hilfe der Wörter in den Klammern.

1. （あま）すぎて（たべられ）ません。（あまい、食べられる）
2. （はたらき）すぎて、病気に（なって）しまいました。（働く、なる）
3. 電気を（けし）わすれて、（でかけて）しまったんです。（けす、出かける）
4. 電話番号が（わからなかっ）たら、（しらべて）おいてください。（わからない、調べる）
5. 田中さんから　電話が（あっ）たら、用事を（きいて）おいてください。（ある、聞く）
6. （たいせつな）書類は　きんこに（しまって）あります。（大切、しまう）
7. その　きかくは　部長に　話しましたか。
ええ、もう（話して）あります。（話す）
8. りょうしゅう書は　どこに　ありますか。
鈴木さんの　つくえの　上に（おいて）おきました。（おく）

6

V. Beantworten Sie die folgenden Fragen.

1. あなたの　日本語の　本に　名前が　書いてありますか。
2. うちや　部屋を　借りたい　とき、どこに　行って、そうだんしたらいいですか。
3. あなたの　せの　高さは　どのくらいですか。
4. あなたは　日本語の　じゅぎょうの　前に、つぎに　習う　課を自分で　勉強しておきますか。

ICH HABE VOR DEM EINSTEIGEN INS BOOT TABLETTEN GENOMMEN.

SATZMUSTER 1

〜ておきます

A: 元気(げんき)ですね。

Sie sehen frisch und munter aus.

B: ええ。ふねに乗(の)る前(まえ)に、薬(くすり)を飲(の)んでおきましたから。

Ja, das liegt daran, dass ich vor dem Einsteigen ins Boot Tabletten genommen habe.

Es gibt Leute, die bei allem, was sie tun, immer gut vorbereitet sind; andere dagegen scheinen stets völlig unvorbereitet zu sein, ganz egal was sie vorhaben. Zu welchem Typ gehören Sie?

ANWENDUNG DER SATZMUSTER 1

1-1. Lesen Sie die folgende Liste durch und kreuzen Sie die Dinge an, die Sie tun würden.

Wie machen Sie Vorbereitungen zu einer Auslandsreise?

❏ ホテルを全部(ぜんぶ)予約(よやく)しておきます。

❏ 旅行中(りょこうちゅう)どこを見物(けんぶつ)するか決(き)めておきます。

❏ トラベラーズチェックを作っておきます。
❏ 自分の国のお金を旅行する国のお金にかえておきます。
❏ 旅行する国の言葉を勉強しておきます。
❏ ガイドブックを見て、旅行する国の特別な料理やみやげものを調べておきます。
❏ 旅行する国に知り合いがいたら、れんらくしておきます。
❏ ツアーガイドをたのんでおきます。
❏ 旅行する国のれきしについてよく読んでおきます。

1-2. Ein Freund ist nervös vor seiner ersten Reise ins Ausland. Verwenden Sie die obigen Sätze, um Ihrem Freund, wie im Beispiel gezeigt, Ratschläge zu geben.

A: 今度初めて一人で外国に行くので、心配なんですが。
B: ホテルを全部予約しておくといいですよ／便利ですよ。

Neues Vokabular

トラベラーズチェック	Reiseschecks
みやげもの	Souvenirs, Mitbringsel
ガイドブック	Reiseführer
ツアーガイド	Fremdenführer

2-1. Lesen Sie die folgenden Absätze durch.

あなたはどちらのタイプ
Zu welchem Typ gehören Sie?

① 新しい服を買うとき、店に行く前にだいたいどんな服を買うか考えておく人と、店に行ってから考える人がいます。私はたいてい店に行く前にどんな服を買うか考えておきます。

② けっこんしきなどでスピーチをするとき、前の日までにスピーチのげんこうを書いておく人と、当日会場に着いてから考える人がいます。私は何を話すか書いておかないと、前の晩なかなかねられません。

Neues Vokabular

服	Kleidungsstücke
げんこう	Entwurf

2-2. Erzählen Sie die gerade von Ihnen gelesene Geschichte anhand der nachstehenden Bilder nach.

① 新(あたら)しい服(ふく)を買(か)うとき

② けっこんしきなどでスピーチをするとき

FREIES SPRECHEN

2-3. Vorbereitet oder unvorbereitet? Zu welchem Typ zählen Sie? Hören Sie sich eine andere Person auf der CD an. Wählen Sie ein Thema aus der Liste und sprechen Sie frei darüber. Fassen Sie Ihre eigene Geschichte wie in im folgenden Kasten zusammen.

THEMEN

初(はじ)めての場所(ばしょ)に行くとき	デートのとき
日本語(にほんご)のクラスに出(で)るとき	旅行(りょこう)をするとき

Neues Vokabular

前(まえ)もって　　vorher, zuvor

3-1. Hören Sie sich die CD an und betrachten Sie dabei die nachstehenden Bilder. Ergänzen Sie die fehlenden Satzteile an den freigelassenen Stellen.

3-2. Üben Sie den Dialog, während Sie sich die CD anhören. Achten Sie ganz besonders auf Ihre Aussprache und sprechen Sie mit derselben Geschwindigkeit wie auf der CD.

(1)

ビールがない！晩ご飯のときに飲もうと思って、2時間ぐらい前に
①れいぞうこにいれておいたんです が。

(2)

メモがない！友だちの電話番号を① かみにかいておいたんです が。
いいんです。これからは②ノートにかいておきます から。

SATZMUSTER 2

〜てあります

映画館で

A: Bさん。あの席にすわりましょう。

Herr B, setzen wir uns dort drüben hin.

B: ええ。あ、でもプログラムが置いてありますよ。

OK, aber da ist doch ein Reservierungsschild aufgestellt.

A: 本当ですね。だれか来るようですね。

Sie haben Recht. Jemand wird kommen (und sich dort hinsetzen).

Neues Vokabular

プログラム　Programm

ANWENDUNG DER SATZMUSTER 2

1. Ergänzen Sie die Sätze anhand des obigen Dialogs mit der korrekten Form des Verbs in Klammern.

① 受付(うけつけ)で

ビジー：受付(うけつけ)でネームカードをもらいましょう。
田中(たなか)：ええ。ネームカードがあいうえおじゅんに 並べて ありますね。
ビジー：これなら見(み)つけやすいですね。　(並(なら)べる)

> **HINTERGRUNDINFORMATION**
>
> Das lateinische Alphabet ist sehr praktisch, wenn es darum geht, Informationen in eine geordnete Reihenfolge zu bringen wie etwa Namen in einem Adressbuch oder Bücher in einer Bibliothek. In Japan ist in diesem Fall die Anordnung nach den Hiragana-Silbenschriftzeichen üblich. Treffend bezeichnet man dieses System als „あいうえおじゅん“ oder a-i-u-e-o-Reihenfolge.

②空港(くうこう)で

ビジー：今日(きょう)は人(ひと)が多(おお)いですね。
田中(たなか)：赤(あか)いカーペットが しいて ありますから、VIPが来(く)るようですね。　(しく)

Neues Vokabular

ネームカード	Namensschild
あいうえおじゅん	a-i-u-e-o-Reihenfolge (siehe Hintergrundinfo)
しく	auslegen
VIP	VIP, Prominente(r)

2. Lesen Sie den folgenden Text und beantworten Sie die Fragen.

　私(わたし)はこのあいだ、初(はじ)めてスーパーで売(う)っている「すきやきなべパック」を買(か)ってみました。パックを開(あ)けると、すきやきを食(た)べるときに必要(ひつよう)なものが全部(ぜんぶ)アルミホイルのなべの中(なか)にそろえてありました。おいしそうな牛肉(ぎゅうにく)がきれいに並(なら)べてありまし

6

た。いろいろな野菜やとうふが切ってありました。だしも用意してありましたから、自分で何もしなくてもよかったです。

なべをコンロの上に置くと、とてもかんたんにおいしいすきやきを作ることができました。かぜで、料理をしたくなかったので、とてもたすかりました。

HINTERGRUNDINFORMATION

Sukiyaki ist ein beliebtes Gericht aus in dünne Scheiben geschnittenem Rindfleisch, Gemüse und Tofu, die in einem Gusseisentopf auf einem tragbaren Tischgasbrenner oder einer Elektroplatte gekocht werden. Manche japanischen Supermärkte bieten spezielle „Instant-Sukiyaki-Garnituren“ an, d.h.alle notwendigen Zutaten und die Brühe zusammen in einer Aluminiumfolienschale. TV-Dinner/Fertigmahlzeit auf Japanisch?

Neues Vokabular

すきやきなべパック	Instant-Sukiyaki-Garnitur
アルミホイル	Aluminiumfolie
なべ	Topf
だし	Brühe
コンロ	Tischgasbrenner
たすかる	hilfreich/nützlich/praktisch sein

① あなたも「すきやきパック」を買ってみたいと思いますか。
それはどうしてですか。

② Betrachten Sie das vorhergehende Foto und erklären Sie, was eine Instant-Sukiyaki-Garnitur ist.

3-1. Lesen Sie den folgenden Text durch und beantworten Sie die Fragen.

先日、大阪に出張したときの話です。帰りの新幹線が雪で 2 時間も遅れました。東京駅に着いたら、12 時でした。つかれてうちに帰ったら、主人はもうねていました。静かに居間に入ると居間があたためてありました。台所にはシチューとサラダが作ってありました。その日はとてもさむい日でした。おなかもすいていたので、あたたかい部屋でシチューが食べられて、とてもしあわせになりました。

① この人は夜遅く帰ったとき、何に気がつきましたか。
② あなたが家に帰ったとき、何がしてあったらうれしいですか。

Neues Vokabular

シチュー　　Stew, Eintopfgericht

3-2. Erzählen Sie die gerade von Ihnen gelesene Geschichte anhand der nachstehenden Bilder nach.

つかれてうちに帰ったら

KOMMUNIKATION

1. Lesen Sie den folgenden Text durch und beantworten Sie die Fragen.

田中さんのうちのクリスマス

　クリスマスイブです。田中さんとおくさんは子どもたちがねてから、静かにそうだんを始めました。「どこにプレゼントを置いておきましょうか。」「子どもの部屋の大きいくつしたの中に入れておいたら？」「やっぱり、クリスマスツリーの下に置いておきましょう。」

　クリスマスの朝になりました。田中さんの子どもたち、たろうとゆう子は起きるとすぐ一階の居間にはしって行きました。クリスマスツリーの

下には赤い箱と青い箱が置いてありました。
「あ！プレゼントが置いてある。サンタクロースが来たんだ！」たろうが青い箱を手にとると“たろうくんへ”と書いてありました。箱を開けるとたろうがほしかったバットが出てきました。ゆう子も“ゆう子ちゃんへ”と書いてある赤い箱を開けました。中からねこのししゅうがしてあるクッションが出てきました。ゆう子はそのクッションが本当はお父さんとお母さんからのプレゼントだと知っていました。ゆう子はこのあいだ、そのクッションがお母さんのベッドの下にしまってあるのを見てしまったのです。でも、ゆう子はそのことをたろうには言いませんでした。

Neues Vokabular

クリスマスイブ	Weihnachtsabend
クリスマスツリー	Weihnachtsbaum
サンタクロース	Santa Claus, Weihnachtsmann
バット	Baseball-Schläger
出てくる	erscheinen, herauskommen
ねこ	Katze
ししゅう	Stickerei
クッション	Kissen

① 田中さんとおくさんは子どもたちへのプレゼントをどこに置いておきましたか。
② プレゼントを用意しておいたのはサンタクロースですか。
③ クリスマスの朝、ゆう子とたろうが居間に行くとツリーの下に何が置いてありましたか。
④ たろうはどうして青い箱がたろうへのプレゼントだとわかりましたか。

2. Ergänzen Sie die unterstrichenen Teile in der nachstehenden Zusammenfassung.

田中(たなか)さんとおくさんはクリスマスイブにこどもたちへのプレゼントをクリスマスツリーの下(した)におい おいておきました。
クリスマスの朝、たろうとゆう子(こ)が居間(いま)に行くと、箱(はこ)がふたつかいてありました。青(あお)い箱(はこ)には"たろうくんへ"とゆう[illegible]てありました。赤(あか)い箱(はこ)にはこちゃんへとかいてありました。ゆう子(こ)のもらったプレゼントはねこのししゅうがしてあるクッションでした。

3. Nun sind Sie an der Reihe. Welche Art von Vorbereitungen sind in Ihrem Heimatland für Weihnachten oder andere Feiertage üblich?

HINTERGRUNDINFORMATION

Weihnachten wird in Japan zwar nicht wie in anderen Ländern als religiöses Fest begangen, aber das bedeutet noch lange nicht, dass überhaupt keine Weihnachtsstimmung aufkommt. Die Kinder ahmen ihre Altersgenossen in Nordamerika und Europa nach, indem sie Weihnachtssocken in Erwartung eines Besuchs von Santa Claus aufhängen, auch wenn die wenigsten japanischen Wohnungen einen offenen Kamin haben. Und da Weihnachten ein normaler Arbeitstag ist, eilen Eltern früher nach Hause, um Brathähnchen, Weihnachtstorte mit Erdbeeren und Sekt zu genießen. Für Liebespaare ist Weihnachten ebenso wichtig -- Restaurant- und Hotelreservierungen sind ausreichend frühzeitig zu tätigen, um diesen besonderen Platz für das romantischste Datum im Liebeskalender zu garantieren.

ザウゼシュリット新聞

海外旅行みやげ

Japanische Touristen, die die Sehenswürdigkeiten vor Ort ignorieren und sich im Kaufrausch befinden -- das war bisher ein gewohnter Anblick an Touristenzielen im Ausland. Vor kurzem hat nun aber ein neuer Service hier eine Umwälzung herbeigeführt.

最近、旅行に行ったときの日本人のみやげものの買い方が変わったようだ。今までは、日本人が海外旅行に行くと世界各地で山のようにたくさんみやげものを買うので有名だった。四〇〇年前にポルトガル人が書いた本にも日本人はみやげものを買うのが好きだと書いてあるので、むかしからの習慣なのだろう。

ところが、最近は大きなみやげものを持って飛行機から降りて来る人を空港であまり見なくなった。海外旅行がめずらしくなくなったことや経済などの影響もあるが、みやげものの予約サービスができたことも関係があるようだ。これは旅行に行く前にカタログを見てみやげものを予約しておくと、旅行が終わって日本に帰るころに選んでおいたみやげものが自宅に届いているというサービスだ。出発する前に買ってあれば、旅行中忙しいスケジュールの中でわざわざ買い物をする必要もないし、重い荷物を運ばなくてもよいので人気があるらしい。日本人がカタログを見てよく買うみやげものはチョコレートやウィスキー、ワインなどだ。会社の人、親戚、友達などかなりの人数分を買う。全部で三万円ぐらい買う人が多いと聞いた。でも、旅行に行く前にみやげものを買っておくのはやっぱり変ではないか？

Neues Vokabular

ポルトガル人	Portugiese/in
ところが	allerdings, jedoch
影響	Einfluss

Fragen

1. 最近、大きなみやげものを持って飛行機から降りて来る日本人が少なくなったのはどうしてですか。
2. あなたはこのみやげものの予約サービスについてどう思いますか。

Sauseschritt Zeitung

Geschenke aus dem Ausland

In jüngster Zeit haben sich die Geschenk-Kaufgewohnheiten der Japaner auf Reisen geändert. Bislang waren die Japaner nämlich bekannt dafür, dass sie im Ausland überall und jederzeit Berge von Geschenken kauften. Tatsächlich schrieb ein portugiesischer Autor bereits vor 400 Jahren, dass die Japaner auf den Kauf von Souvenirs ganz versessen seien; so dass dieser Brauch offensichtlich auf eine lange Geschichte zurückblicken kann.

In letzter Zeit sieht man allerdings kaum noch Leute, die beim Verlassen des Flugzeugs vollbepackt mit Geschenken sind. Selbstverständlich sind Auslandsreisen inzwischen auch nicht mehr eine Seltenheit wie einst, und dazu kommt u.a. auch der Einfluss der Wirtschaft. Dennoch scheint dieses Phänomen etwas mit der Einrichtung eines Souvenir-/ Geschenkreservierungs-Service zu tun zu haben. Bei diesem Service kann man Geschenke sogar schon vor der Abreise bestellen, und, sobald man wieder in Japan zurück ist, werden die bestellten Artikel ins Haus geliefert. Der Service ist offensichtlich populär, denn durch den Kauf bereits vor der Abreise braucht man sich während des vollen Reiseplans nicht auch noch ums Einkaufen zu kümmern bzw. sich mit schwerem Gepäck abzuschleppen. Die beliebtesten Geschenke unter den japanischen Lesern des Katalogs sind Artikel wie Schokolade, Wein und Whisky, wobei sie genug für mehrere Personenkreise kaufen -- Kollegen, Familie und Freunde. Angeblich soll die Bestellung der meisten Leute einen Gesamtwert von etwa 30.000 Yen haben. Aber ist es nicht doch ein wenig seltsam, Souvenirs schon vor der Urlaubsreise zu kaufen?

NEUE KANJI

1. 会議（カイギ）

議 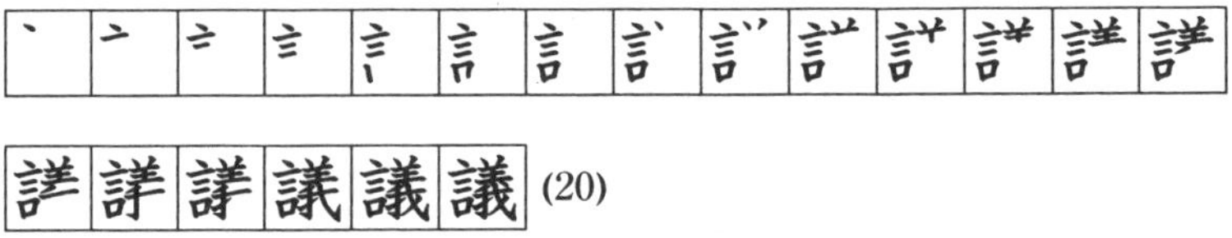 (20)

2. 出席者（シュッセキシャ）

席 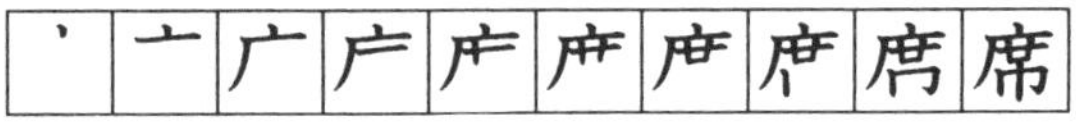 (10)

者 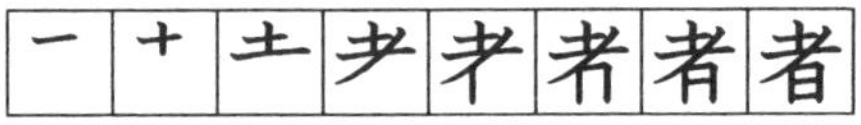 (8)

もの

3. 人数分（ニンズウブン）

数 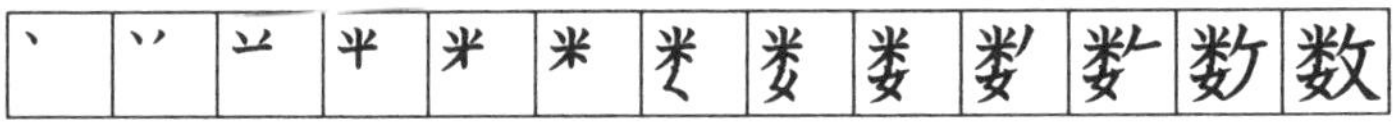 (13)

かず

4. 並べる（なら）

並 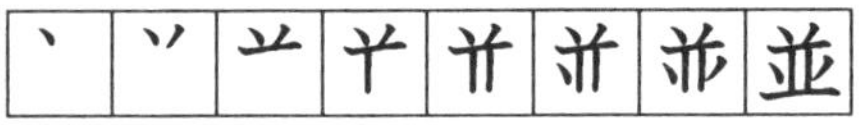 (8)

ヘイ・なら(ぶ)

5. 親（おや）

親  (16)

シン

6. 形（かたち）

形  (7)

ケイ

Kanji zum Erkennen: 準備（ジュンビ）

LEKTION 7 EINE UNTERSCHRIFTENSAMMLUNG ZUR RETTUNG DER BÄUME

Frau Hayashi bittet Linda eine Petition zu unterschreiben.

林夫人(はやしふじん)：あのう、お願(ねが)いが あるんですが。
リンダ：何(なん)でしょう。あ、しょめい運動(うんどう)ですか。
林夫人(はやしふじん)：ええ、北海道(ほっかいどう)の 山(やま)に かんこうどうろを 作(つく)るので、げんせいりんの 木(き)を たくさん 切(き)るそうです。何千本(なんぜんぼん)も 切(き)るらしいですよ。
リンダ：それは もったいないですねえ。
林夫人(はやしふじん)：ええ、それで その 計画(けいかく)を やめてほしいと 思(おも)って、しょめい運動(うんどう)を 始(はじ)めたんです。
リンダ：そうですか。地球上(ちきゅうじょう)から みどりが へっていくのは困(こま)りますね。しぜんほごと 開発(かいはつ)の バランスは むずかしいですねえ。
林夫人(はやしふじん)：ええ、でも ルートを かえれば、たくさん 木(き)を 切(き)らなくても どうろは 作(つく)れるそうです。木(き)を 切(き)ってしまったら、後(あと)で こうかいしても 遅(おそ)すぎます。
リンダ：私(わたし)も そう 思(おも)います。
林夫人(はやしふじん)：来週(らいしゅう) グループの 人(ひと)たちと 地元(じもと)へ 行(い)って、関係者(かんけいしゃ)に うったえてくる つもりです。
リンダ：そうですか。私(わたし)も 木(き)を 切(き)らないでほしいと 思(おも)います。あした うちで パーティーを しますから、友(とも)だちに 話(はな)して、しょめいしてもらいましょう。
林夫人(はやしふじん)：ええ、ぜひ お願(ねが)いします。

Hayashi: Entschuldigen Sie, darf ich Sie um etwas bitten?
Linda: Um was geht's denn? Ach, eine Unterschriftensammlung.
Hayashi: Ja, in Hokkaidō im Gebirge sollen viele Bäume in einem unberührten Wald gefällt werden, um eine Touristenstraße zu bauen. Es heißt, dass man Tausende von Bäumen fällen will.
Linda: Das ist wirklich schade.
Hayashi: Ja, aus diesem Grund habe ich diese Unterschriftensammlung gestartet um das Bauprojekt zu stoppen.
Linda: Ich verstehe. Die Art, wie immer mehr Grün vom Erdboden ver-

	schwindet, ist schlimm, nicht wahr? Die Balance zwischen Umweltschutz und Entwicklung ist wirklich schwierig, nicht wahr?
Hayashi:	Ja, aber es heißt, dass bei einer Änderung der Trasse die Straße gebaut werden kann ohne viele Bäume fällen zu müssen. Wenn die Bäume einmal verschwunden sind, dann ist es zu spät (für die Reue).
Linda:	Das denke ich auch.
Hayashi:	Nächste Woche habe ich vor zusammen mit unserer Gruppe an Ort und Stelle zu fahren und mich direkt an die Betroffenen zu wenden.
Linda:	Tatsächlich? Auch ich bin gegen das Fällen der Bäume. Ich gebe morgen eine Party bei mir zu Hause; dann werde ich meinen Freunden davon erzählen und sie dazu bringen ihre Unterschrift zu geben.
Hayashi:	Machen Sie das bitte unbedingt!

Neues Vokabular

(お) 願(ねが)い	Bitte, Wunsch, Hoffnung
しょめい	Unterschrift
運動(うんどう)	Aktion, Kampagne
かんこう	Tourismus
どうろ	Straße
げんせいりん	unberührter Wald
もったいない	Schade, (es ist) schade, dass
それで	deswegen, aus diesem Grund
計画(けいかく)	Plan, Projekt, Vorhaben
～てほしい	wollen, dass getan wird, wollen, dass jemand etwas tut
地球上(ちきゅうじょう)	Erdoberfläche, Erdboden
～上(じょう)	oberer Teil, oben
みどり	Grün(fläche) (z.B. Bäume und Wälder)
へる	abnehmen, vermindern
～ていく	- (Siehe Grammatikteil.) drückt eine Veränderung im Laufe der Zeit aus
ほご	Konservierung/Erhaltung, Schutz
開発(かいはつ)	Entwicklung
バランス	Balance, Ausgewogenheit
ルート	Trasse, Route
こうかいする	bedauern/bereuen, (jemandem) leidtun
こうかい	Bedauern/Reue
～ても	auch wenn
私(わたし)	ich (hölich, formell)
人(ひと)たち	Leute

地元	Ort und Stelle, vor Ort, Lokal
関係者	Betroffene
関係	Beziehung, Verbindung
うったえる	appellieren, sich beklagen/beschweren
しょめいする	unterschreiben
～てもらう	- (Siehe Grammatikteil.) drükt Empfangen / Erhalten aus

GRAMMATIK UND LERNZIELE

- ていく und てくる

  来週　地元へ　行って、関係者に　うったえてくる　つもりです。

  Wir wenden uns nun der wortwörtlichen und der üertragenen Bedeutung der Strukturen ていく und てくる zu, von denen einige bereits in Band 2A, Lektion 6 eingeführt wurden. ていく bedeute ursprünglich „etwas tun und dann weggehen", てくる dagegen „etwas tun und dann (zurück)kommen". Im obigen Beispiel ist die Struktur wortwörtlich zu verstehen.

  In übertragenen Sinn wird i.a. eine Änderung mit der Zeit angedeutet, analog zu 春が　来ます „Der Frühling kommt."

  Es folgen weitere Beispiele für den wortwörtlichen Gebrauch, wobei eigentlich drei Handlungen impliziert sind: gehen, tun und (zurück)kommen.

  Beispiel:　Bさん、おべんとうを　買ってきてください。
  „Frau B, gehen Sie mir bitte ein Bentō kaufen.
  はい、買ってきます。
  „OK, ich gehe es kaufen und komme (gleich) zurück."

  Hier sehen wir den Gebrauch im übertragenen Sinn, wie auch im folgenden Fall:

  Beispiele:　1. 地球上から　みどりが　へっていくのは　困りますね。
  „Dass das Grün vom Erdboden verschwindet, ist eine Schande."
  2. かぜを　ひきましたが、よく　なってきました。
  „Ich habe mich erkältet, fühle mich nun aber besser."

- てもらう, てあげる, てくれる

  友だちに　話して、しょめいしてもらいましょう。

  Diese drei Verben des Gebens und Nehmens/Empfangens sind bereits behandelt worden (siehe Band 1, Lektion 15 und Band 2A, Lektion 5). Wichtig ist hier die Feststellung, dass ihr Gebrauch in diesen Strukturen analog zu ihrer Hauptverbfunktion ist.

Beispiele. 1. （私(わたし)は）山田(やまだ)さんに　手伝(てつだ)ってもらいました。

„Frau Yamada hat mir (freundlicherweise) geholfen.“ (Wört.: „Ich erhielt Hilfe von Frau Yamada.“

2. 山田(やまだ)さんが　手伝(てつだ)ってくれました。

„Frau Yamada hat mir geholfen.“ (Wört.: „Frau Yamada ist (mir) zur Hand gegangen.“

Die Wahl des Verbs richtet sich danach, welche Person als gebend bzw. empfangend, als handelnd oder Gegenstand der Handlung betrachtet wird - und zwar aus der Sicht des Sprechers. Es empfiehlt sich allerdings beim Gebrauch von てあげる Zurückhaltung zu üben, da diese Formel leicht im Sinne von „jemandem einen Gefallen tun verstanden werden kann. Die Formel ist angemessen innerhalb der Familie oder unter engen Freunden; zu einer Person mit schwerem Gepäck dagegen sagt man besser einfach: にもつを　持(も)ちましょう „Ich werde (Ihr) Gepäck tragen. Oder höflicher: おにもつを　お持(も)ちしましょう. Diese drei Verben werden noch detaillierter in Lektion 11 in Band 3B erörtert.

・てほしい

その　計画(けいかく)を　やめてほしい。

Hier folgt ほしい auf die て-Form des Verbs (siehe Band 2A, Lektion 5 bei Nomen). Die vollständige Struktur wird gebildet aus Person に plus て-Form, gefolgt von ほしい.

Beispiel: 鈴木(すずき)さんに　空港(くうこう)へ　行(い)ってほしい。

„Ich will, dass Suzuki zum Flughafen fährt.“

Der Dialogsatz 私(わたし)も　木(き)を　切(き)らないでほしいと　思(おも)います zeigt eine Möglichkeit der Verneinung dieser Struktur. Die Struktur wird angewendet, wenn man verlangt, dass jemand etwas tut. Bei einer Bitte an jemanden kann man てほしいんですが oder てもらいたいんですが sagen anstatt ください.

Beispiel: ビールを　10本(ぽん)　届(とど)けてほしいんですが／届(とど)けてもらいたいんですが。„Liefern Sie bitte 10 Flaschen Bier.“ (Wörtl.: „Ich möchte, dass Sie... liefern.“

・ても

後(あと)で　こうかいしても　遅(おそ)すぎます。

„Auch wenn sie es später bedauern, wird es zu spät sein“ ist eine empfehlenswerte Veranschaulichung der Bedeutung dieses Satzes.

Diese Struktur wird mit der て -Form (von Verben oder い -Adjektiven) und も , einem Nomen oder な -Adjektivstamm plus でも gebildet.

Beispiele: 1. あした　雨(あめ)が　ふっても　ゴルフに　行(い)きます。

„Auch wenn es morgen regnet, gehe ich zum Golfen.“

2. 安(やす)くても　買(か)いません。

„Auch wenn es billig ist, werde ich es nicht kaufen.“

3. あした　雨(あめ)でも　ゴルフに　行(い)きます。

„Auch bei Regen werde ich morgen (trotzdem) zum Golfen gehen.“

4. 便利(べんり)でも　うるさいから、地下鉄(ちかてつ)は　きらいです。

„Obwohl sie praktisch ist, mag ich die U-Bahn nicht, weil sie laut ist.“

Nach negativen Formen:

木(き)を　切(き)らなくても　どうろは　作(つく)れるそうです。

„Die Straße kann (anscheinend) auch gebaut werden, ohne (die) Bäume zu fällen.“

おもしろくなくても　全部(ぜんぶ)　読(よ)んでください。

„Bitte lesen Sie alles (davon), auch wenn es nicht interessant ist.“

ANMERKUNGEN

1. 何千本(なんぜんぼん)も

Diese Struktur, 何(なん) mit Zählwort und も , vermittelt das Gefühl, dass eine Zahl, auch wenn nicht spezifiziert, wichtig ist. Die Partikel も sorgt für Nachdruck.

Beispiel: あの　ひこうきじこで　何百人(なんびゃくにん)も　死(し)にました。

Hunderte von Leuten starben bei jenem Flugzeugunfall.

2. それで　その　計画(けいかく)を　やめてほしいと　思(おも)って、しょめい運動(うんどう)を始(はじ)めたんです。

Die Rolle von それで ist die Einführung einer Schlussfolgerung nach der Erwähnung von u.a. Hintergrundinformation, Verlauf oder Begründung.

3. 地球上(ちきゅうじょう)

An solche Wörter wird 上(じょう) in der Bedeutung „auf der Oberfläche von“ als Suffix angehängt. Andere Beispiele sind 海上(かいじょう) „auf der Meeresoberfläche =

auf dem Meer“ und りく上(じょう) „auf der Oberfläche des Landes = auf dem Land“

EINFACHE SATZSTRUKTUREN ZUM EINPRÄGEN

1. 世界(せかい)の　人口(じんこう)は　これからも　ふえていくでしょう。
2. (私(わたし)は) 友(とも)だちに　安(やす)くて　きれいな　ホテルを　予約(よやく)してもらいました。
3. 子(こ)どもたちは　お父(とう)さんに　もっと　いっしょに　あそんでほしいと　思(おも)っています。
4. あした　雪(ゆき)が　ふっても、ゴルフに　行(い)きます。

1. Die Weltbevölkerung wird auch von nun an wachsen.
2. Ich habe meinen Freund eine Reservierung in einem sauberen und preiswerten Hotel machen lassen.
3. Die Kinder möchten, dass ihr Vater mehr mit ihnen spielt.
4. Auch wenn es morgen schneit, werde ich zum Golfen gehen.

Neues Vokabular

人口(じんこう)	Bevölkerung

ÜBUNGEN TEIL A

I. Formulieren Sie Dialoge durch Ändern der wie im folgenden Beispiel unterstrichenen Teile.

F: 地球(ちきゅう)の　みどりは　しょうらい　どう　なりますか。

A: もっと　へっていくでしょう。

1. 都会(とかい)の　人口(じんこう)、ふえる
2. この　町(まち)の　ようす、かわる
3. ぶっか、上(あ)がる
4. 子(こ)ども　数(かず)、へる

II. Üben Sie die folgenden Strukturen ein, indem Sie die unterstrichenen Satzteile wie im Beispiel ersetzen.

道(みち)が　こんできました。

1. だんだん　つかれる
2. (お) 金(かね)が　なくなる
3. 雨(あめ)が　ふる
4. 空(そら)が　くらく　なる
5. おなかが　すく

III. Formulieren Sie Dialoge durch Ändern der wie im folgenden Beispiel unterstrichenen Teile.

A. F: 関係者(かんけいしゃ)に　たのみますか。

A: ええ、たのんでくる　つもりです。

1. 札幌(さっぽろ)で　一泊(いっぱく)する
2. 図書館(としょかん)で　調(しら)べる
3. ワシントンにも　行(い)く
4. ホンコンに　行(い)って　せんでんする

B. F: だれに（お）金(かね)を　貸(か)してもらいましたか。

A: 友(とも)だちに　貸(か)してもらいました。

1. 手伝(てつだ)う、子(こ)ども
2. 道(みち)を　教(おし)える、おまわりさん
3. うちを　さがす、ひしょの　渡辺(わたなべ)さん
4. 説明(せつめい)する、中村(なかむら)さん

C. F: 東京(とうきょう)の　町(まち)を　あんないしてほしいんですが。

A: はい、いいですよ。

1. 試験(しけん)の　ことを　説明(せつめい)する
2. 新聞(しんぶん)を　買(か)ってくる
3. けい子(こ)さんを　しょうかいする
4. いすを　2れつに　並(なら)べる

D. F: すみませんが、ここで　たばこを　すわないでほしいんですが。

A: はい、わかりました。

1. 大(おお)きい　声(こえ)で　話(はな)す
2. ここに　車(くるま)を　止(と)める
3. この　ことを　会社(かいしゃ)の　人(ひと)に　言(い)う
4. 犬(みせ)を　つれて　店(みせ)に　入(はい)る

E. F: こうばんで　聞(き)いたら　わかるでしょうか。

A: さあ、こうばんで　聞(き)いても　わからないでしょう。

1. スポーツを　したら　やせる
2. 走(はし)ったら　間(ま)に合(あ)う
3. ビタミンを　飲(の)んだら　よく　なる
4. 朝(あさ)　早(はや)く　行(い)ったら　すいている

F. F: 雨(あめ)が　ふっても　ゴルフに　行(い)きますか。

A: 雨(あめ)が　ふったら　行(い)きません。

1. 電車(でんしゃ)が　こんでいる、のる
2. ねぼうする、朝(あさ)ご飯(はん)を　食(た)べる
3. 入会金(にゅうかいきん)が高(たか)い、スポーツクラブに　入(はい)る
4. 不便(ふべん)、広(ひろ)い　うちを　買(か)う
5. けいけんの　ない　人(ひと)、やとう

G. F: 薬(くすり)を　飲(の)まなくても　なおりますか。
A: たぶん　むりでしょう。
1. じしょを　見(み)ない、本(ほん)が　読(よ)めます
2. 医者(いしゃ)に　みてもらわない、よく　なります
3. 急(いそ)がない、間(ま)に合(あ)うでしょう
4. お金(かね)を　払(はら)わない、入(はい)れます

H. F: 木(き)を　何本(なんぼん)も　切(き)るらしいですよ。
A: そんなに　切(き)るんですか。
1. 子(こ)どもが　10人(にん)、いる
2. 本(ほん)を　一日(いちにち)　三(さん)さつ、読(よ)む
3. 1枚(まい)　何万円(なんまんえん)、する
4. お客(きゃく)さんが　何百人(なんびゃくにん)、来(き)た

Neues Vokabular

ぶっか	Preise (von Waren)
上(あ)がる	erhöht werden, steigen
数(かず)	Zahl
へる	abnehmen, sich verringern
だんだん	allmählich, Schritt für Schritt
おなかが　すく	hungrig sein/werden
ワシントン	Washington
せんでんする	Reklame/Werbung/Propaganda machen (für)
せんでん	Reklame/Werbung/Propaganda
2れつ	2 Reihen
～れつ	Reihe, Zeile
この　こと	diese Angelegenheit
ビタミン	Vitamin
ねぼうする	verschlafen
ねぼう	Langschläfer
入会金(にゅうかいきん)	Eintrittsgeld
やとう	anstellen

医者(いしゃ)に　みてもらう	zum Arzt gehen, den Arzt aufsuchen
する	hier: kosten, wert sein

KURZE DIALOGE

1. スミス：　もしもし、きのうから　歯(は)が　いたいので　みてもらいたいんですが、予約(よやく)が　できますか。
   歯医者受付(はいしゃうけつけ)：はい。午後(ごご)　2時(じ)は　いかがですか。
   スミス：　はい、お願(ねが)いします。
   歯医者受付(はいしゃうけつけ)：では、お名前(なまえ)を　どうぞ。

   Schmidt: Hallo. Ich habe seit gestern Zahnschmerzen; könnte ich bitte einen Termin haben.
   Zahnarzthelferin: Gern. Wie wäre es mit 2 Uhr heute nachmittag.
   Schmidt: Gut. Bitte geben Sie mir den Termin.
   Zahnarzthelferin: Ihren Namen bitte!

2. チャン：　来週(らいしゅう)の　スキー旅行(りょこう)に　鈴木(すずき)さんも　行(い)きますか。
   鈴木(すずき)：　まよっているんですよ。
   チャン：　あした　切符(きっぷ)を　買(か)いに　行(い)きますから、今日中(きょうじゅう)に　うちの　ほうに電話(でんわ)を　ください。遅(おそ)くても　かまいませんから。

   Chang: Kommen Sie mit auf unseren Skitrip nächste Woche, Herr Suzuki?
   Suzuki: Ich kann mich nicht entscheiden/Ich bin mir nicht sicher.
   Chang: Ich werde morgen die Fahrkarten kaufen. Rufen Sie mich deshalb im Lauf des Tages zu Hause an. Es kann auch ruhig spät werden.

Neues Vokabular

歯医者(はいしゃ)	Zahnarzt
まよう	sich nicht entscheiden können
かまいません	es macht nichts aus, es ist in Ordnung

ÜBUNGEN TEIL B

I. Lesen Sie den Lektionstext und beantworten Sie die folgenden Fragen.

1. 木(き)を　たくさん　切(き)って　かんこうどうろを　作(つく)る　計画(けいかく)は　どこの　計画(けいかく)ですか。
2. 林(はやし)さんは　その　計画(けいかく)を　やめてほしいと　思(おも)って、何(なに)を　始(はじ)めましたか。
3. 木(き)を　たくさん　切(き)らなければ、どうろは　作(つく)れませんか。

4. 林(はやし)さんは　だれに　木(き)を　切(き)らないでほしいと　うったえてくる　つもりですか。
5. リンダさんは　友(とも)だちにも　しょめいを　してもらう　つもりですか。

II. Setzen Sie die jeweils passenden Wörter in die Klammern.

1. 地震(じしん)で　何百人(なんびゃくにん)（も）死(し)んだそうです。
   ずいぶん　おおぜい　死(し)んだんですね。
2. 後(あと)（で）こうかいして（も）遅(おそ)すぎます。
3. 地球上(ちきゅうじょう)（から）だんだん　みどり（が）へっていきます。
4. あした　雨(あめ)（でも）ドライブに　行(い)きますか。
   いいえ、雨(あめ)だったら　うちに　いたいです。

III. Ergänzen Sie die passenden Verbformen.

1. （どこ）で　この　かさを　貸(か)してもらったんですか。
   スポーツクラブで　貸(か)してもらったんです。
2. （だれ）に　英語(えいご)の　手紙(てがみ)を　書(か)き直(なお)してもらったんですか。
   ジョンソンさんに　書(か)き直(なお)してもらいました。
3. ホワイトさんは　このごろ（どう）ですか。
   きのう　会(あ)いましたが、たいへん　お元気(げんき)そうでした。
4. 鈴木(すずき)さんと　木村(きむら)さんと（どちら）が　まじめですか。
   木村(きむら)さんの　ほうが　まじめなようです。

IV. Ergänzen Sie die folgenden Sätze sinnvoll mit Hilfe der Wörter in den Klammern.

1. さむく（なって）きましたから、部屋(へや)に（入り）ましょう。（なる、入(はい)る）
2. リンダさんに　旅行(りょこう)の　写真(しゃしん)を（見せて）もらいました。（見(み)せる）
3. ヒーターの　こしょうを（なおして）ほしいんですが。（直(なお)す）
4. にもつを　ここに（おかない）でほしいんですが。（おかない）
5. ルートを（かえれ）ば、たくさん　木(き)を（きらなく）ても、どうろは　作(つく)れます。（かえる、切(き)らない）
6. 薬(くすり)を　飲(の)みましたか。
   ええ。でも　薬(くすり)を（のんで）でも、なかなか　病気(びょうき)が（なおり）ません。（飲(の)む、なおる）

V. Beantworten Sie die Fragen.

1. 子(こ)どもの　ころ、お父(とう)さんや　お母(かあ)さんに　どこに　つれていって　もらいましたか。

2. やちんが　高(たか)くても　便利(べんり)な　所(ところ)に　住(す)みたいですか。
3. あなたの　住(す)んでいる　町(まち)の　人口(じんこう)は　ふえていくでしょうか、へっていくでしょうか。
4. あなたの　住(す)んでいる　町(まち)には　高(たか)い　ビルが　ふえてきましたか。

ALSO, ICH GEHE, AUCH WENN ES SCHÜTTET.

SATZMUSTER 1

～ても

A: 明日(あした)は雨(あめ)がふるそうですよ。ゴルフ、どうしましょうか。
Morgen soll es regnen. Was machen wir dann mit unserer Golfpartie?

B: 雨(あめ)がふったら、やめましょう。
Wir sagen sie ab, wenn es regnet.

C: え～。雨(あめ)がふっても行(い)きましょうよ。楽(たの)しみにしているんですから。
Ach was, lasst uns gehen, auch wenn es regnet. Ich habe mich nämlich schon lange darauf gefreut.

Golf ist ein sehr beliebter Sport in Japan. So viele Leute wollen golfen, dass es sehr schwierig ist, eine Partie zu spielen, wann man möchte. Tatsächlich würden nur wenige Leute eine Golfpartie bloß wegen schlechtem Wetter absagen.

ANWENDUNG DER SATZMUSTER 1

1. A, B und C unterhalten sich über eine Geselligkeit für das Wochenende, während sie die Einladung für die Party aufsetzen. Vervollständigen Sie die Sätze mit den passenden Phrasen.

JBPコンピューターしんぼく会

日時：9月15日（日曜日） 12時から6時まで
場所：山中こうえん　　現地集合

★12時30分から野球の試合
★その後でバーベキュー

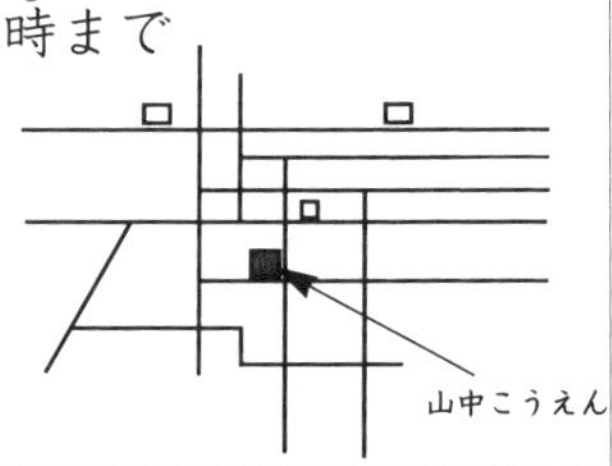

Neues Vokabular

しんぼく会	Freundschaftstreffen
現地集合	Treffen an Ort und Stelle

①
A: 日曜日、雨だったら、バーベキューはどうしましょう。
B: (a)あめだったら＿＿＿＿、やめましょうよ。
C: (b)あめでも＿＿＿＿、しましょうよ。できると思いますよ。

②
A: 野球をする人が少なかったら、どうしましょうか。
B: (a)すくなかったら＿＿＿＿、できませんね。
C: (b)すくなくても＿＿＿＿、しましょうよ。きっと楽しいですよ。

③
A: この地図はわかりにくいですね。道にまよう人が多いかもしれません。
B: 道に (a)まよったら＿＿＿＿、困りますね。けいたい電話の番号を、みんなに教えておきましょう。
C: 道に (b)まよっても＿＿＿＿、大丈夫ですよ。山中こうえんは有名ですし、道を聞くところはたくさんありますから。

Neues Vokabular

まよう	sich verlaufen/verirren

2-1. A, B und C unterhalten sich über die Pläne zum Bau eines Hubschrauberlandeplatzes. Lesen Sie ihre Ansichten weiter unten.

> ヘリポートの建設計画
> 2×××年○○町にヘリポートをつくります。
> このヘリポートができれば、日本で3番目に大きいヘリポートになります。

Neues Vokabular

ヘリポート	Hubschrauberlandeplatz (Heliport)
建設	Bau, Bauen

A さん：私はぜったいはんたいです。ヘリポートの近くはとてもうるさくてねられないそうです。みどりが多くて、静かな町だから、ここに住んでいるんです。うるさくなったら、ここには住めないと思います。

B さん：私はさんせいです。ヘリポートができたら、とても便利になりますよ。重い病気の人やけがをした人を、すぐ大きい病院に運べると思います。うるさくなっても、ヘリポートができたほうがいいと思います。

C さん：私はこの町にヘリポートをつくるのは、はんたいです。新しくヘリポートをつくるなら、海の上につくったほうがいいと思います。海の上なら木を切らなくてもつくれるので、自然もなくならないでしょう。

Neues Vokabular

はんたい	ablehnen, gegen etwas sein

さんせい	zustimmen, für etwas sein
重い	ernst(haft)

2-2. Wem stimmen Sie zu? Erklären Sie, warum Sie dieselbe Meinung haben. Wenn Sie eine abweichende Ansicht haben, erklären Sie ihre Gefühle über den Hubschrauberlandeplatz.

SATZMUSTER 2

～てほしいです

A: 税金が高くて困りますね。

Die Steuern sind derart hoch, dass ich einfach nicht weiß, was ich machen soll.

B: ええ、安くしてほしいですね。

Ja, ich wünschte, sie würden gesenkt werden.

ANWENDUNG DER SATZMUSTER 2

1. Lesen Sie die folgenden Sätze durch und kreuzen Sie die Aussagen an, denen Sie zustimmen.

日本人や日本社会に言いたいこと

Geben Sie Ihre Meinung über die Japaner bekannt

- ❑ みどりが少ないので、さびしい。こうえんをふやしてほしい。
- ❑ 駅やレストランでたばこをすわないでほしい。
- ❑「日本語がお上手ですね」と言わないでほしい。
- ❑ 日本の道はせますぎるので、もっと広くしてほしい。
- ❑ 朝のラッシュは、がまんできない。電車の数をふやしてほしい。
- ❑ 電車やレストランの中でけいたい電話を使わないでほしい。
- ❑ まわりの日本人がみんな英語を話すので、日本語が上手にならない。私にはできるだけ、日本語で話してほしい。

Neues Vokabular

がまんできない	nicht ertragen/aushalten können

2-1. Lesen Sie die folgenden Absätze durch.

ちょっと言(い)いたいことがあるんです
Ich möchte etwas sagen ....

① じつは、会社(かいしゃ)にちょっと言(い)いたいことがあります。休(やす)みも少なすぎるし、給料(きゅうりょう)も安(やす)いんです。休(やす)みはもっと多(おお)くしてほしいし、給料(きゅうりょう)もあげてほしいんです。

② じつは、となりの家(いえ)の人(ひと)にちょっと言(い)いたいことがあります。よく夜遅(よるおそ)くまでパーティーをしているので、うるさくてねられないんです。きのうは朝(あさ)までさわいでいました。夜遅(よるおそ)くまでパーティーをするのはやめてほしいんです。

③じつは、主人(しゅじん)にちょっと言(い)いたいことがあります。主人(しゅじん)は子(こ)どものころからの本(ほん)やおもちゃをまだたくさん持(も)っているんです。ぜったいにすてません。部屋(へや)がせまいので、できればすててほしいんです。

2-2. Sehen Sie sich die nachstehenden Bilder genau an und vergewissern Sie sich, dass Sie das gerade Gelesene voll und ganz verstanden haben.

① じつは会社(かいしゃ)に ② じつはとなりの家(いえ)の人(ひと)に ③じつは主人(しゅじん)に

Neues Vokabular

あげる	erheben, vorbringen
さわぐ	eine Menge Lärm/Krach machen

FREIES SPRECHEN

2-3. Wollen Sie etwas zu jemandem sagen oder bei einer Organisation vorbringen? Hören Sie sich die Meinung einer anderen Person auf der CD an. Wählen Sie ein Thema aus der nachstehenden Liste aus und geben Sie Ihre Meinung dazu wieder. Fassen Sie schließlich Ihre Ansichten wie im folgenden Kasten zusammen.

じつは、＿＿＿＿＿＿＿＿＿＿に、ちょっと言たいことがあります。 Erläutern Sie die Umstände＿＿＿＿＿＿＿＿＿＿＿＿＿＿。 ＿＿＿＿＿＿＿＿＿＿＿＿＿＿＿＿てほしいんです。

THEMEN

あなたの会社・学校　近所の人
ご主人・おくさん　友だち

SATZMUSTER 3

〜てもらいます

A:「ありときりぎりす」の話を知っていますか。

Kennen Sie die Geschichte von der „Ameise und dem Grashüpfer“?

B: ええ。子どものころ、よく母に読んでもらいました。

Ja, meine Mutter hat sie mir oft vorgelesen, als ich ein Kind war.

Neues Vokabular

「ありときりぎりす」　Die Ameise und der Grashüpfer (Fabel von Äsop)

ANWENDUNG DER SATZMUSTER 3

1. Füllen Sie die unterstrichenen Teile wie im Beispiel aus.

Bsp. 写真を見せる

A　私

① 道を教える

警官　私

②かみを切(き)る

私(わたし)　とこや

③紹介(しょうかい)する

B　A　私(わたし)

Bsp. 私(わたし)はAさんに写真(しゃしん)を見(み)せてもらった。

① 私(わたし)はけいかんにみちをおしえてもらった。

② 私(わたし)はとこやにかみをきってもらった。

③ 私(わたし)はAさんにBさんをしょうかいしてもらった。

2-1. Lesen Sie die folgenden Absätze sorgfältig.

おかげさまで
Mit herzlichem Dank

① 私(わたし)は、日本(にほん)に来(き)たばかりのころ、友(とも)だちにすもうにつれて行(い)ってもらいました。すもうのれきしやルールを教(おし)えてもらったので、とても楽(たの)しく見(み)ることができました。そのときからすもうが始(はじ)まると、かならずテレビで見(み)ています。

② 私(わたし)は、歯(は)がいたくて困(こま)っていたとき、友(とも)だちにとてもいい歯医者(はいしゃ)さんをしょうかいしてもらいました。その歯医者(はいしゃ)さんは親切(しんせつ)だし、英語(えいご)も話(はな)せるので、本当(ほんとう)に安心(あんしん)でした。そのときから歯(は)がいたくなったら、かならずその歯医者(はいしゃ)さんに行(い)っています。

Neues Vokabular

ルール	Bestimmungen, Regelungen, Vorschriften
歯(は)	Zahn
歯医者(はいしゃ)	Zahnarzt

2-2. Erzählen Sie die gerade von Ihnen gelesene Geschichte anhand der nachstehenden Bilder nach.

①
日本に来たばかりのころ　すもうのれきしやルール　すもうが始まると

②
歯がいたくて困っていたとき　親切　英語も話せる　歯がいたくなったら

FREIES SPRECHEN

2-3 Hat sich schon einmal jemand solche Mühe gemacht Ihnen zu helfen? Hören Sie sich die Erfahrung einer anderen Person auf der CD an. Sprechen Sie frei über Ihre Erfahrungen und fassen Sie sie wie im nachstehenden Kasten zusammen.

______________のころ／とき、______________
__________てもらいました。____Fügen Sie Informationen bei____
______________。____Beschreiben Sie, wie Sie sich fühlten____。

SATZMUSTER 4

〜ていきます／きます

世界の人口はだんだんふえてきました。これからもふえていくでしょう。

Die Weltbevölkerung nimmt beständig zu. Dieses Wachstum wird sich wahrscheinlich auch künftig fortsetzen.

ANWENDUNG DER SATZMUSTER 4

1. Studieren Sie das nachstehende Schaubild und beschreiben Sie die Trends aus der Perspektive von 2015, wie im Beispiel gezeigt.

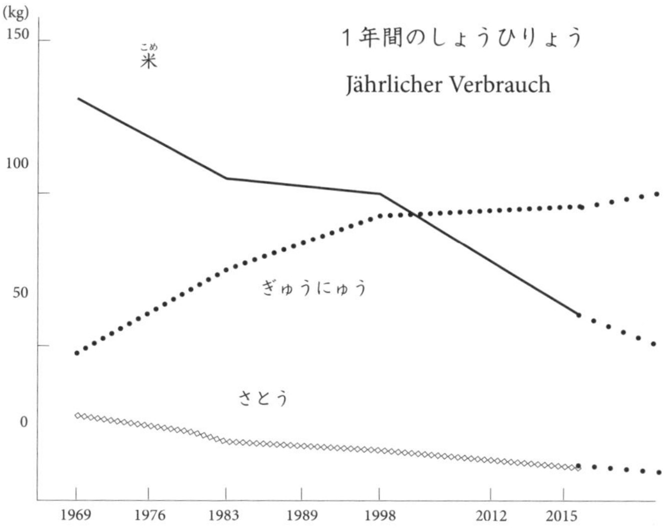

Quelle : あさひジュニア年鑑(ねんかん)、国際砂糖機関年鑑(こくさいさとうきかんねんかん)、農林水産省(のうりんすいさんしょう)「食料自給率(しょくりょうじきゅうりつ)」「食料需給表(しょくりょうじゅきゅうひょう)」

Neues Vokabular

しょうひりょう	Verbrauch
ぎゅうにゅう	Milch
米(こめ)	Reis
さとう	Zucker

Bsp. 日本人(にほんじん)の一年間(いちねんかん)の米(こめ)のしょうひりょうは、だんだん<u>へってきました</u>。
これからも<u>へっていくだろう</u>と思(おも)います。

① 一年間(いちねんかん)のさとうのしょうひりょうは、1976年からだんだん (a)<u>へってきました</u>。これからも (b)<u>へっていくだろう</u>と思(おも)います。

② 一年間(いちねんかん)のぎゅうにゅうのしょうひりょうは、だんだん (a)<u>ふえてきました</u>。これからも (b)<u>ふえていくだろう</u>と思(おも)います。

2. Lesen Sie den folgenden Absatz und beantworten Sie die Fragen.

日本人(にほんじん)の食生活(しょくせいかつ)
Die japanischen Essgewohnheiten

むかしは朝(あさ)ご飯(はん)にほとんどの人(ひと)がご飯(はん)を食(た)べていました。けれども、だんだんパンを食(た)べる人(ひと)がふえてきて、米(こめ)のしょうひりょうは少(すこ)しずつへってきました。しかし、最近(さいきん)はダイエットをする人(ひと)たちの間(あいだ)でご飯(はん)の人(にん)

気がでてきました。これからは米のしょうひりょうがまた、ふえていくでしょう。

Neues Vokabular

食生活	Essgewohnheiten, Kost
けれども	aber, jedoch
ほとんどの人	die meisten Leute
ダイエット	Diät (für Gewichtsverlust)

① どうして米のしょうひりょうがへってきましたか。
② 米のしょうひりょうはこれからふえていくだろうと言っていますか、へっていくだろうと言っていますか。
③ それはどうしてですか。
④ あなたの国の食生活はどうかわってきましたか。またどうかわっていくと思いますか。

KOMMUNIKATION

1-1. Lesen Sie den folgenden Absatz durch und hören Sie sich das Interview mit Ume Yamada auf der CD an.

> 「私の町のお年より」というテレビ番組があります。これは町の元気なお年よりに、町がどうかわったか、町に何をしてほしいか、インタビューする番組です。今日はA町に 80 年住んでいる山田うめさんへのインタビューです。

Neues Vokabular

お年より	Senioren
テレビ番組	Fernsehprogramm
インタビュー	Interview

① Machen Sie sich unter den zutreffenden Überschriften Notizen über die Dinge, die sich geändert haben, und die Dinge, die Ume Yamada gern in der Stadt geändert haben möchte.

町がどうかわってきたか

(a) みどりがへってきた。

(b) 大きいビルがふえてきた。
(c) ~~スポーツクラブをつくってほしい~~ くらない人がふえてきた。

町(まち)に何(なに)をしてほしいか
(d) スポーツクラブをつくってほしい。
(e) わかい人とはなす場をつくってほしい。

② Berichten Sie die Ergebnisse des Interview einem Partner.

1-2. Nun sind Sie an der Reihe mit dem Sprechen.

①あなたの住(す)んでいる／住(す)んでいた町(まち)は、どのようにかわりましたか。
②あなたの住(す)んでいる／住(す)んでいた町(まち)は、これからどのようにかわっていくと思(おも)いますか。

7

ザウゼシュリット新聞

テーブルの上は外国野菜がいっぱい

In letzter Zeit sind neuartige Gemüse- und Obstsorten auf den japanischen Esstisch gekommen. Aber das ist nicht auf neue Gemüsetypen beschränkt. Selbst traditionelle japanische Lebensmittel werden nun im Ausland erzeugt und nach Japan importiert.

テレビの料理番組を見ていたら、長ネギのようなリーキという名前の野菜を紹介していた。ビタミンがたくさん入っていてスープに入れるとおいしいと言っていたので、さっそくスーパーに買いに行った。店にはリーキのほかにも外国から輸入しためずらしい野菜や果物がたくさんならんでいた。店の人は「これからも外国の野菜を使った料理のつくり方を紹介していくので、ぜひ食べてみてほしい」と宣伝していた。

じつは、外国から輸入している野菜はこれらの新しいものだけではない。日本の伝統的な漬物もよく見ると生産地を示すラベルには外国の名前が書いてあった。二十年前、野菜はほとんどが日本で生産したものだったが、だんだん外国からの輸入が増えてきた。大豆のように九八％が輸入というものもある。野菜の輸入が増えてきた一番大きい理由はその安さだ。新鮮な野菜を運ぶ技術と情報システムの開発によって、いろいろな費用が前よりずっと安くなったのだ。日本で生産した野菜の半分ぐらいの値段のものもある。また安くておいしいものが安心して食べられるなら、生産地はどこでもいいと考える人も多くなった。魚や肉、そばなども輸入したものが増えている。私たちの毎日の食事はますます「国際的」になっていきそうだ。

Neues Vokabular

長(なが)ネギ	Frühlingszwiebel
大豆(だいず)	Sojabohne
リーキ	Lauch, Porree
理由(りゆう)	Grund
漬物(つけもの)	Pickels, eingelegtes Gemüse
新鮮(しんせん)な	frisch
生産地(せいさんち)	Herkunftsland
技術(ぎじゅつ)	Technologie
示(しめ)す	anzeigen, angeben
情報(じょうほう)システム	Informationssystem
ラベル	Etikett
ますます	mehr und mehr, immer mehr

Fragen

1. 輸入野菜(ゆにゅうやさい)が安(やす)くなった理由(りゆう)は何(なん)ですか。
2. あなたの食事(しょくじ)のテーブルにも外国(がいこく)から輸入(ゆにゅう)したものがありますか。

Sauseschritt Zeitung

Eine Fülle importierter Gemüsesorten auf japanischen Tischen

Ich sah ein Kochprogramm im Fernsehen, bei dem es um ein Gemüse namens „Porree" ging das einer Frühlingszwiebel ähnlich sieht. Da der Moderator behauptete, es sei voller Vitamine und gebe eine schmackhafte Einlage für Suppen ab, ging ich sofort zum Supermarkt, um eine Porree-Stange zu kaufen. Im Laden gab es neben Porree noch viele andere importierte exotische Gemüse- und Obstsorten zu sehen. Die Verkäufer priesen sie begeistert an und sagten, sie würden uns zeigen, wie man aus diesen fremden Gemüsen Gerichte zubereiten kann, und dass wir sie ausprobieren sollten.

Tatsächlich werden aber nicht nur „neuartige" Gemüse wie diese aus dem Ausland eingeführt. Ein prüfender Blick auf traditionelle japanische Pickles zeigte mir, das auf dem Etikett ein fremdes Land als Herkunftland genannt wurde. Vor zwanzig Jahren wurden die meisten Gemüse in Japan erzeugt, aber die Importe sind allmählich angestiegen. Es gibt sogar bestimmte Gemüse wie etwa Sojabohnen, die zu 98 % importiert werden. Der wichtigste Grund für dieses Zunahme der Gemüseimporte ist ihre relative Preisgünstigkeit. Dank der Entwicklungen beim Frachtwesen und bei den Informationssystemen sind die Kosten dramatisch gesunken. Es gibt sogar Gemüsesorten, die lediglich die Hälfte ihres japanische Äquivalents kosten. Und die meisten Japaner denken nun, dass man Produkte, die billig und wohlschmeckend sind, unabhängig von ihrem Herkunftsland unbedenklich und mit Genuss verspeisen kann. Die Importe von Fisch, Fleisch und Buchweizennudeln (Soba) nehmen ebenfalls zu, so dass nun unsere Alltagskost ständig zunehmend „internationaler“ wird.

NEUE KANJI

1. 運動 (ウンドウ)

運 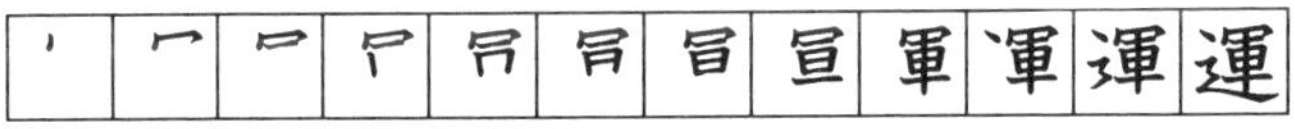 (12)

はこ(ぶ)

2. 計画 (ケイカク)

計  (9)

はか(る)

3. 関係 (カンケイ)

関 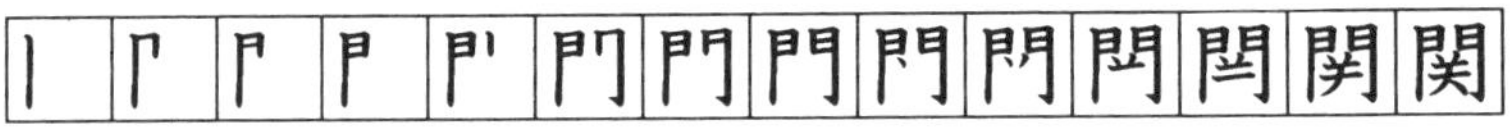 (14)

かか(わる)

4. 道 (みち)

道 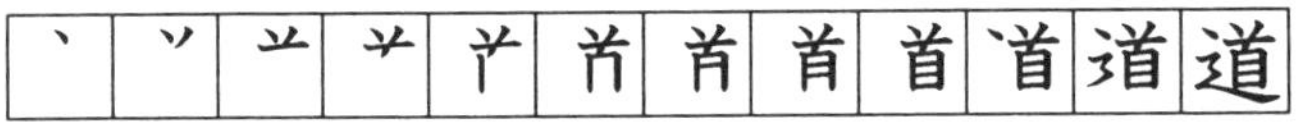 (12)

ドウ

5. 地球 (チキュウ)

球 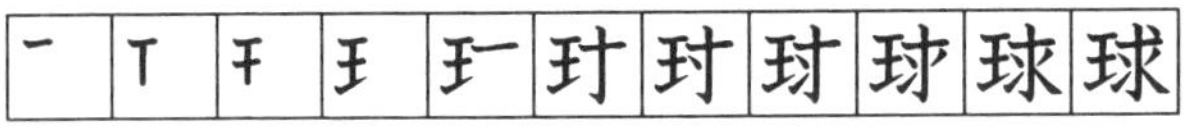 (11)

キュウ

6. 走る (はし)

走  (7)

ソウ

Kanji zum Erkennen: 歯 (は)

LEKTION 8 BESUCH IM EDO MURA

Ein Fremdenführer zeigt Herrn Schmidt das Edo Mura.

ガイド：ここには　江戸時代(えどじだい)の　建物(たてもの)が　集(あつ)められています。
スミス：江戸時代(えどじだい)と　いうのは　何世紀(なんせいき)ごろですか。
ガイド：17 世紀(せいき)の　初(はじ)めから　19 世紀(せいき)の　中(なか)ごろまでです。
スミス：この　家(いえ)は　ずいぶん　古(ふる)そうですが、いつごろ　建(た)てられたんですか。
ガイド：200 年(ねん)ぐらい　前(まえ)に　作(つく)られました。
スミス：中(なか)に　入(はい)ってみても　いいですか。
ガイド：どうぞ。ここは　さむらいが　住(す)んでいた　家(いえ)です。
スミス：広(ひろ)くて　りっぱですね。
ガイド：あちらは　のうみんの　家(いえ)です。
スミス：さむらいの　家(いえ)より　ずっと　小(ちい)さいですね。
ガイド：ええ、大部分(だいぶぶん)の　のうみんは　びんぼうでした。作(つく)った米(こめ)を　ほとんど　大名(だいみょう)に　とりあげられて、のうみんはめったに　米(こめ)の　ご飯(はん)が　食(た)べられなかったと　言(い)われています。

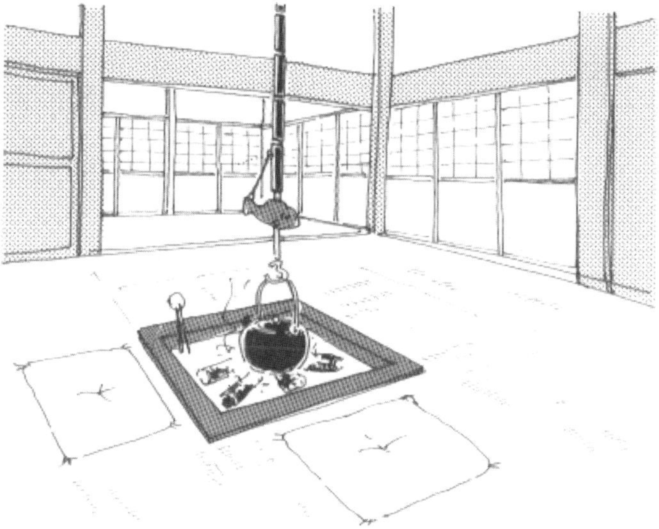

Im Bauernhaus

スミス：この　部屋(へや)は　何(なに)に　使(つか)われていたんですか。

ガイド：ここは　居間(いま)です。いろりの　まわりで、ご飯(はん)を　食(た)べたり　話(はなし)を　したり　仕事(しごと)を　したり　していた部屋(へや)です。

スミス：冬(ふゆ)は　さむかったでしょうね。

ガイド：ええ、冬(ふゆ)　雪(ゆき)に　ふられると、ほんとうに　たいへんだっただろうと　思(おも)います。

スミス：今(いま)のような　便利(べんり)な　時代(じだい)に　生(う)まれて　よかったですね。

Fremdenführer:	Edozeitliche Häuser sind hier zusammengebracht worden.
Schmidt:	Edo-Zeit? Um welches Jahrhundert handelt es sich dabei?
Fremdenführer:	Vom Anfang des 17. bis etwa in die Mitte des 19. Jahrhunderts.
Schmidt:	Dieses Haus sieht ziemlich alt aus. Wann wurde es ungefähr gebaut?
Fremdenführer:	Es wurde vor ungefähr zweihundert Jahren gebaut.
Schmidt:	Kann man hineingehen und sich umsehen?
Fremdenführer:	Bitte gehen Sie voran. Das ist das Wohnhaus eines Samurai.
Schmidt:	Es ist groß und prächtig, nicht wahr?
Fremdenführer:	Das dort drüben ist ein Bauernhaus.
Schmidt:	Es ist viel kleiner als das des Samurai.
Fremdenführer:	Ja, die meisten Bauern waren arm. Fast der ganze von ihnen erzeugte Reis wurde vom Daimyō eingezogen, und es heißt, dass die Bauern fast nie Reis zu ihren Mahlzeiten essen konnten.
Schmidt:	Wozu diente dieser Raum?
Fremdenführer:	Das ist ein Wohnraum. Die Familie saß um die Herdstelle, aß dort ihre Mahlzeiten, unterhielt sich, arbeitete usw.
Schmidt:	Im Winter muss es kalt gewesen sein.
Fremdenführer:	Ja, wenn es im Winter schneite, hatten die Leute wohl ein hartes Leben.
Schmidt:	In einer Zeit der modernen Errungenschaften geboren zu sein ist doch eine gute Sache, meinen Sie nicht auch?

Neues Vokabular

ガイド	Fremdenführer
集(あつ)められる	zusammen gebracht/versammelt werden
れる / られる	getan werden (passiv)
世紀(せいき)	Jahrhundert

建(た)てられる	gebaut werden
建(た)てる	bauen
作(つく)られる	gebaut/gemacht/produziert werden
りっぱな	prächtig, imposant
のうみん	Bauer(n)
大部分(だいぶぶん)	meisten, die Mehrzahl
米(こめ)	(roher) Reis
大名(だいみょう)	Daimyō (Feudalherr)
とりあげられる	eingezogen/konfisziert/weggenommen werden
めったに～ない	fast nie, sehr selten
食(た)べられる	essen können
言(い)われる	gesagt werden
使(つか)われる	verwendet/gebraucht/benutzt werden
いろり	Herdstelle, Feuerstelle
雪(ゆき)に　ふられる	(Wörtl.) „beschneit werden“

GRAMMATIK UND LERNZIELE

・れる / られる passive Formen

Verbformen wie diese werden mit dem Passiv von deutschen Verben gleichgesetzt, wobei jedoch stets zu beachten ist, dass れる - angehängt an den ない-Stamm der regelmäßigen Verben der Gruppe I - und られる -- angehängt an den ない-Stamm der regelmäßigen Verben der Gruppe II - auch noch andere Anwendungen haben.

Gruppe I, regelmäßig 作(つく)る→作(つく)られる , 使(つか)う→使(つか)われる , ふる→ふられる

Gruppe II, regelmäßig 集(あつ)める→集(あつ)められる , 建(た)てる→建(た)てられる , とりあげる→とりあげられる

Die unregelmäßigen Verben sind: 来(く)る→来(こ)られる und する→される

Zwei zu beachtende Punkte sind, dass diese Konjugationen mit der für die regelmäßigen Verben der Gruppe II identisch sind, wobei diese Form dem Potential entspricht (sieh Band 2B, Lektion 19).

Das Auftreten von Aktiv-Passiv-Verbpaaren parallel zum deutschen Gebrauch. Im Japanischen werden allerdings Passivformen häufig im Gespräch verwendet, um auszudrücken, wie der Sprecher oder eine Person, mit der er sich identifiziert, von anderen oder Vorgängen beeinflußt wird, und der

passiv „Erleidende“ statt des aktiv Handelnden steht im Mittelpunkt.
Ist das Objekt des Aktivverbs belebt, so kann es im Passivverbsatz zum Subjekt oder Satzthema werden. Die Person, die eine Handlung ausführt, ist durch に oder weniger häufig によって oder から gekennzeichnet.

Beispiel: 先生(せんせい)は　私(わたし)を　しかった。„Der Lehrer hat mich gescholten.“
私(わたし)は　先生(せんせい)に　しかられた。„Ich wurde vom Lehrer gescholten.“

Aktivverbsätze mit unbelebtem Objekt lassen sich unter zwei Kategorien einordnen: objektive Beschreibung und subjektive Beschreibung. Im obigen Dialog gibt es Beispiele für beide.

Objektive Beschreibung

ここには　江戸時代(えどじだい)の　建物(たてもの)が　集(あつ)められています。
この　家(いえ)は　いつごろ　建(た)てられたんですか。
この　部屋(へや)は　何(なに)に　使(つか)われていたんですか。

Bei der Beschreibung von historischen Ereignissen, Gesellschaftssystemen, Weltgeschehen und ähnlichen Themen kann das Subjekt des Passivsatzes ein konkreter Gegenstand oder ein immaterielles Konzept sein. Das Agens, sofern ausdrücklich angegeben, ist in der Regel durch によって gekennzeichnet.

Beispiel: 「ハムレット」は　シェークスピアによって　書(か)かれました。
„Hamlet wurde von Shakespeare verfasst.“

Subjektive Beschreibung aus der Sicht des Einzelnen

（のうみんは）作(つく)った　米(こめ)を　ほとんど　大名(だいみょう)に　とりあげられて ...
Aktiv: 大名(だいみょう)は　のうみんから　米(こめ)を　とりあげて ...
„Daimyō zogen den Reis von den Bauern ein.“

Der die Handlung Erleidende bei dieser Satzart kann der Sprecher selbst oder eine Person oder ein Tier sein, mit dem er sich identifiziert. Das Objekt des Passivverbs entspricht dem Objekt des Aktivverbs und ihm wird im Gegensatz zu dem anderen Typ von Passivsatz die Partikel を nachgestellt, wodurch sich beide Typen von Passivsätzen unterscheiden lassen.

Beispiele:

1. 弟(おとうと)が／は　私(わたし)の　にっきを　読(よ)んだ。„Mein Bruder las mein Tagebuch.“
   Als Passiv: （私(わたし)は）弟(おとうと)に　にっきを　読(よ)まれた。(Der Satz 私(わたし)の　にっきが／は　弟(おとうと)に　読(よ)まれた klingt nicht idiomatisch.)

2. みんなが/は　かのじょの　えを　ほめました。„Alle lobten ihr Bild.“
Als Passiv:（かのじょは）みんなに　えを　ほめられました (Nicht idiomatisch: かのじょの　えが/は　みんなに　ほめられました.)

冬(ふゆ)　雪(ゆき)に　ふられると、ほんとうに　たいへんだっただろうと　思(おも)います。

Ein spezieller Gebrauch des Passivs ist bei solchen Verben wie にげる, „weglaufen/fliehen“, ふる, 死(し)ぬ usw. zu beobachten. Wortwörtliche Übersetzungen sind oft unmöglich, aber der Sinn solcher Sätze ist sehr wohl übertragbar.

Beispiele:

1. 妻(つま)に　にげられた。

   „Meine Frau ist davongelaufen (und hat mich verlassen)./Mein Frau ist mir davongelaufen.“

2. その　子(こ)どもは　親(おや)に　死(し)なれて　一人(ひとり)に　なった。

   „Die Eltern dieses Kindes sind gestorben und haben es allein zurückgelassen./Diesem Kind sind die Eltern (weg)gestorben, so dass es allein zurückge- blieben ist.“

In Situationen, in denen eine Person Gegenstand der Handlung einer anderen ist, ist から oder に zulässig. Typische Verben dieser Art sind しかる, ほめる, 預(あず)ける und たのむ.

Beispiele:

1. 私(わたし)は　先生(せんせい)に/から ...

   „Ich wurde vom Lehrer (gescholten/gelobt/gebeten [etwas zu tun]).“

2. けい子(こ)さんは　ジョンソンさんから　花(はな)を　送(おく)られました。

   (Wörtl.) „Keiko wurden Blumen von John geschickt.“

Bei einem in jüngster Zeit aufgekommenen und unter der jüngeren Generation zu beobachtenden Gebrauch dienen unpersönliche Objekte als Subjekt von Pseudo-Passivverben.

Beispiele:

1. 1970 年(ねん)ごろ、東京(とうきょう)に　高(たか)い　ビルが　たくさん　建(た)てられた。

   „Im 1970 wurden in Tōkyō viele Hochhäuser gebaut.“

2. うちの　前(まえ)に　ビルを　建(た)てられた。

   „Ein Hochhaus ist mir vor das Haus gebaut worden (und nimmt mir nun das Licht).“

ANMERKUNGEN

1. 江戸時代と　いうのは

   Die Formel と　いうのは hat die Funktion einer Definition und bedeutet daher soviel wie „Die Epoche die als Edo-Zeit bezeichnet wird“.

2. この　部屋は　何に　使われていたんですか。

   Die Partikel に weist auf den Gebrauchszweck oder eine Anforderung hin.

   Beispiele:1. 日本語の　勉強に　CD プレーヤーが　要ります。

   (Wir) brauchen einen CD Player für Japanischlektionen.“

   2. 申し込むのに　あなたの　サインが　必要です。

   „Ihre Unterschrift ist notwendig für die Bewerbung.“

3. のうみんは　めったに　米の　ご飯が　食べられなかった。

   Wie bereits erwähnt, kann られる auch als Potentialform fungieren. Aus dem Zusammenhang ist dann jeweils ersichtlich, ob es sich um den Potential, das Passiv oder einen ehrend-höflichen Gebrauch (Honorificum) handelt, der in Lektion 17 im Band 3B erklärt wird.

EINFACHE SATZSTRUKTUREN ZUM EINPRÄGEN

1. けい子さんは　先生に　ほめられました。
2. この　家は　200 年前に　建てられました。
3. (私は) 弟に　新しい　カメラを　こわされました。
4. かれは　お父さんに　死なれて　困っています。

1. Keiko wurde vom Lehrer gelobt.
2. Dieses Haus wurde vor 200 Jahren gebaut.
3. Meine neue Kamera wurde (mir) von meinem jüngeren Bruder kaputt gemacht.
4. Sein Vater ist gestorben und er findet sich (seitdem) nicht mehr zurecht/er hat (seitdem) die Orientierung verloren.

Neues Vokabular

ほめる	loben
こわす	zerbrechen, kaputt machen

ÜBUNGEN TEIL A

I. Verben: Machen Sie sich mit den Beispielen vertraut, setzen Sie sie in die Formen mit れる und られる um und memorieren Sie sie dann.

作(つく)る→作(つく)られる　　ほめる→ほめられる　　来(く)る→来(こ)られる
たのむ→たのまれる　借(か)りる→借(か)りられる　する→される

1. 書(か)く　4. おす　7. 建(た)てる　10. 持(も)ってくる
2. よぶ　5. 死(し)ぬ　8. 見(み)る　11. ゆにゅうする
3. 待(ま)つ　6. 使(つか)う　9. いる　12. うったえる

II. Formulieren Sie Dialoge durch Ändern der wie im folgenden Beispiel unterstrichenen Teile.

A. F: だれが　おしたんですか。
A: (私(わたし)は)　後(うし)ろの　人(ひと)に　おされたんです。

1. よぶ、友(とも)だち
2. しかる、先生(せんせい)
3. たのむ、となりの　うちの　人(ひと)
4. けっこんを　申(もう)し込(こ)む、ジョンソンさん

B. F: どろぼうに　何(なに)を　とられたんですか。
A: しんじゅの　ゆびわを　とられました。

1. お母(かあ)さん、見(み)る、手紙(てがみ)
2. 子(こ)ども、こわす、時計(とけい)
3. けいかん、調(しら)べる、かばんの　中(なか)
4. 友(とも)だち、飲(の)む、ワイン

III. Lesen Sie die Sätze und beantworten Sie die Fragen.

A. 田中(たなか)さんは　朝(あさ)　電車(でんしゃ)の　中(なか)で　すりに　さいふを　すられました。
だれが　すられましたか。→　田中(たなか)さんが　すられました。

1. 何(なに)を　すられましたか。
2. どこで　すられましたか。
3. だれに　すられましたか。
4. いつ　すられましたか。
5. だれが　すりましたか。

B. 木村(きむら)さんは　夕(ゆう)べ　道(みち)で　よっぱらいに　あたまを　なぐられた。

だれが　なぐられたんですか。→木村(きむら)さんが　なぐられたんです。

1. どこで　なぐられたんですか。
2. いつ　　なぐられたんですか。
3. どこを　なぐられたんですか。
4. だれに　なぐられたんですか。
5. だれが　なぐったんですか。

IV. Üben Sie die folgenden Satzstrukturen ein durch Ändern der wie im folgenden Beispiel unterstrichenen Teile.

2週間(しゅうかん)も　雨(あめ)に　ふられて、困(こま)っています。

1. ひしょが　やめる
2. 加藤(かとう)さんが　休(やす)む
3. 夫(おっと)が　死(し)ぬ
4. 毎晩(まいばん)　となりの　人(ひと)が　来(く)る

V. Formulieren Sie die folgenden Sätze wie im vorgegebenen Beispiel um.

毎週(まいしゅう)　火曜日(かようび)に　会議(かいぎ)を　開(ひら)きます。
→会議(かいぎ)は　毎週(まいしゅう)　火曜日(かようび)に　開(ひら)かれます。

1. 米(こめ)から　(お)さけを　作(つく)ります。
2. ブラジルから　コーヒーを　ゆにゅうします。
3. この　てらを　200年前(ねんまえ)に　建(た)てました。
4. その　にもつを　中国(ちゅうごく)に　送(おく)ります。

VI. Beantworten Sie die Fragen wie im vorgegebenen Beispiel.

F: せきゆは　どこから　ゆにゅうされますか。

A: イランから　ゆにゅうされます。

1. この　自動車(じどうしゃ)は　どこへ　ゆしゅつされますか、アメリカ
2. この　やさいは　どこで　作(つく)られますか、北海道(ほっかいどう)
3. 漢字(かんじ)は　どこから　日本(にほん)に　伝(つた)えられましたか、中国(ちゅうごく)
4. こくさい会議(かいぎ)は　どこで　行(おこな)われましたか、京都(きょうと)

VII. Üben Sie die folgende Satzstruktur ein durch Ändern der wie im folgenden Beispiel unterstrichenen Teile.

A. この　てらは　日本(にほん)で　一番(いちばん)　古(ふる)いと　言(い)われています。

1. この　町(まち)は　世界(せかい)で　一番(いちばん)　きれいです
2. れきしは　くりかえします

8

3. この　まつりは　300年前(ねんまえ)から　続(つづ)いています
4. 地球(ちきゅう)は　46おく年前(ねんまえ)に　できました

B. <u>江戸時代(えどじだい)</u>と　いうのは　<u>何世紀(なんせいき)ごろ</u>ですか。

1. 長崎(ながさき)、どんな　所(ところ)
2. 金沢(かなざわ)、どこに　ある　町(まち)
3. コピーライター、どんな　しょくぎょう

Neues Vokabular

ゆにゅうする	importieren
ゆにゅう	Import
しかる	schelten, ausschimpfen
(けっこんを) 申(もう)し込(こ)む	einen (Heirats)antrag (machen) /einreichen, beantragen
どろぼう	Dieb
とる	rauben, stehlen
しんじゅ	Perle
ゆびわ	Ring
すり	Taschendieb
する	einen Taschendiebstahl begehen
よっぱらい	ein Betrunkener
なぐる	schlagen
開(ひら)く	öffnen/aufmachen, eröffnen
ブラジル	Brasilien
せきゆ	Erdöl, Petroleum, Kerosin
イラン	Iran
自動車(じどうしゃ)	Automobil, PKW
ゆしゅつする	exportieren
ゆしゅつ	Export
伝(つた)える	einführen
行(おこな)う	ausführen, abhalten
くりかえす	wiederholen
おく	hundert Millionen
コピーライター	Werbetexter
しょくぎょう	Beruf

KURZE DIALOGE

1. 客：　写真を　お願いします。
   写真屋：サイズは　どうしますか。
   客：　りれき書に　使うので　たて　5センチ　よこ　3センチのを　お願いします。

   Kunde: Ich möchte mich fotografieren lassen.
   Fotograf: In welchem Format?
   Kunde: Es ist für einen Lebenslauf: machen Sie es daher im Format 5 cm (Höhe) x 3 cm (Breite).

2. ジョンソン：今朝　駅前に　おいた　自転車が　ないんです。とられたらしいんです。
   けいかん：　どんな　自転車ですか。
   ジョンソン：赤い　自転車で、名前が　書いてあります。
   けいかん：　この　書類に　名前を　書いてください。出てきたられんらくします。

   John: Das Fahrrad, das ich diesen Morgen vor dem Bahnhof abgestellt habe, ist verschwunden. Es ist wahrscheinlich gestohlen worden.
   Polizist: Wie sieht Ihr Fahrrad aus?
   John: Es ist rot und trägt meinen Namen.
   Polizist: Schreiben Sie bitte Ihren Namen auf dieses Formblatt. Falls wir es finden, werden wir Sie kontaktieren.

Neues Vokabular

写真屋	Berufsfotograf, Fotostudio
サイズ	Format, Größe
りれき書	Lebenslauf
たて	Höhe, vertikal/senkrecht
よこ	Breite, horizontal/waagrecht
出てくる	gefunden werden

ÜBUNGEN TEIL B

I. Lesen Sie den Lektionstext und beantworten Sie die folgenden Fragen.

1. スミスさんは　どんな　所を　見物していますか。
2. さむらいの　家は　何年ぐらい　前に　建てられましたか。

3. さむらいの　家は　のうみんの　家より　小さいですか。
4. だれが　のうみんから　米を　とりあげましたか。
5. 今のような　便利な　時代に　生まれて　よかったと　スミスさんは　言っていますが、あなたも　そう　思いますか。

II. Ergänzen Sie, falls nötig, die fehlenden Partikeln.

1. この　どうぐは　何（に）使うんですか。
2. この　てらは　日本（で）一番　古い（と）言われています。
3. ホワイトさんは　今日　先生（に）日本語の　字（を）ほめられて　うれしそうです。
4. 〔私は〕時計（を）子ども（に）こわされてしまいました。
5. リンダさんは　こうつうじこ（で）けがを　して、病院（に）運ばれました。

III. Ergänzen Sie die folgenden Fragen sinnvoll.

1. （どうして）課長に　しかられたんですか。
会議の　時間に　遅れてしまったんです。
2. （どこ）で　カメラを　とられたんですか。
こうえんで　休んでいる　とき　とられたんです。
3. この　青い　ビルは（何年）ごろ　建てられたんですか。
1984年に　建てられました。
4. 林さんと　いう　人は（どういう）人ですか。
ABCの　部長ですが、前は　大学の　きょうじゅだったそうです。

IV. Setzen Sie die folgenden Verben in die Formen mit れる und られる um.

1. 聞く	4. 止める	7. 来る
2. しょうかいする	5. こわす	8. 調べる
3. たのむ	6. 見る	9. わらう

V. Setzen Sie die Verben in die Formen mit れる und られる um und ändern Sie ggf. die Satzstruktur.

1. 山田さんは　課長に　用事を（たのまれ）ました。（たのむ）
2. 道を　歩いている　とき、写真を（とられ）ました。（とる）
3. あの　人は　まじめな　人だと　みんなから（思われて）います。（思う）
4. 部長は　ひしょに（やめられて）困っています。（やめる）
5. 空港で　何度も　かばんの　中を（しらべられ）ました。（調べる）

6. これは　外国（がいこく）に（ゆしゅつされる）車（くるま）だそうです。（ゆしゅつする）

VI. Beantworten Sie die folgenden Fragen.

1. どろぼうに　お金（かね）を　とられた　ことが　ありますか。
2. あなたの　国（くに）では　何語（なにご）が　話（はな）されていますか。
3. あなたの　学校（がっこう）や　会社（かいしゃ）では　コンピューターが　使（つか）われていますか。
4. あなたの　国（くに）／町（まち）では　何（なん）と　言（い）う　新聞（しんぶん）が　よく　読（よ）まれていますか。

DER „TORININGEN"-WETTBERB FINDET IN JEDEM JULI STATT.

SATZMUSTER 1

Passivformen

鳥人間（とりにんげん）コンテストは毎年（まいとし）７月末（がつすえ）に琵琶湖（びわこ）で開（ひら）かれます。

Der „TORININGEN"-Wettbewerb wird jedes Jahr Ende Juli am Biwa-See abgehalten.

8

Neues Vokabular

鳥人間（とりにんげん）コンテスト	„Vogelmensch"-Wettbewerb
琵琶湖（びわこ）	Biwa-See

Der jährlich stattfindende „Vogelmensch"-Wettbewerb wurde 1977 von Yomiuri Television, einem privaten japanischen Fernsehsender, begründet. Die Wettbewerbsteilnehmer konkurrieren mit selbstgebauten Flugzeugen, um festzustellen, wer am weitesten fliegen kann. Es gibt zwei Wettbewerbsklassen: mit Muskelkraft betriebene Propellerflugzeuge und reine Segelflugzeuge, die voll und ganz vom Wind abhängig sind.

ANWENDUNG DER SATZMUSTER 1

1. Geben Sie wie in den Beispielen gezeigt die Passivform für jedes Verb an.

		aktiv	passiv
Reg.I	Bsp.	言(い)う	言(い)われる
	①	行(おこな)う	おこなわれる
	②	使(つか)う	つかわれる
	③	わらう	わらわれる
	④	開(ひら)く（会議(かいぎ)を）	ひらかれる
	⑤	おす	おされる
	⑥	こわす	こわされる
	⑦	作(つく)る	つくられる
	⑧	死(し)ぬ	しなれる
	⑨	たのむ	たのまれる
	⑩	よぶ	よばれる
	⑪	ふる（雨(あめ)が）	ふられる
	⑫	とる（さいふを）	とられる
	⑬	しかる	しかられる
	⑭	なぐる	なぐられる
Reg.II	Bsp.	うったえる	うったえられる
	⑮	集(あつ)める	あつめられる
	⑯	ほめる	ほめられる
	⑰	たてる	たてられる
	⑱	調(しら)べる	しらべられる
Unreg.	Bsp.	する	される
	Bsp.	来(く)る	来(こ)られる
	⑲	輸入(ゆにゅう)する	ゆにゅうされる
	⑳	持(も)ってくる	もってこられる

8

2-1. Studieren Sie die Beispiele im Kasten und bilden Sie dann Sätze unter Verwendung des Verbs in Klammern, um zu beschreiben, was in den nachstehenden Bildern geschieht.

1. 部長(ぶちょう)はビジーさんをよんだ。
   →ビジーさんは部長(ぶちょう)によばれた。

   Herr Sausewind (Bijī-san) wurde von seinem Chef gerufen.

2. 部長(ぶちょう)はビジーさんに通訳(つうやく)をたのんだ。
   →ビジーさんは部長(ぶちょう)に通訳(つうやく)をたのまれた。

   Herr Sausewind (Bijī-san) wurde von seinem Chef gebeten zu dolmetschen.

①部長(ぶちょう)は (a) ビジーさんをほめ ました。(ほめる)
ビジーさんは (b) ぶちょうにほめられ ました。
②部長(ぶちょう)は (a) ビジーさんをさそい ました。(さそう)
ビジーさんは (b) ぶちょうにさそわれ ました。
③部長(ぶちょう)は (a) ビジーさんをわらい ました。(わらう)
ビジーさんは (b) ぶちょうにわらわれ ました。
④部長(ぶちょう)は (a) ビジーさんをちゅういし ました。(注意(ちゅうい)する)
ビジーさんは (b) ぶちょうにちゅういされ ました。

8

2-2. Lesen Sie die folgenden Absätze durch und beantworten Sie die nachstehenden Fragen.

A さん

私(わたし)は高校(こうこう)のとき、英語(えいご)のクラスがあまり好(す)きではありませんでした。英語(えいご)の先生(せんせい)によく間違(まちが)いを直(なお)されたからです。もっとがんばるようにいつも言(い)われて、楽(たの)しくなかったんです。私(わたし)はクラスで先生(せんせい)にほめられるほうが好(す)きなんです。

B さん

私(わたし)は高校(こうこう)のとき、スペイン語(ご)のクラスが好(す)きでした。スペイン語(ご)の先生(せんせい)によく間違(まちが)いを直(なお)されたからです。間違(まちが)いを直(なお)されたので、スペイン語(ご)が上手(じょうず)になったと思(おも)います。

① A さんはどうして英語(えいご)のクラスがあまり好(す)きではありませんでしたか。

② B さんはどうしてスペイン語(ご)が上手(じょうず)になったと思(おも)っていますか。

2-3. Lesen Sie die folgenden Aussagen. Kreuzen Sie diejenigen an, denen Sie zustimmen. Die Übung 4-1 dieser Lektion ist u.U. hilfreich.

Wie möchten Sie gern unterrichtet werden?

- ❏ クラスで話(はな)しているとき、先生(せんせい)に自分の間違(まちが)いを直(なお)されるのはいやだった。
- ❏ クラスで先生(せんせい)に間違(まちが)いを直(なお)されたので、上手(じょうず)になったと思(おも)う。
- ❏ クラスメートに自分(じぶん)の間違(まちが)いを直(なお)されるのはいやだった。
- ❏ クラスで先生(せんせい)にほめられるのはうれしかった。
- ❏ クラスで先生(せんせい)にほめられたので、上手(じょうず)になったと思(おも)う。

3-1. Studieren Sie die beiden Beispiele und ergänzen Sie dann die unterstrichenen Stellen mit der korrekten Form des Verbs in Klammern.

1. (人(ひと)が) 会議(かいぎ)を　毎週月曜日(まいしゅうげつようび)に　開(ひら)く。
   →会議(かいぎ)は　毎週月曜日(まいしゅうげつようび)に　開(ひら)かれる。
   Die Konferenz findet jeden Montag statt.
2. シェークスピアが　「ハムレット」を　書(か)いた。
   →「ハムレット」は　シェークスピアによって　書(か)かれた。
   Hamlet wurde von William Shakespeare geschrieben.

Neues Vokabular

注意(ちゅうい)する	warnen, auf etwas aufmerksam machen
高校(こうこう)	Oberschule (Senior High School)

クラスメート	Mitschüler
シェークスピア	Shakespeare
「ハムレット」	Hamlet

① 国会議事堂は 1936 年に (a)____________ました。ここで日本の国会が (b)____________ます。（たてる　開く）

② 浅草寺の今のたてものは 1958 年に (a)____________ました。毎年 5 月になると、三社まつりが (b)____________ます。（たてる　開く）

③ 東京タワーは 1958 年に (a)____________ました。東京のシンボルとして (b)____________ています。（たてる　したしむ）

④ レインボーブリッジは 1993 年に (a)____________ました。よるはたくさんのライトで (b)____________ます。（つくる　かざる）

⑤ 東京ドームは 1988 年に (a)____________ました。日本の初めてのドームスタジアムです。野球のほかにいろいろなイベントに (b)____________ます。「ビッグエッグ」と (c)____________ています。（つくる　利用する　よぶ）

Neues Vokabular

国会議事堂	Parlamentsgebäude
国会	Parlament
浅草寺	Sensōji-Tempel
三社まつり	„Sanja“-Fest
東京タワー	Tōkyō Tower
シンボル	Symbol, Wahrzeichen
したしむ	vertraut sein, lieb und wert sein
レインボーブリッジ	Rainbow Bridge (Regenbogen-Brücke)
ライト	Leuchten, Lampen
かざる	dekorieren, schmücken
東京ドーム	Tōkyō Dome (Stadion)
ドームスタジアム	Stadion mit Kuppeldach

3-2. Diese Fotos von Tōkyō zeigen einige der bekanntesten Bauwerke der Stadt. Beschreiben Sie, wann die einzelnen Bauwerke errichtet wurden und welchem Zweck sie dienen. Sprechen Sie über ein berühmtes Bauwerk in der Stadt, in der Sie wohnen oder früher wohnten.

東京(とうきょう)ドーム
1988年(ねん) 野球(やきゅう)やイベント「ビッグエッグ」

浅草寺(せんそうじ)
1958年(ねん) 毎年(まいとし)5月(がつ)まつり

東京(とうきょう)スカイツリー
2012年(ねん)
東京(とうきょう)の新(しん)テレビ塔(とう)
新名所(しんめいしょ)

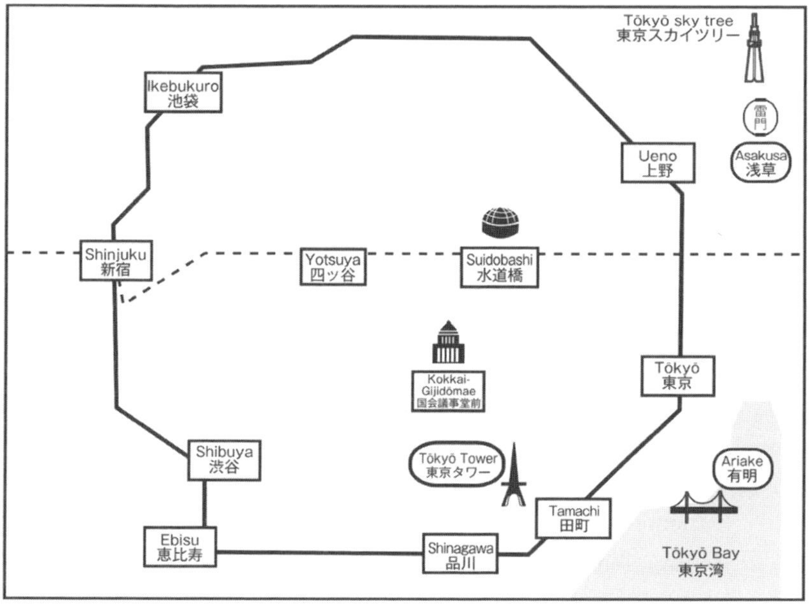

国会議事堂(こっかいぎじどう)
1936年(ねん) 日本(にほん)の国会(こっかい)

東京(とうきょう)タワー
1958年(ねん) 東京(とうきょう)のシンボル

レインボーブリッジ
1993年(ねん) ライト

3-3. Ergänzen Sie die unterstrichenen Teile jeweils mit der korrekten Form der nachstehend aufgeführten Verben.

① おさけは米から (a)______ていて、日本ではむかしから (b)________ています。飲みすぎなければ、体にいいと (c)____________ています。最近では外国にもよく (d)____________ているようです。

②とうふは大豆から (a)____________ていて、日本ではむかしからよく (b)________________ています。今では大豆のほとんどがアメリカから (c)_______________ているそうです。

輸入する・飲む・言う・作る・輸出する・食べる

③ 野球は 1873 年にホラス・ウィルソンというアメリカ人の教授によって　日本に (a)__________________ました。今では日本人が一番好きなスポーツだと (b)_______________ています。

④「源氏物語」は 1000 年以上前に紫式部という女性によって (a)_______ ました。たくさんの作家によって今の言葉に (b)____________て、多くの人に (c)____________ています。

書く・しょうかいする・言う・読む・書き直す

Neues Vokabular

大豆	Sojabohnen
ホラス・ウィルソン	Horace Wilson
「源氏物語」	Die Geschichte vom Prinzen Genji
紫式部	Murasaki Shikibu
作家	Schriftsteller, Autor

8

3-4. Sprechen Sie nun in ähnlicher Form über Dinge aus Ihrem Land, z.B. beliebte Lieder, Erzählungen, Sportarten, Gemälde etc.

4-1. Studieren Sie die Beispiele in den Kästen und ändern Sie die Sätze zur Beschreibung der Bilder.

男(おとこ)の人(ひと)は　私(わたし)の足(あし)を　ふんだ。
→私(わたし)は　男(おとこ)の人(ひと)に　足(あし)を　ふまれた。
Mir wurde von einem Mann auf den Fuß getreten (und es schmerzt).

① 若(わか)い男(おとこ)は私(わたし)のバックをとりました。
私(わたし)は＿＿＿＿＿＿＿＿＿＿＿＿＿＿＿。

②つまは私(わたし)のブランデーを飲(の)みました。
私(わたし)は＿＿＿＿＿＿＿＿＿＿＿＿＿＿＿。

雨(あめ)がふった。→私(わたし)は雨(あめ)にふられた。
Ich wurde beregnet (ich kam in den Regen/wurde vom Regen überrascht).

③ 後(うし)ろの人(ひと)は電車(でんしゃ)の中(なか)で私(わたし)の背中(せなか)をおしました。
私(わたし)は＿＿＿＿＿＿＿＿＿＿＿＿＿＿＿。

④ となりの人(ひと)が朝早(あさはや)く来(き)ました。
私(わたし)は＿＿＿＿＿＿＿＿＿＿＿＿＿＿＿。

⑤ 秘書(ひしょ)がやめました。
私(わたし)は＿＿＿＿＿＿＿＿＿＿＿＿＿＿＿。

4-2. Ist Ihnen schon einmal so etwas passiert? Kreuzen Sie jeweils die zutreffenden Antworten an, formulieren Sie sie in eine Frage um und fragen Sie einen Partner.

❏ 込んでいる電車で、足をふまれたことがある。
❏ どろぼうに入られたことがある。
❏ 家族に大切なものをすてられて、おこったことがある。
❏ 海外旅行に行って、パスポートをとられたことがある。
❏ 友だちに日本語をほめられたことがある。
❏ セールスマンにうちに来られて、困ったことがある。
❏ 小さい子どもに話しかけて、その子どもになかれたことがある。
❏ かさをもっていないときに雨にふられて、ずぶぬれになったことがある。

Neues Vokabular

話しかける	sprechen (zu einer Person), ansprechen
ずぶぬれ	nass bis auf die Knochen sein, völlig durchgeweicht sein

KOMMUNIKATION

1-1. Lesen Sie den folgenden Text durch und beantworten Sie die Fragen.

鳥人間コンテスト
„Vogelmensch"-Wettbewerb

空を飛んでみたいと思ったことはありませんか。「鳥人間コンテスト」は空を飛びたいと思っている人ならだれでも参加できるコンテストです。第一回コンテストは、1977 年に京都の近くの琵琶湖で開かれました。それ以来、毎年 7 月末に琵琶湖で行われています。参加するチームは大学や会社のチームが多いそうです。

飛行機のデザインは何か月もかけて、チームのメンバーによって考えられます。お金のないチームは、飛行機の部品を集めるのが大変だそうです。

コンテストのじゅんいは飛行機のデザインと飛んだきょりによって決められます。第一回大会のときは 82 メートルでしたが、2008 年の第 32 回大会では、36000 メートルというしんじられないきろくが生まれました。

チームのみんなの力を集めて作られた飛行機が大空を飛ぶ様子は感動

的です。毎年参加している人は「空が好きだからやめられない」と言っていました。

興味がある人は７月末に琵琶湖に行けば、楽しい空のコンテストを見ることができるでしょう。

Neues Vokabular

参加する	teilnehmen (an einem Wettbewerb)
それ以来	seitdem, seit damals
部品	Komponente, Teil
じゅんい	Position, Platz, Rang
きょり	Entfernung, Abstand
きろく	Rekord
感動的	rührend

① 受身形 (Passiv) にアンダーラインを書いてください。
② 第一回鳥人間コンテストはいつ開かれましたか。
③ 鳥人間コンテストは毎年何月に開かれますか。
④ コンテストのじゅんいはどうやって決められますか。
⑤ コンテストはどんな人が参加できますか。

1-2. Nun sind Sie an der Reihe mit dem Sprechen.

①あなたも鳥人間コンテストに参加してみたいと思いますか。
②あなたが知っているおもしろいコンテストについて話してください。

LESESTOFF

ザウゼシュリット新聞

サッカーボールをよく見ると……

Als Kind haben Sie sicher - wie alle Ihre Altersgenossen - Ballspiele gespielt und auf einem unbebauten Grundstück oder auf der Straße einen Ball herumgekickt. Fußball ist nun in der ganzen Welt beliebt, und ich habe einmal die Geschichte des Fußballs unter die Lupe genommen.

今、世界で一番人気のあるスポーツはサッカーだと言われている。ワールドカップのような大きい試合は世界中に放送されて、延べ三億人以上がテレビで見るそうだ。サッカーは十一世紀ごろイギリスで戦争のとき頭蓋骨をけって遊んだ（？）のが最初だと伝えられている。その後、十九世紀の末にルールが決められて今のようなサッカーになった。ルールがあるのはゲームのやり方だけではない。ボールについても形、まわりの長さ、重さ、かたさなどが決められている。むかしは革のボールだったが、このごろはポリウレタンが多く使われている。そして、よく見ると正五角形十二枚と正六角形二〇枚のパネルで作られている。これも最初は十二枚だったが、だんだん増えて三二枚になった。一枚のパネルの大きさが少し変わるだけで、ボールの強さや見やすさが全然違ってくるそうだ。色は長い間茶色が多かったが、テレビでもよく見えて分かりやすい白に変わった。今のようなボールが使われ始めたのは一九七〇年のワールドカップ・メキシコ大会からだ。サッカーボールはほとんどアジアの国で一つ一つ手で作られている。

8

Neues Vokabular

サッカーボール	(ein) Fußball
ワールドカップ	Weltmeisterschaft (WM)
延べ三億人	insgesamt dreihundert Millionen Menschen
頭蓋骨	Schädel

ける	kicken
ルール	Regel
ポリウレタン	Polyurethane
正五角形	Fünfeck
正六角形	Sechseck
パネル	Segment (Flicken)
茶色	braun
アジア	Asien

Fragen

1. サッカーボールをよく見るとどうなっているのですか。
2. あなたの国で一番人気のあるスポーツは何ですか。それはどんな道具を使いますか。

Sausescḥritt Zeitung

Wenn man einen Fußball genau betrachtet...

Es wird behauptet, dass das Fußballspiel weltweit der populärste Sport sei und dass die weltweiten Fernsehübertragungen von Großveranstaltungen wie etwa der Fußball-Weltmeisterschaft insgesamt über dreihundert Millionen Zuschauer erreichen. Der Legende nach hat Fußball seinen Ursprung in einem Spiel, bei dem in einem Krieg im England des 11. Jahrhunderts menschliche Schädel herumgekickt wurden. Erheblich später, am Ende des 19. Jahrhunderts, wurden allgemein gültige Regeln aufgestellt und Fußball wurde zu der Art von Spiel, wie wir es heute kennen. Die Regeln beschränken sich nicht nur auf den eigentlichen Spielablauf, sondern es gibt auch Vorschriften über Form, Umfang, Gewicht und Härte des Fußballs selbst. Früher bestand der Ball aus Leder, aber inzwischen werden viele Fußbälle aus Polyurethan hergestellt. Betrachtet man den Ball näher, so sieht man, dass er aus 12 fünfeckigen und 20 sechseckigen Segmenten besteht. Ursprünglich gab es 12 Segmente, aber sie wurden allmählich auf die aktuellen 32 vermehrt. Angeblich kommt es bei der Modifikation der Größe eines einzigen Segments auch zu einer dramatischen Änderung von Festigkeit und Sichtbarkeit des ganzen Balls. Über lange Zeit war der Ball braun, wurde dann aber in Weiß geändert - eine Farbe, die auf dem Fernsehbildschirm viel besser sichtbar ist. Fußbälle des heute üblichen Typs wurden erstmals bei der WM in Mexiko 1970 verwendet. Fußbälle werden i.a. einzeln in Handarbeit in Asien hergestellt.

Jリーグ

Die japanische Profiliga "J-League"

1993年に日本プロサッカーリーグとしてJリーグがはじまったのをきっかけに、日本でも本格的なサッカーブームが到来した。2002年には韓国と共同でFIFAワールドカップが開催された。

Mit der Gründung der japanischen Fußballprofiliga "J-League" war die Zeit in Japan reif für einen richtigen Fußballboom. 2002 wurde die Fußballweltmeisterschaft in Japan und Korea ausgetragen.

NEUE KANJI

1. 集(あつ)める

集 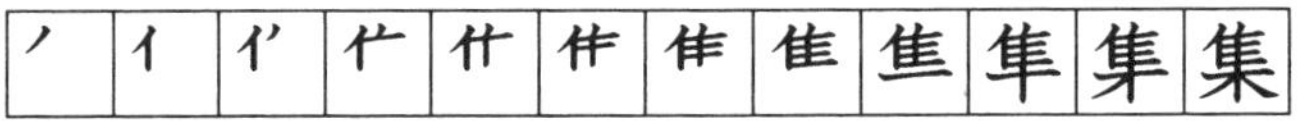 (12)

シュウ・あつ(まる)

2. 冬(ふゆ)

冬  (5)

トウ

3. 米(こめ)

米 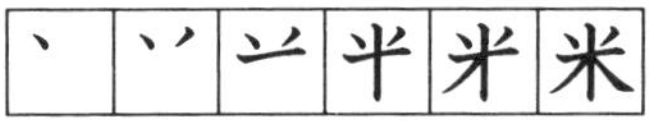 (6)

ベイ

4. 雪(ゆき)

雪  (11)

セツ

5. 便利(ベンリ)

便 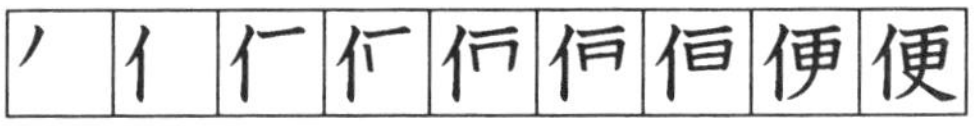 (9)

たよ(り)

6. 弟(おとうと)

弟  (7)

テイ・ダイ

7. 世界(セカイ)

界  (9)

カイ

Kanji zum Erkennen: 世紀(セイキ) 江戸(えど)

LEKTION 9 EIN KOMPLIZIERTER VERTRAG

Herr Katō erhält eine telefonische Anfrage von der Filiale Yokohama.

横浜支社（よこはまししゃ）：　先週（せんしゅう）　もらった　N社（しゃ）との　契約書（けいやくしょ）に　まちがいが　1か所（しょ）　あると　思（おも）うんですが。

加藤（かとう）：　そうですか。そんな　はずは　ないと　思（おも）いますが。あれは　うちの　鈴木（すずき）に　作（つく）らせた　ものです。さっそく　本人（ほんにん）に　調（しら）べさせましょう。

Herr Katō weist Herrn Suzuki an die Angelegenheit zu überprüfen.

加藤（かとう）：　鈴木（すずき）くん、ちょっと　来（き）てください。

鈴木（すずき）：　はい、何（なん）でしょうか。

加藤（かとう）：　先週（せんしゅう）　送（おく）った　契約書（けいやくしょ）の　件（けん）で、横浜支社（よこはまししゃ）から問（と）い合（あ）わせが　あったんだけど、たしかめてくれませんか。

鈴木（すずき）：　はい、わかりました。

Herr Katō antwortet der Filiale Yokohama.

加藤（かとう）：　もしもし、先（さき）ほどの　契約書（けいやくしょ）の　件（けん）ですが、鈴木（すずき）に調（しら）べさせましたが、まちがいは　ないと　言（い）っています。ただ、作（つく）った　ときの　じじょうがふくざつなので、わかりにくいかもしれませんね。

横浜支社（よこはまししゃ）：　じゃ、だれか　説明（せつめい）に　来（き）てくれませんか。

加藤（かとう）：　そうですね。じゃ、これから　鈴木（すずき）を　行（い）かせますが、いかがでしょうか。

横浜支社（よこはまししゃ）：　ぜひ　お願（ねが）いします。

Filiale Yokohama: Im Vertrag mit der Firma N, den wir letzte Woche erhalten haben, scheint es einen Fehler zu geben.

Katō　Oh? Das kann ich mir eigentlich nicht vorstellen. (Wörtl.: „Es kann nicht so sein.“) Wir haben den Vertrag von Suzuki aufstellen lassen. Ich werde ihn (den Vertrag) sofort von ihm selbst überprüfen lassen.

Katō Herr Suzuki, kommen Sie bitte (einmal) eine Minute.
Suzuki: Ja, worum handelt es sich?
Katō Wir haben ein Anfrage von der Filiale Yokohama über den Vertrag, den wir ihnen letzte Woche geschickt haben; würden Sie sich bitte darum kümmern.
Suzuki: Selbstverständlich.

Katō Hallo. Den Vertrag, nach dem Sie sich vor kurzem erkundigt haben, habe ich von Herrn Suzuki überprüfen lassen. Er sagt, dass kein Fehler vorliegt. Allerdings war die Situation zur Zeit des Vertragsabschlusses kompliziert, so dass er vielleicht schwer verständlich ist.
Filiale Yokohama: Na gut. Könnten Sie uns jemanden schicken, der uns alles erklärt?
Katō Hmm. Ich werde Suzuki zu Ihnen schicken. Was halten Sie davon?
Filiale Yokohama: Wir wären Ihnen sehr verbunden.

Neues Vokabular

まちがい	Fehler
〜か所(しょ)	(Zählwort für Orte)
そんな	solche, derartige
はずは　ない	es kann nicht sein
作(つく)らせる	jemanden machen /er /(auf-) stellen lassen
せる / させる	jemanden (etwas) tun lassen / zu tun veranlassen
本人(ほんにん)	die Person selbst, besagte Person
調(しら)べさせる	jemanden (etwas) prüfen lassen
件(けん)	Gegenstand, Angelegenheit
問(と)い合(あ)わせ	Anfrage, Erkundigung
先(さき)ほど	vor kurzem, vor kurzer Zeit (weniger umgangssprachlich als さっき)
ただ	nur, lediglich
じじょう	Situation, Lage, Umstände, Bedingungen
行(い)かせる	jemanden schicken

GRAMMATIK UND LERNZIELE

• せる / させる , kausative Formen

さっそく　本人に　調べさせましょう。

鈴木を　行かせます。

Diese Verbform, die durch Anhängen von せる oder させる an den ない -Stamm gebildet wird, kann in Bezug auf eine Person bedeuten: „machen/ veranlassen“ oder „(zu)lassen“. Die Konjugation ist wie bei den regelmäßigen Verben der Gruppe II.

Gruppe I	作る → 作らせる , 行く → 行かせる , 知る → 知らせる
Gruppe II	調べる→調べさせる , 電話を かける→ 電話を かけさせる
Unregelmäßig	来る→来させる , する→させる

Wie aus dem Lektionsdialog ersichtlich, wird das Agens manchmal durch die Partikel に und manchmal durch を gekennzeichnet. Zwei Faktoren bestimmen die Wahl der Partikel. Zum einen kann die Partikel を nicht zweimal hintereinander mit Verben auftreten, die normalerweise ein direktes Objekt verlangen. Die Partikel に muss auch dann verwendet werden, wenn das Objekt und を ausgelassen sind.

Beispiel: これは　子どもの　本です。（これを）うちの　むすめに　読ませましょう。„Das ist ein Kinderbuch. Ich werde es unserer Tochter zum Lesen geben.“

Der zweite Faktor ist, dass mit Verben, die kein Objekt annehmen (z.B. 行く , 来る oder 入る), entweder に oder を auftreten kann. Falls der Satz eine vorschreibende Haltung nahelegt, wird を verwendet. Ist dagegen eine Aufforderung impliziert, so steht に .

Beispiel: 1. 林さんは　子どもを / に　外国に　一人で　行かせました。
„Hayashi veranlasste / erlaubte sein / seinem Kind allein ins Ausland zu fahren.“

2. 子どもを　歯医者に　行かせました。
„Ich habe mein Kind zum Zahnarzt geschickt.“

Da die Angst von Kindern vor einem Zahnarztbesuch wohlbekannt ist, dient die Partikel を hier zum Ausdruck der vorschreibenden Haltung des

Sprechers.
Dieser kausative Ausdruck hat auch dann einen dominierenden bzw. befehlenden Tenor, wenn die Partikel に zur Anwendung kommt. Die Struktur てもらう , die wortwörtlich „jemandes Dienstleistung erhalten“ bedeutet, ist ein neutraler Ausdruck mit derselben Bedeutung.

Beispiel: リンダさんは　友だちに　サインを　してもらいました。
„Linda ließ ihre Freunde (die Petition) unterschreiben/veranlasste ihre Freunde (die Petition) zu unterschreiben.“

・せる / させる , weitere Anwendungen
Diese Verbendung kennzeichnet nicht nur den Kausativ, sondern hat auch mehrere weitere Anwendungen, die in den nachstehenden kurzen Dialogen vorgestellt werden. Machen Sie sich bitte mit den folgenden Beispielen vertraut.

休ませてください。 „Geben Sie mir bitte (den Tag) frei.“
Die て -Form des Kausativs mit ください dient häufig zum Ausdruck der Bitte um Erlaubnis.

Beispiele: 1. 私に　行かせてください。 „Lassen Sie mich bitte gehen.“
2. ここで　働かせてください。
„Lassen Sie mich bitte hier arbeiten.“

休ませていただきます。 „Ich gönne mir jetzt ein Pause/Ich erlaube mir eine Pause zu machen.“
Die て -Form des Kausativs plus いただく ist eine herkömmliche höfliche Formel mit der Bedeutung „Ihre Erlaubnis vorausgesetzt, mache ich dies und jenes“. Das Erteilen der Erlaubnis ist wie folgt möglich:

Beispiele: 1. この　本を　持って帰って　いいですよ。読んだら　返してください。
„Ich habe nichts dagegen, dass Sie dieses Buch (nach Hause) mitnehmen. Bitte geben Sie es zurück, nachdem Sie es gelesen haben.“

ありがとうございます。そうさせていただきます。
„Vielen Dank. Das werde ich tun.“

2. この　部屋を　使わせていただきます。

„Ich werde dieses Zimmer benutzen (dank Ihrer Erlaubnis)./ Ich werde mir erlauben dieses Zimmer zu benutzen.“

3. お先(さき)に　帰(かえ)らせていただきます。

„Ich gehe vor Ihnen weg (und ich bin dankbar für Ihre Erlaubnis dafür)./Ich erlaube mir vor Ihnen wegzugehen.“

ANMERKUNGEN

1. 先(さき)ほどの　契約書(けいやくしょ)の　件(けん)ですが。

   Die Implikation von 先(さき)ほどの ist „vorher angesprochen“.

2. 契約書(けいやくしょ)の　件(けん)で . . .

   Das Struktur-Nomen plus の　件(けん)で bedeutet „bezüglich“, „in Hinsicht/im Hinblick auf“.

   Beispiel: キャンセルチャージの　件(けん)で　聞(き)きたい　ことが　あります。

   „Es gibt/ich habe eine Frage/einige Fragen zur Stornierungsgebühr.“

3. 鈴木(すずき)は　まちがいは　ないと　言(い)っています。　ただ . . .

   ただ dient hier zur Einführung zusätzlicher Informationen zur Vervollständigung einer Erklärung oder wenigstens zur Angabe weiterer Informationen.

EINFACHE SATZSTRUKTUREN ZUM EINPRÄGEN

1. 加藤(かとう)さんは　鈴木(すずき)さんに　会議(かいぎ)の　準備(じゅんび)を　させました。
2. 加藤(かとう)さんは　鈴木(すずき)さんを　横浜支社(よこはまししゃ)へ　行(い)かせました。

1. Katō ließ Suzuki die Sitzung vorbereiten/.Katō veranlasste Suzuki die Sitzung vorzubereiten.“
2. Katō schickte Suzuki zur Filiale Yokohama./Katō veranlasste Suzuki zur Filiale Yokohama zu gehen.

ÜBUNGEN TEIL A

I. Verben: Machen Sie sich mit den Beispielen vertraut, setzen Sie sie in die Kausativform um und memorieren Sie sie dann.

Beispiele:　書(か)く→書(か)かせる　　調(しら)べる→調(しら)べさせる
　　　　　およぐ→およがせる　　覚(おぼ)える→覚(おぼ)えさせる
　　　　　来(く)る→来(こ)させる　　する→させる

1. 話(はな)す
2. 待(ま)つ
3. よぶ
4. 急(いそ)ぐ
5. 休(やす)む
6. 作(つく)る
7. 使(つか)う
8. 心配(しんぱい)する
9. たしかめる
10. 持(も)ってくる
11. 出勤(しゅっきん)する
12. やめる

II. Üben Sie die folgende Struktur ein, indem Sie die unterstrichenen Satzteile wie im Beispiel ersetzen.

部長(ぶちょう)は　鈴木(すずき)さんに　書類(しょるい)を　作(つく)らせています。

1. みつもり書(しょ)、調(しら)べます
2. 予約(よやく)、たしかめます
3. ないよう、説明(せつめい)します
4. パーティーの　準備(じゅんび)、します

III. Formulieren Sie Dialoge durch Ändern der wie im folgenden Beispiel unterstrichenen Teile.

A. (Arzt zur Mutter eines kranken Kindes)

医者(いしゃ)：子(こ)どもを　ゆっくり　休(やす)ませてください。
母(はは)：　はい、わかりました。

1. 子(こ)どもを　友(とも)だちと　あそばせません
2. 子(こ)どもを　外(そと)に　行(い)かせません
3. 子(こ)どもに　薬(くすり)を　飲(の)ませます
4. 子(こ)どもに　つめたい　ものを　食(た)べさせません

B. F: すみませんが、あした　休(やす)ませてください。
Aa: はい、いいですよ。
An: それは　ちょっと　困(こま)るんですが・・・。

1. この　部屋(へや)を　使(つか)う
2. 先(さき)に　帰(かえ)る
3. 今日(きょう)　そうたいする
4. あなたの　写真(しゃしん)を　とる

C. F: 私(わたし)は　忙(いそが)しくて　出席(しゅっせき)できないんですが。
A: じゃ、山田(やまだ)さんに　出席(しゅっせき)させましょう。

1. そうじする
2. 手伝(てつだ)う
3. お茶(ちゃ)を　入(い)れる
4. スミスさんを　むかえに　行(い)く

D. A: どうぞ　ゆっくり　休(やす)んでください。
B: では、休(やす)ませていただきます。

1. この　電話(でんわ)を　使(つか)う
2. お先(さき)に　帰(かえ)る
3. あなたから　説明(せつめい)する
4. ぜひ　出席(しゅっせき)する

IV. Lesen Sie die Sätze und beantworten Sie die Fragen.

A. 田中(たなか)さんは　むすめに　イギリスの　大学(だいがく)で　勉強(べんきょう)させる　つもりです。
だれが　勉強(べんきょう)させますか。→田中(たなか)さんが　勉強(べんきょう)させます。

1. だれに　勉強(べんきょう)させますか。
2. どこで　勉強(べんきょう)させますか。
3. だれが　勉強(べんきょう)しますか。

B. 先生(せんせい)は　学生(がくせい)に　図書館(としょかん)で　江戸時代(えどじだい)の　れきしを　調(しら)べさせた。
だれが　調(しら)べさせましたか。→先生(せんせい)が　調(しら)べさせました。

1. だれに　調(しら)べさせましたか。
2. 何(なに)を　調(しら)べさせましたか。
3. どこで　調(しら)べさせましたか。
4. 学生(がくせい)は　何(なに)を　調(しら)べましたか。

Neues Vokabular

出勤(しゅっきん)する	im Büro sein, sich zur Arbeit einfinden/melden
出勤(しゅっきん)	Anwesenheit im Büro/am Arbeitsplatz
みつもり書(しょ)	(schriftlicher) Kostenvoranschlag
ないよう	Inhalt, Details
ゆっくり	langsam, in aller Ruhe
そうたいする	(das Büro, die Schule) frühzeitig verlassen
そうたい	früh/vorzeitiges Weggehen
～ていただく	-(Siehe Grammatikteil) impliziert: dank Ihrer Erlaubnis..., ich erlaube mir

KURZE DIALOGE

1. 鈴木：どうも　体の　調子が　よく　ないので、あしたは　休ませてください。
   加藤：今週は　忙しかったからね。ゆっくり　休んだら　いいよ。
   鈴木：じゃ、すみませんが、休ませていただきます。

   Suzuki: Ich fühle mich nicht wohl. Könnten Sie mir bitte morgen freigeben?
   Katō: Wir hatten diese Woche sehr viel zu tun. Sie sollten sich (wirklich) etwas erholen.
   Suzuki: Vielen Dank (wörtl.: „Es tut mir leid".) Ich nehme mir morgen frei (mit Ihrer freundlichen Erlaubnis)./Ich erlaube mir (also) morgen freizunehmen.

2. 中野：もしもし、鈴木さん、いらっしゃいますか。
   加藤：今　出かけています。後ほど　電話させましょうか。
   中野：はい、お願いします。

   Nakano: Ist Herr Suzuki da?
   Katō Nein, er ist unterwegs. Soll er Sie später rückrufen?
   Nakano: Ja (bitte), vielen Dank.

Neues Vokabular

どうも	irgendwie
後ほど	später (formeller als 後で)

ÜBUNGEN TEIL B

I. Lesen Sie den Lektionstext und beantworten Sie die folgenden Fragen.

1. 加藤さんは　だれに　N社との　契約書を　作らせましたか。
2. 加藤さんは　契約書に　まちがいが　あるか　どうか　自分で調べましたか。
3. その　契約書は　なぜ　わかりにくいのですか。
4. この　後　鈴木さんは　どこに　行って、何を　しますか。

II. Setzen Sie die jeweils passenden Wörter in die Klammern.

1. これは　重いですよ。一人（　　）持てますか。
   むすこ（　　）持たせますから、だいじょうぶです。
2. 夜　遅くまで　テレビを　見たがる　子ども（　　）ベッドに行かせるのは　たいへんです。

3. 契約書（　　）件（　　）ごそうだんしたいんですが。
4. 部長に　横浜支社に　書類（　　）届けるよう（　　）言われたので、さっそく　鈴木さん（　　）届けさせました。

III. Setzen Sie die folgenden Verben in den Kausativ.

1. さがす	4. 飲む	7. やめる
2. 書く	5. 手伝う	8. 持ってくる
3. 電話を　かける	6. お茶を　入れる	9. 仕事を　する

IV. Setzen Sie die Verben in den Kausativ und vervollständigen Sie die Sätze.

1. ひしょに　コピーを　（　　）　ましょう。（する）
2. 子どもを　あぶない　所へ　（　　）　ください。（行かない）
3. 少し　この　部屋で　お待ちください。
   はい。では　（　　）　いただきます。（待つ）
4. 子どもを　先に　（　　）　ました。（帰る）
5. まちがいが　あるか　どうか　（　　）　ます。（調べる）
6. 新しい　ショールームの　みつもり書ですが、いかがですか。
   そうですねえ。もう　少し　（　　）　ください。（考える）
7. 鈴木くんに　契約書を　（　　）　ください。（持ってくる）

V. Wählen Sie die Aussage, die der beschriebenen Situation entspricht.

A. Sie haben sich erkältet und bitten Ihren Lehrer um Erlaubnis morgen fehlen zu dürfen.

1. かぜを　ひいたので、あした　休ませてください。
2. かぜで　あした　休むんですって。
3. かぜを　ひいたら　休んでもらいたいんです。

B. Sie sagen, dass Sie verhindert waren zur Botschaft zu gehen, und Sie deshalb Suzuki geschickt haben.

1. 私は　忙しかったですが、鈴木くんを　行かせました。
2. 私は　都合が　悪かったので、鈴木くんに　行ってもらいました。
3. 鈴木くんが　忙しかったので、私が　行きました。

WAS WÜRDEN SIE IHREM ROBOTER ZU TUN GEBEN?

SATZMUSTER 1

Kausativformen

もし、家(いえ)にロボットがいたら、あなたは何(なに)をさせますか。

Wenn Sie einen Roboter zu Hause hätten, was würden Sie ihm zu tun geben?

Die jüngsten Fortschritte in der Robotik sind wirklich erstaunlich. Heute werden weltweit in zahlreichen Werken Roboter in der Produktion eingesetzt. Bald werden Roboter auch für „Normalverbraucher“ erschwinglich sein. Wenn Sie einen kaufen könnten, was würden Sie Ihrem Roboter zu tun geben?

ANWENDUNG DER SATZMUSTER 1

1-1. Geben Sie wie im Beispiel die kausative Form der einzelnen Verben an.

		aktiv	passiv
Reg.I	Bsp.	書(か)く	書(か)かせる
	①	作(つく)る	
	②	行(い)く	
	③	あそぶ	
	④	急(いそ)ぐ	
Reg.II	⑤	待(ま)つ	
	Bsp.	しらべる	しらべさせる
	⑥	たしかめる	
	⑦	やめる	
	⑧	届(とど)ける	
Unreg.	Bsp.	する	させる
	Bsp.	来(く)る	来(こ)させる
	⑨	早退(そうたい)する	
	⑩	出勤(しゅっきん)する	
	⑪	むかえに来(く)る	

1-2. Schauen Sie sich das Bild auf der vorhergehenden Seite noch einmal an. Frau Hayashi genießt die wohlverdiente Pause mit einer heißen Tasse Tee und einem Magazin. Aber was hat sie ihrem Roboter aufgetragen? Lesen Sie den Inhalt des folgenden Kastens und vervollständigen Sie die Sätze wie im Beispiel.

> 1. 林(はやし)さんはロボットを（に）買(か)い物(もの)に行(い)かせる。
> Frau Hayashi lässt ihren Roboter einkaufen.
> 2. 林(はやし)さんはロボットに手紙(てがみ)を書(か)かせる。
> Frau Hayashi lässt ihren Roboter einen Brief schreiben.

Bsp. 林(はやし)さんはロボットを（に） 買(か)い物(もの)に行(い)かせます。（買(か)い物(もの)に行(い)く）

① 林(はやし)さんは______________________________。（むかえに来(く)る）

② 林(はやし)さんは______________________________。（手紙(てがみ)を書(か)く）

③ 林(はやし)さんは______________________________。（アイロンをかける）

④ 林さんは＿＿＿＿＿＿＿＿＿＿＿＿＿＿＿＿＿＿＿＿。（車を洗う）
⑤ 林さんは＿＿＿＿＿＿＿＿＿＿＿＿＿＿＿＿＿＿＿＿。（まどをふく）
⑥ 林さんは＿＿＿＿＿＿＿＿＿＿＿＿＿＿＿＿＿＿＿＿。（料理を作る）
⑦ 林さんは＿＿＿＿＿＿＿＿＿＿＿＿＿＿＿＿＿＿＿＿。（そうじをする）

1-3. Nun sind Sie an der Reihe mit Sprechen. Was würden Sie einen Büro- oder Heimroboter für sich machen lassen?

2-1. Es folgt eine Liste von Tätigkeiten für Neuangestellte. Lesen Sie sie aus der Perspektive des Firmenleiters durch und markieren Sie diejenigen Ideen, die Ihre volle Zustimmung finden mit einem ◯ , diejenigen, denen Sie nur bedingt beipflichten, mit einem △ und schließlich die von Ihnen abgelehnten mit einem ×. Tragen Sie neben dem ★ zusätzlich Ihre eigenen Vorstellungen ein.

2-2. Fragen Sie andere Leute was sie dagegen glauben.

( ) 新入社員に毎日レポートを書かせる。
( ) 新入社員にあいさつの仕方を練習させる。
( ) 新入社員に取引先の名前をおぼえさせる。
( ) 新入社員にざぜんをさせる。
( ) 新入社員に電話の受け方を練習させる。
( ) 新入社員にオフィスのそうじをさせる。
( ) 新入社員に野球などのチームプレーのスポーツをさせる。
( ) 新入社員に課長といっしょに取引先にあいさつに行かせる。

★ ＿＿＿＿＿＿＿＿＿＿＿＿＿＿＿＿＿＿＿＿＿＿＿＿＿＿＿＿

3-1. Studieren Sie das Diagramm über den historischen Wandel in der Erziehung, und lesen Sie den Text. Wie wollen Sie Ihre Kinder erziehen?

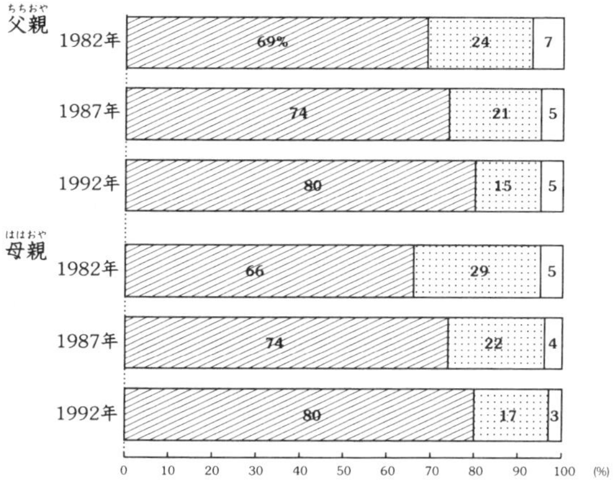

Quelle 平成10年度 青少年白書

- Ich möchte meine Kinder ihre eigenen Entscheidungen treffen lassen.
- Ich denke, dass die Eltern mehr Kontrolle über ihre Kinder haben sollten.
- Weiß nicht

最近、中学生や高校生の子どもを持つ親の考え方がかわってきました。上のグラフを見ると、「なるべく子どもにはんだんさせたい」と考えている親がふえています。あなたはどう思いますか。

3-2. A und B sind die Eltern von Teenagern. Wir fragten beide, was sie tun würden, wenn ihre Kinder einen Monat lang allein verreisen wollten. Lesen Sie, was sie uns sagten, und beantworten Sie dann die Fragen.

中学生の子どもがひとりで旅行をしたいと言ったら

Wenn Ihr 13- bis 15-jähriger Teenager einen Monat lang allein verreisen wollte....

A さん：私は子どもが一人で 1 ヵ月、旅行に行きたいと言ったら、行かせます。子どもにいろいろなことをけいけんさせたいからです。中学生のころからいろいろなことをけいけんさせれば、自分ではんだんができる大人になるはずです。子どものころから、自分ではんだんさせることが一番大切だと思います。

B さん：私は子どもが一人で 1 ヵ月旅行に行きたいと言っても、行かせません。中学生の子どもが一人で 1 ヵ月も旅行に行くのは早すぎます。中学生の子どもには、何があぶないか、はんだんすることはできません。子どものころは、あぶないことをさせないことが一番大切だと思います。

① A さんは子どもが一人で旅行に行きたいと言ったら行かせますか。
② A さんは何が一番大切だと思っていますか。
③ B さんは子どもを一人で旅行に行かせますか。
④ B さんは何が一番大切だと思っていますか。

3-3. Wenn Sie ein 13-jähriges Kind hätten, was würden Sie ihm erlauben und was nicht? Was denken Sie von den nachstehenden Situationen, und aus welchen Gründen würden Sie Ihrem Kind die Erlaubnis erteilen oder verweigern? Diskutieren Sie mit einem Partner.

① 子どもが夜、ピザ屋でアルバイトしたいと言ったら、どうしますか。
② 子どもが外国に留学したいと言ったら、どうしますか。

③ 子どもが一人で国内を自転車でまわりたいと言ったら、どうしますか。

④ 子どもがなんみんキャンプでボランティアをしたいので、夏休みに行きたいと言ったら、どうしますか。

A: 体の調子がよくないので、明日休ませてください。 Würden Sie mir bitte morgen freigeben? Ich fühle mich nicht sehr gut. B: いいですよ。ゆっくり休んでください。 Das geht in Ordnung. Erholen Sie sich gut.

4-1. Hören Sie sich die CD an und betrachten Sie dabei die nachstehenden Bilder. Nicht der gesamte Dialog wird wiedergegeben. Tragen Sie die fehlenden Teile ①, ② und ③ in die leeren Stellen auf der nächsten Seite ein.

4-2. Üben Sie den Dialog, während Sie sich die CD anhören. Achten Sie besonders auf Ihre Aussprache und sprechen Sie mit derselben Geschwindigkeit wie auf der CD.

① ______________________________

② ______________________________

③ ______________________________

4-3. Bitten Sie Ihren Chef wie im Beispiel um Erlaubnis für Folgendes:

Bsp. 前から興味のあった新しいプロジェクトに参加したい。

> あなた：新しいプロジェクトにぜひ、参加させてください。ずっと前から興味があったんです。
> 上司：　わかりました。がんばってください。期待していますよ。

① 日本語でビジネスをしたいので、日本語のレッスンを受けたい。

② これからの仕事に大切なセミナーなので、来月、沖縄で開かれるセミナーに出席したい。

③ ビジネススクールに行って勉強しなおしたいので、週に2日は5時に帰りたい。

Neues Vokabular

ロボット	Roboter
アイロンをかける	Wäsche bügeln
まどをふく	Fenster putzen
ざぜん	Zen-Meditation
電話の受け方	Telefonmanieren
チームプレー	Teamarbeit
グラフ	Graph, Schaubild, Diagramm
はんだんする	beurteilen, entscheiden
けいけん	Erfahrung, Erlebnis
ピザ屋	Pizzeria
留学	Studium im Ausland
なんみんキャンプ	Flüchtlingslager
ボランティア	freiwilliger Helfer, ehrenamtliche Tätigkeit
期待する	hier: Ich hoffe, Sie werden mich nicht enttäuschen.
沖縄	Okinawa

KOMMUNIKATION

1. Lesen Sie den folgenden Text durch und beantworten Sie die Fragen.

もうどう犬のトレーニング
Ausbildung von Blindenhunden

あたまのよさそうな犬。やさしそうな犬、静かな犬。人によってもうどう犬のいんしょうはいろいろだと思いますが、もうどう犬になるにはきびしいトレーニングがあります。トレーナーはトレーニング中のもうどう犬にどんなことをさせているのでしょうか。

◎ もうどう犬があそびたがっても、もうどう犬をあそばせない。
◎ もうどう犬がほかの人から食べ物をもらっても、食べさせない。
◎ 歩くときは、トレーナーの左側を歩かせる。
◎ 交差点の手前でかならずもうどう犬を止まらせる。
◎ 交差点を渡ってもいいかどうか、もうどう犬にはんだんさせる。

交差点を渡ってもいいかどうか、はんだんさせるのはたいへんです。トレーナーが「go!」のサインを出しても、車が走って来たら、もうどう犬は交差点を渡ってはいけません。それに犬は信号のいろがわからないので、いつ渡ったらいいか、はんだんすることができないのです。

ではどうやってこのむずかしいトレーニングをさせているのでしょうか。トレーナーはもうどう犬に近くの人をよくかんさつさせるのだそうです。そして近くの人が歩いたら歩かせて、待っていたら待たせるのだそうです。

ですから、もし交差点で信号を待っているもうどう犬がいたら、赤のとき渡らないでください。もうどう犬があなたをかんさつしています。

① 使役形 (Kausativ) にアンダーラインを書いてください。全部で 11 あります。
② いろいろなトレーニングの中で一番むずかしいトレーニングは何ですか。

③ トレーナーはもうどう犬(けん)に交差点(こうさてん)を渡(わた)ってもいいかどうか、どうやってはんだんさせますか。

④ そのほかにトレーナーはもうどう犬(けん)にどんなトレーニングをさせますか。

2. Nun sind Sie an der Reihe mit dem Sprechen.

あなたはもうどう犬(けん)をしあわせだと思(おも)いますか。

Neues Vokabular

もうどう犬(けん)	Blindenhund
トレーニング中(ちゅう)	in Ausbildung
いんしょう	Bild, Eindruck, Impression
サインを出(だ)す	ein Zeichen geben
きびしい	streng
車(くるま)が走(はし)って来(く)る	ein Auto kommt (gefahren)
トレーナー	Ausbilder
かんさつする	beobachten
そのほかに	was sonst

LESESTOFF

ザウゼシュリット新聞

チェスのチャンピオンはコンピューター？

Spielen Sie Schach? Schach ist ein Spiel, das beträchtliche Intelligenz verlangt. Wenn ein berühmter Schachspieler und ein Computer Schach spielen würden, wer, glauben Sie, würde wohl gewinnen?

一九九七年五月、アメリカでチェスの世界チャンピオン、カスパロフさんとIBM社のコンピューター「ディープブルー」が対戦した。じつは、カスパロフさんとコンピューターの対戦は一九九六年二月にも行われた。そのときはカスパロフさんが勝った。チェスは頭を使うゲームだ。人々はコンピューターがどんなに進歩しても、人間に勝てるはずがないと信じていた。だから、二回目の対戦でディープブルーが勝ったというニュースは人々をとてもおどろかせた。

　ディープブルーをつくったのはIBM社の技術者、Sさんだ。Sさんはディープブルーをつくった後、ディープブルーにチェスの勉強をさせた。毎日チェスのチャンピオンと対戦させて、ゲームのいろいろな進め方を覚えさせた。今では、ディープブルーは一秒間に四億通りのシナリオが考えられるそうだ。

　しかし、コンピューターはほんとうに人間に勝ったのだろうか。これについてSさんは次のように話している。「コンピューターは道具です。コンピューターが自分で考えるのではありません。人間が考えて、コンピューターにやらせているだけなのです。」

9

Neues Vokabular

チェス	Schach	対戦する	ein Turnier spielen
チャンピオン	Meister	勝つ	gewinnen
カスパロフ	Garry Kasparov	進歩する	sich verbessern, sich steigern
ディープブルー	Deep Blue	人間	menschliches Wesen, Mensch

どんなに	in welchem Maß auch, immer, wie viel auch immer
技術者	Fachmann, Experte
秒	Sekunde
4億通り	400 Millionen (Möglichkeiten)
シナリオ	Szenario

Fragen

1. ＩＢＭ社の技術者、Ｓさんはディープブルーにどんな勉強をさせてチェスのチャンピオンにしたのですか。
2. あなたの国にチェスのようなゲームがありますか。そのゲームをコンピューターに覚えさせたら人間より強くなると思いますか。

Sauseschritt Zeitung

Der Schachmeister... ein Computer?

In den USA lieferten sich im Mai 1997 der Schachweltmeister Garry Kasparov und der IBM-Computer Deep Blue ein Turnier. Tatsächlich hatten sie schon einmal zuvor im Februar 1996 gegeneinander gespielt, aber Kasparov hatte jenes Spiel gewonnen. Schach ist ein Spiel, das Intelligenz erfordert, und man glaubte allgemein, dass unabhängig von den Fortschritten der Computertechnologie, ein Computer niemals in der Lage sein würde einen Menschen zu schlagen. Folglich rief der Sieg von Deep Blue eine große Sensation hervor.

Der Schöpfer von Deep Blue ist Mr. S, ein IBM-Experte. Er baute zunächst die Maschine und brachte ihr dann das Schachspielen bei. Jeden Tag musste Deep Blue gegen Schachmeister antreten und unterschiedliche Spiele und Züge memorieren. Deep Blue konnte 400 Millionen Szenarios in einer einzigen Sekunde durchspielen!

Hat der Computer nun allerdings wirklich seinen menschlichen Gegner überlistet? Mr. S hat dazu Folgendes zu sagen: „Ein Computer ist ein Instrument und kann nicht selbstständig denken. Ein Mensch denkt zuerst und bringt erst dann den Computer zum Handeln.

NEUE KANJI

1. 調べる (しら)

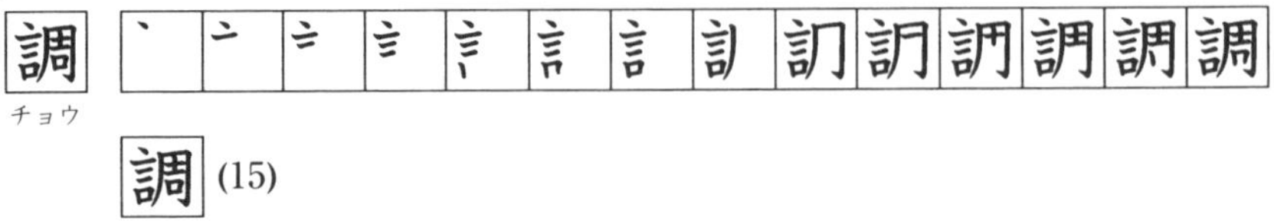
(15)

チョウ

2. 件 (ケン)

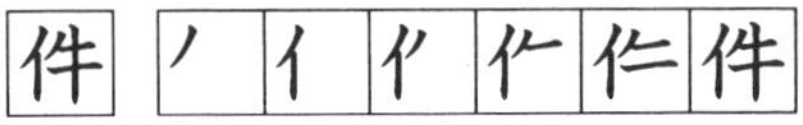
(6)

3. 説明 (セツメイ)

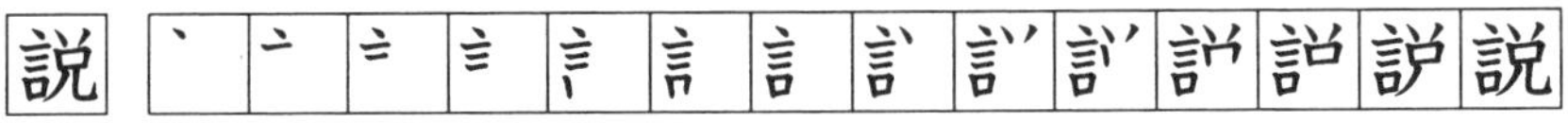
(14)

セツ

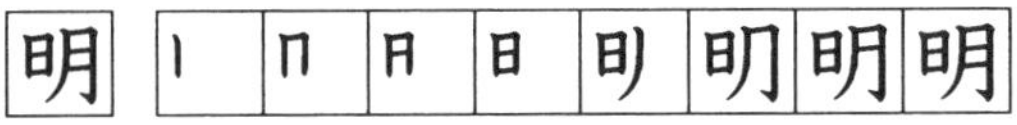
(8)

あか(るい)

4. 困る (こま)

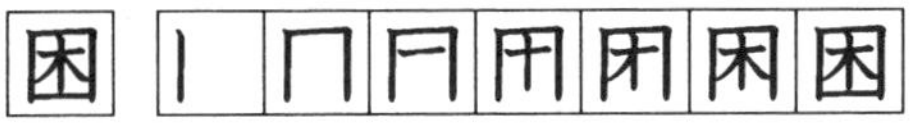
(7)

コン

Kanji zum Erkennen: 契約書 (ケイヤクショ)

9

LEKTION 10 DER SHINKANSEN

1964年に 東京で オリンピックが 開かれ、その 年に 東海道新幹線が 開通しました。それまでは 東京から大阪まで 特急でも 7時間以上 かかりましたが、新幹線ができてから、東京、大阪間を3時間ほどで 行けるようになりました。

新幹線の 開通に ともなって、サラリーマンの 出張のようすも だいぶ かわりました。以前は 東京から 関西方面に 出張するときは宿泊するのが ふつうでしたが、今は日帰りで 出張する ことが できるように なりました。

サラリーマンの 中には、転勤を めいじられ、じじょうによって 家族と はなれて 生活している 人が かなり います。週末や 休日に なると、新幹線を 利用して、ふにん先から うちへ 帰る たんしんふにんの 人が おおぜい のっています。ひさしぶりに 家族に 会えるのを 楽しみに しているようです。

新幹線は その後 九州方面、東北方面、そして 新潟方面にものび、各地の はってんに 大いに やくだっています。

Die Olympischen Spiele 1964 fanden in Tōkyō statt, und im selben Jahr nahm auch der Tōkaidō Shinkansen den Betrieb auf. Davor dauerte die Fahrt von Tōkyō mit dem Expresszug sieben Stunden. Nach der Fertigstellung des Shinkansen wurde es möglich zwischen Tōkyō und Ōsaka in ca. drei Stunden zu verkehren.

Mit der Betriebsaufnahme des Shinkansen änderten sich die Bedingungen für Geschäftsreisende erheblich. Zuvor waren bei Geschäftsreisen von Tōkyō in die Kansai-Region Übernachtungen üblich gewesen. Nun waren Geschäftsreisen innerhalb eines Tages möglich.
Unter den Angestellten gibt es eine beträchtliche Zahl von Leuten, die versetzt werden und der Umstände wegen von ihrer Familie getrennt leben. An Wochenenden und Feiertagen nutzen viele der Versetzten den Shinkansen, um von ihren Standorten nach Hause zurück zu fahren. Sie scheinen sich wirklich darauf zu freuen nach einer langen Zeit ihre Familie wiederzusehen.
Einige Jahre später wurde der Shinkansen nach Kyūshū Tōhoku und Niigata verlängert. 2015 wurde der Shinkansen nach Kanazawa und 2016 bis nach Hokkaidō verlängert. Das hat so erheblich zur Entwicklung der einzelnen Regionen beigetragen.

Neues Vokabular

東海道（とうかいどう）	Tōkaidō (Ortsname, „Ost-Meer-Straße“)
開通（かいつう）する	in Betrieb gehen, für den Verkehr geöffnet werden
開通（かいつう）	in Betrieb zu gehen, Eröffnung (für den Verkehr)
東京（とうきょう）、大阪間（おおさかかん）	zwischen Tōkyō und Ōsaka
〜間（かん）	zwischen, unter
ほど	ungefähr, ca.
〜ように　なる	werden
〜に　ともなって	mit, zusammen mit, begleitet von
だいぶ	erheblich, beträchtlich
以前（いぜん）（は）	vorher, zuvor
関西（かんさい）	Kansai (Ortsname)
方面（ほうめん）	Region, Richtung
宿泊（しゅくはく）する	übernachten
宿泊（しゅくはく）	Übernachtung
ふつう	gewöhnlich, üblich
日帰（ひがえ）り	Eintagesreise, wegfahren und zurückkommen am selben Tag
転勤（てんきん）	Versetzung (an einen anderen Standort-Arbeitsplatz)
めいじる	anweisen, befehlen
はなれて	getrennt von, separat
かなり	ziemlich, erheblich, beträchtlich
休日（きゅうじつ）	Feiertag
ふにん先（さき）	Arbeitsplatz
〜先（さき）	(Wörtl.) „Ziel(ort)“

たんしん	allein, ohne Begleitung
ひさしぶりに	nach, für eine lange Zeit
その後(ご)	später, nachher
東北(とうほく)	Tōhoku (Ortsname)
新潟(にいがた)	Niigata (Präfektur, Stadt)
はってん	Entwicklung, Wachstum, Expansion
大(おお)いに	erheblich, beträchtlich
やくだつ	nützlich sein, einen Zweck erfüllen

GRAMMATIK UND LERNZIELE

• ます -Stamm als Satzende

1964 年(ねん)に　東京(とうきょう)で　オリンピックが　開(ひら)かれ、その　年(とし)に…。
新幹線(しんかんせん)は　その後(ご)　九州方面(きゅうしゅうほうめん)、東北方面(とうほくほうめん)、そして　新潟方面(にいがたほうめん)にも　のび、各地(かくち)の　はってん…。

Der ます -Stamm am Ende einer Formel hat dieselbe Funktion wie die て -Form, erscheint jedoch gewöhnlich in formellem Schriftstil.

• Potentialverb + ように　なる , „möglich werden“

東京(とうきょう)—大阪間(おおさかかん)を　3 時間(じかん)ほどで　行(い)けるように　なりました。
今(いま)は　日帰(ひがえ)りで　出張(しゅっちょう)する　ことが　できるように　なりました。

Potentialverben in der Grundform, gefolgt von ように　なりました , bedeuten „es ist möglich zu ...“. (わかる und できる selbst drücken Potentialität aus, so dass bei diesem Gebrauch die Struktur わかる / できるように　なる ist.)

Beispiele:

1. スミスさんは　漢字(かんじ)が　読(よ)めるように　なりました。
   „Schmidt kann nun Kanji (sinojapanische Schriftzeichen) lesen./Schmidt ist nun in der Lage, ...“
2. スミスさんは　うなぎが　食(た)べられるように　なりました。
   „Schmidt kann nun Aal essen.“
3. 毎日(まいにち)　日本語(にほんご)の　ニュースを　聞(き)いていたので、日本語(にほんご)が　わかるように　なりました。
   „Da ich täglich die Nachrichten auf Japanisch höre, kann ich nun Japanisch verstehen.“

Zur Verneinung ist die Struktur Potentialverb (ない -Stamm) plus なく　なりました anzuwenden. (Siehe KURZE DIALOGE Nr. 3.)

Beispiel:

しゅじゅつの　後(あと)、たくさん　食(た)べられなく　なりました。

„Seit meiner Operation kann ich nicht viel essen.“ (Wörtl.: „Ich bin nicht mehr in der Lage viel zu essen.“)

Nach der Grundform des Verbs zeigt ように　なる eine Änderung in Verhaltensweisen, Manieren oder Bedingungen an. (Siehe KURZE DIALOGE Nr. 2.)

Beispiel:

最近(さいきん)　男(おとこ)の　人(ひと)も　そうじや　せんたくを　手伝(てつだ)うように　なりました。

„Heutzutage helfen die Männer beim Saubermachen und Wäschewaschen.“

ANMERKUNGEN

1. 新幹線(しんかんせん)の　開通(かいつう)に　ともなって、…

   に　ともなって in der Bedeutung „mit“, „zusammen mit“, „entsprechend“ ist ein ziemlich formeller Ausdruck. Er ist von dem Verb ともなう , „begleiten, zusammen gehen mit, jemanden betreuen“, abgeleitet.

2. ふにん先(さき)

   先(さき) kann sich auf Gegenstände, Personen oder Orte beziehen, und zwar aus der Perspektive des Sprechers oder Subjekts. Weitere Beispiele sind 旅行先(りょこうさき) , „Reiseziel“, 送(おく)り先(さき) „Empfänger von Post“ und とりひき先(さき) „Vertragspartner“.

3. たんしんふにん

   Wie bereits in der Vokabelliste erwähnt, hat たんしん die Bedeutung von „allein“. Die zwei Komponenten von ふにん sind ふ, „vorangehen“, und にん , „Pflicht“ oder „Amt“. In den letzten Jahren wurden viele Familienväter an weitentfernte Standort versetzt. Insbesondere solche in mittlerem Alter haben sich dafür entschieden, als „Strohwitwer“ zu leben, bis sich die Situation ändert, und zwar gewöhnlich aus familiären Gründen wie Schulausbildung der Kinder, Eltern im Greisenalter oder arbeitstätigen Ehefrauen.

EINFACHE SATZSTRUKTUREN ZUM EINPRÄGEN

1. みどりが　へり、海が　よごれ、地球の　かんきょうは　年々　悪く　なっていきます。
2. 新幹線が　できてから、東京から　大阪まで　3 時間で　行けるように　なりました。

1. Angesichts schrumpfender Wälder (wörtl. „Grün(flächen)“) und Verschmutzung der Meere verschlechtert sich die Umwelt immer mehr.
2. Nach der Fertigstellung des Shinkansen wurde es möglich in drei Stunden zwischen Tōkyō und Ōsaka zu verkehren.

Neues Vokabular

かんきょう	Umwelt
年々	jedes Jahr, jährlich, Jahr für Jahr

ÜBUNGEN TEIL A

Formulieren Sie Dialoge durch Ändern der wie im folgenden Beispiel unterstrichenen Teile.

A. F: （お）さけが　飲めますか。

A: 前は　ぜんぜん　飲めませんでしたが、だんだん　飲めるように　なりました。

1. 電話で　うまく　話せる
2. こうしょうが　上手に　できる
3. 日本語の　新聞が　読める
4. 一人で　町を　歩ける
5. 日本語が　わかる

B. F: どうやって　帰りますか。

A: 新幹線を　利用して　帰ります。

1. 勉強する、CD を　聞く
2. 会社に　来る、地下鉄に　のる
3. 意味を　調べる、じしょを　引く
4. 食べる、やく
5. 問い合わせる、電話を　かける

10

Neues Vokabular

うまく	mühelos, (wörtl.) „gut, geschickt“

KURZE DIALOGE

1. ホワイト：子(こ)どもさんの　足(あし)の　ぐあいは　いかがですか。
   小川(おがわ)：ありがとうございます。おかげさまで　もう　かなり　歩(あゆ)けるように　なりました。

   White: Wie geht es den Beinen Ihres Kindes?
   Ogawa: Vielen Dank für Ihre Anteilnahme. Es kann nun wieder recht gut laufen.

2. ホワイト：日本(にほん)の　サラリーマンは　夏休(なつやす)みを　あまり　とらないんですか。
   渡辺(わたなべ)：むかしに　くらべると　長(なが)く　休(やす)むように　なりました。

   White: Nehmen denn japanische Geschäftsleute keinen langen Sommerurlaub?
   Watanabe: Im Vergleich zu früher nehmen sie nun längeren Urlaub.

3. 山田(やまだ)：すみませんが、あしたの　パーティーに　行(い)けなく　なりました。
   渡辺(わたなべ)：ざんねんですね。
   山田(やまだ)：しんせきの　者(もの)が　急(きゅう)に　なくなったんです。
   渡辺(わたなべ)：それは　ごしゅうしょうさまです。

   Yamada: Es tut mir leid, aber ich kann morgen nicht zu Ihrer Party kommen.
   Watanabe: Das ist wirklich schade.
   Yamada: Einer meiner Verwandten ist ganz plötzlich gestorben.
   Watanabe: Oh, mein herzliches Beileid.

Neues Vokabular

～に　くらべると	wenn man vergleicht, im Vergleich zu
しんせき	Verwandte(r)
者(もの)	= 人(ひと) Person (bescheiden)
ごしゅうしょうさまです	Mein herzliches Beileid

ÜBUNGEN TEIL B

I. Lesen Sie den Lektionstext und beantworten Sie die folgenden Fragen.

1. 東海道新幹線は　何年に　開通しましたか。
2. 東京で　オリンピックが　開かれたのは　何年ですか。
3. 東海道新幹線が　できる　前は　東京から　大阪まで　特急で　何時間　かかりましたか。
4. 新幹線が　できる　前と　できた　後と　くらべると　サラリーマンの　出張の　ようすが　かわりましたか。
5. 「たんしんふにんの　人」　というのは　どういう　人ですか。

II. Ergänzen Sie die folgenden Sätze sinnvoll mit Hilfe der Wörter in den Klammern.

1. このごろ　日本語が　かなり　うまく（　　）ように　なりました。(話せます)

2 足の　けがが　なおって、（　　）ように　なりました。(歩けます)

3 4月から　北海道に（　　）ように　めいじられました。(ふにんします)

4. 新幹線が（　　）、こくさい空港が（　　）、新潟は　大いに　はってんしました。(開通します、できます)

NUN KANN MAN DORTHIN IN 30 MINUTEN GELANGEN.

Früher

Heute

SATZMUSTER 1A

～ようになります

ふじみのに新しく東武東上線の駅ができました。
前は東京に行くのに 1 時間かかりましたが、今は 30 分ぐらいで行けるようになりました。東上線が通るようになって、とても便利になりました。

In Fujimino wurde ein neuer Bahnhof an der Tōbu-Linie gebaut. Früher brauchte man eine Stunde nach Tōkyō, nun jedoch nur noch dreißig Minuten. Seit die Tōbu-Linie dort hält, ist es nun sehr komfortabel.
Mit der Zeit ändert sich alles. Zusätzliche Einrichtungen können eine Stadt komfortabler machen und unter Umständen Dinge ermöglichen, die zuvor nicht möglich waren. Andererseits sind aber dann manchmal die bisherigen Möglichkeiten eingeschränkt. Hat sich Ihre Heimatstadt verändert?

ANWENDUNG DER SATZMUSTER 1A

1-1. Die Heimatstadt von Frau Hayashi hat sich durch kürzlich erfolgte Entwicklungsmaßnahmen dramatisch verändert. Ergänzen Sie die unterstrichenen Teile durch die jetzigen Möglichkeiten sowie die Dinge, die nicht länger möglich sind. Weiter unten finden Sie zwei Beispiele.

前 →	今
Bsp.(a) あまり店がなかったので、町でいろいろなものが買えませんでした。	大きいデパートができました。
Bsp.(b) 川がきれいだったので、およげました。	川がよごれてしまいました。
① 駅の近くの店は夜7時には閉まっていたので、会社の帰りに買い物ができませんでした。	新しくできたスーパーは夜10時まで開いています。
② 映画館がなかったので、町で映画が見られませんでした。	新しく映画館ができました。
③ 駅前にはいつでも車がとめられました。	駅前は駐車禁止になりました。

Bsp. (a) 大きいデパートができて、何でも買えるようになりました。
Bsp. (b) 川がよごれてしまって、およげなくなりました。

① 新しくできたスーパーは夜10時まで開いているので、＿＿＿＿＿＿＿＿＿＿＿＿＿＿＿＿＿＿＿＿＿なりました。
② 新しく映画館ができて、＿＿＿＿＿＿＿＿＿＿＿＿＿＿＿＿なりました。
③ 駅前が駐車禁止になって、＿＿＿＿＿＿＿＿＿＿＿＿＿＿＿＿なりました。

1-2 Sprechen Sie über Ihre Heimatstadt. Welche Dinge sind nun nicht mehr möglich, und welche neuen Möglichkeiten haben sich Ihnen nun gegenüber früher eröffnet?

2-1. Lesen Sie die folgenden Absätze.

できるようになりました
Nun kann ich es tun.

① この町に引越して来てから、2ヵ月すぎました。はじめは町のどこに何があるかわかりませんでしたが、最近は町の様子がわかるように

なりました。近所に友だちもふえたので、いろいろそうだんできるようになりました。

② 会社に入ってから3ヵ月すぎました。はじめは仕事のやり方がわからなくて、何でもまわりの人に聞いていましたが、最近は聞かなくてもできるようになりました。通勤にもなれたので、あまりつかれなくなりました。

③ スキーを始めてから、3年すぎました。初めはスキーをはくと、まっすぐ立っていることもできませんでしたが、最近は上手にスピードをコントロールできるようになりました。どんなスロープでも自由にまがれるようになったので、スキーが楽しめるようになりました。

Neues Vokabular

すぎる	vergehen, ablaufen
通勤	täglicher Weg zum Arbeitsplatz, Hin- und Rückfahrt zur / von der Arbeitsstelle
コントロール	Kontrolle
スロープ	Skihang
自由に	frei, unbehindert

2-2. Erzählen Sie die gerade von Ihnen gelesene Geschichte anhand der nachstehenden Bilder nach.

①この町に引越してから　②会社に入ってから　③スキーを始めてから

FREIES SPRECHEN

2-3 Die meisten kennen wohl das Gefühl allmählich eine zuvor nicht beherrschte Fertigkeit zu erwerben. Hören Sie sich die diesbezüglichen Erfahrungen einer anderen Person auf der CD an. Wählen Sie ein Thema aus der nachstehenden Liste und sprechen Sie frei darüber. Fassen Sie schließlich Ihre Geschichte wie im folgenden Kasten zusammen.

> ＿＿＿＿＿＿＿＿てから、＿＿＿＿＿＿＿＿すぎました。初めは＿＿＿＿＿＿＿＿が、最近は＿＿＿＿＿＿＿＿＿＿＿＿ようになりました。 Wie fühlen Sie sich nun ? 。

THEMEN

新しい会社に入ってから	日本語の勉強を始めてから
けっこんしてから	インターネットを始めてから
日本に来てから	新しい車を買ってから

SATZMUTSTER 1B

〜ようになります

A社では去年まで各支店から本社に人が集まって会議をしていましたが、今年からテレビ電話を使って会議をするようになりました。

Bis letztes Jahr pflegten die Mitarbeiter aller Filialen zu Konferenzen im Hauptsitz der Firma A, zusammen zu kommen, aber dieses Jahr können sie nun Videotelefone für ihre Konferenzen benutzen.

ANWENDUNG DER SATZMUTSTER 1B

1-1. Lesen Sie die folgenden Sätze und nummerieren Sie sie in der am meisten stimmigen Reihenfolge durch. Ein Beispiel ist bereits angegeben.

Beispiel

(1) 日本ではむかしは働くときも休むときも着物を着ていました。

(3) 今では着物を着る人が本当に少なくなりました。

(2) しかし洋服のほうが動きやすいの

で、ほとんどの人がいつも洋服を着るようになりました。

①

(　)最近では女性の管理職もふえてきました。
(　)しかし家事がきかいかされ、時間がかからなくなったので、女性も社会に出ていろいろな仕事をするようになりました。
(　)むかしは家の仕事と子どもの世話が女性の主な仕事でした。

②

(　)しかし町にゆうえんちができると、かんこう客が大勢来るようになりました。
(　)最近では新しい仕事がふえて、若い人が町にもどって来るようになりました。
(　)むかしは若い人は学校を卒業すると町を出て都会に働きに行ってしまいました。
(　)町にはみりょくのある仕事がなかったからです。

Neues Vokabular

管理職	Management
家事	Hausarbeit
きかいか	Mechanisierung
主な	Haupt-..., hauptsächlich
ゆうえんち	Freizeitpark (für ein bestimmtes Thema)
かんこう客	Tourist
都会	Stadt
みりょく	Attraktion

1-2. Im Laufe der Zeit führt das sich wandelnde gesellschaftliche Umfeld zu Änderungen im Lebensstil. Sprechen Sie über die Änderungen Ihres Lebensstils.

ザウゼシュリット新聞

はる子さんの挑戦

Bei einem Triathlon konkurrieren die Athleten tatsächlich in drei Disziplinen - Schwimmen, Radfahren und Langstreckenlauf - und versuchen die einzelnen Etappen in kürzest möglicher Zeit zu absolvieren. Da er als die anspruchvollste aller Sportarten gilt, wird der Triathlon auf japanisch auch als „Supermann-Rennen" bezeichnet.

はる子さんは五年前に交通事故で右足を失ったが、今はパソコンのインストラクターとして元気に仕事をしている。はる子さんがスポーツを始めたのはテレビでパラリンピックを見てからだ。それまでパラリンピックは体に障害がある人のスポーツ大会だと思っていたが、スポーツ選手として記録に挑戦している人達を見てはる子さんはとても感動した。そして自分も何かスポーツをやってみたいと思った。

子どものとき水泳をしていたので仕事が終わってから近くのプールに行ってみた。はじめは二五メートル泳ぐのも大変だったが、半年で五〇〇メートル泳げるようになった。はる子さんは大いに自信をもち、次にジョギングと自転車に挑戦した。いっしょに泳いだり走ったりする友達も増えた。以前は休日はうちで静かに本を読んだり音楽を聞いたりしていたが、このごろはよく友達と海や山に出かけるようになった。今年初めてトライアスロンに挑戦した。水泳は人が多くておぼれそうになった。走っているとき、何度も苦しくなりあきらめようかと思った。だから、自転車で二〇キロを走り終えたときは、うれしくて泣いてしまった。今、はる子さんは障害があっても挑戦する勇気をもっていれば何でもできるようになると信じている。

Neues Vokabular

挑戦（ちょうせん）	Herausforderung	自信（じしん）	Selbstvertrauen
失う（うしなう）	verlieren	トライアスロン	Triathlon
パラリンピック	Behinderten-Olympiade		
障害（しょうがい）	Behinderung	おぼれる	ertrinken
選手（せんしゅ）	Athleten	だから	daher, deshalb
記録（きろく）	Rekord	泣く（なく）	weinen
感動する（かんどうする）	gerührt, ergriffen sein	勇気（ゆうき）	Mut

Fragen

1. スポーツを始める前と後で、はる子さんの休日はどう変わりましたか。
2. 今、あなたが一番いっしょうけんめいしていることは何ですか。

Sauseschritt Zeitung

Haruko ist gut drauf

Vor fünf Jahren hat Haruko das rechte Bein bei einem Verkehrsunfall verloren und arbeitet nun mit großer Freude als Computer-Lehrerin. Eine Übertragung der Behinderten-Olympiade im Fernsehen veranlasste sie sich aktiv sportlich zu betätigen. Bis dahin hatte sie gedacht, dass die Behinderten-Olympiade ein bloßes Sportfestival für körperlich Behinderte sei. Sie war davon beeindruckt, dass es tatsächlich eine Veranstaltung für Leute war, die wie professionelle Athleten um Rekorde konkurrierten. Damals entschied sie sich, dass sie sich in einem Sport versuchen wollte.

Da sie als Kind geschwommen hatte, ging sie als erstes auf dem Heimweg von der Arbeit zum Schwimmbad in ihrer Gegend. Zunächst war selbst das Schwimmen über 25 Meter für sie eine fürchterliche Anstrengung, aber nach sechs Monaten konnte sie 500 Meter schwimmen. Das steigerte ihr Selbstvertrauen derart, dass sie auch einen Versuch mit Joggen und Radfahren machte. Sie schloss viele

Freundschaften mit ihren Mitschwimmern und -radfahrern. Früher hatte sie ihre freien Tage still zu Hause mit dem Lesen von Büchern oder dem Hören von Musik verbracht; nun aber ging sie oft mit ihren Freunden ans Meer oder ins Gebirge. Dieses Jahr versuchte sie sich erstmals an einem Triathlon. Am Schwimmwettbewerb nahmen so viele Leute teil, dass sie fast ertrunken wäre. Beim Laufwettbewerb hatte sie so starke Schmerzen, dass sie wiederholt ans Aufgeben dachte. Als sie schließlich die 20-km-Fahrradfahrt abgeschlossen hatte, brach sie vor Freude in Tränen aus. Haruko ist nun davon überzeugt, dass man selbst mit einer Behinderung - vorausgesetzt man bringt den Mut dazu auf - absolut alles tun kann.

NEUE KANJI

1. 家族（カゾク）

族  (11)

ゾク

2. 生活（セイカツ）

活  (9)

カツ

3. 以上（イジョウ）

以 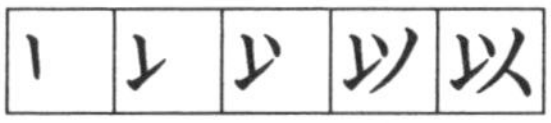 (5)

イ

4. 宿泊（シュクハク）

宿  (11)

やど

5. 転勤（テンキン）

勤 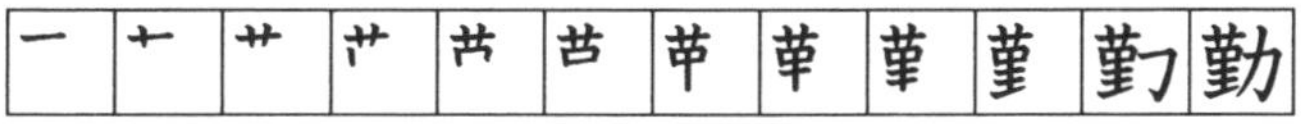 (12)

つと(める)

6. 夏休み（なつやすみ）

夏  (10)

カ

10

TEST 2

I. Setzen Sie das Verb in Klammern in ein passendes Satzmuster mit - te -Form wie im Beispiel. Dasselbe Muster kann mehrmals verwendet werden.

～ている、～てしまう、～てみる、～ておく、～てある ～ていく、～てくる、～てもらう、～てほしい

（デパートのドレス売り場です）

店員：お客様のものをおさがしですか。
客：　いえ、ちょっと Bsp.（見る→見ている）だけです。
店員：こちらのドレス、いかがですか。今年の夏とても人気があるんですよ。お客様によく似合うと思いますが、よかったら①（着る）ませんか。
客：　あら、しゃれた色ね。サイズは 15 なんですが、ありますか。
店員：15 ですか。さっき、あちらのたなの上に②（おく）のを見ました。今、③（見る）からちょっとここでお待ちください。
　　　ございました。では、こちらでごゆっくりどうぞ。
客：　あら、ちょっと小さいかしら。15 で入るはずなんだけど。④（気をつける）んだけど、最近だんだん⑤（ふとる）ようで……。入るかしら。ファスナーが うーん！上がらない！
店員：どうかしましたか。
客：　すみません。ちょっと着るのを⑥（手伝う）たいんですが。
店員：はい。あ、ちょっと小さいようですね。
客：　大きいサイズはありますか。
店員：この色の大きいサイズは全部⑦（売り切れる）たんですが、どうしましょうか。
客：　じゃあ、このドレス、サイズを直して自宅に⑧（送る）んですが。
店員：かしこまりました。1 週間ぐらいでお届けできると思います。

Neues Vokabular

ドレス売り場　　Kleiderabteilung
ファスナー　　Reißverschluss

II. Lesen Sie die folgenden Absätze und beachten Sie dabei besonders die unterstrichenen Passiv- und Kausativformen und die unterstrichenen Phrasen ～してもらう / てくれる.

①

(a) 大事なデータをパソコンに入れておいたのですが、だれかに消されてしまいました。困りました。

(b) 会社を出るとき、コンピューターのスイッチを消すのをわすれて家に帰ってしまいました。電話をしたら、同僚の山田さんが残業していたので、かれにたのんで消してもらいました。たすかりました。

(c) 敬語の勉強を始めたとき、使い方がわからなくて教室でよく先生に直されました。でも、会社で話しているとき日本人の友達がいつも直してくれたので最近はだいぶ上手に使えるようになりました。

②

(a) A: 工場の中を見ることができますか。

B: はい、では担当者に案内させますのでちょっとお待ちください。

(b) スポーツクラブを見に行きました。クラブの人が親切に案内してくれたので、よくわかりました。

(c) 年末は正月のじゅんびで大変です。いつも主人に手伝ってもらっていますが、来年からは子どもたちにも手伝わせるつもりです。

③ 私は子どものときから写真をとられるのがきらいでした。はずかしかったのです。ですから、いつもだれにもとらせなかったのですが、先日友達のけっこんしきでプロのカメラマンがぐうぜんとってくれた写真はすごくきれいにとれていてとても気に入りました。10さいぐらい若く見えるし、この私が映画スターのようでした。じつは、あのカメラマンにもう一度とってもらいたいと思ってかれの名刺をさがしているんです。

Neues Vokabular

敬語	höfliche Sprache
プロ	Profi
はずかしい	schüchtern, verlegen
ぐうぜん	zufällig

III. Kreisen Sie den am meisten passenden Ausdruck unter den Alternativen in den Klammern ein.

①

取引先(とりひきさき)：先週(せんしゅう)、お願(ねが)いした見積書(みつもりしょ)がまだ届(とど)いていないんですが。

加藤(かとう)：　えっ、それは申(もう)しわけございません。では、さっそく担当(たんとう)の者(もの)に（届(とど)けさせます／届(とど)けてもらいます）。

②

田中(たなか)：　ご病気(びょうき)だと聞(き)きましたが、お元気(げんき)そうですね。

大山(おおやま)：　おかげさまでよくなりました。林(はやし)さんにいいお医者(いしゃ)さんをしょうかい（させて／されて／してもらって）たすかりました。

田中(たなか)：　そうだったんですか。よかったですね。

③

母親(ははおや) A:　うちの子(こ)ども、にんじんがきらいでぜったいに食(た)べないんですよ。どうしたらいいんでしょう。

母親(ははおや) B:　うちの子(こ)どももきらいなんですけど、小(ちい)さく切(き)ってカレーライスに入(い)れて（食(た)べさせて／食(た)べてもらって）いるんです。

④

小林(こばやし)：　英語(えいご)の手紙(てがみ)を書(か)いたんだけど、これでいいかしら。

佐藤(さとう)：　手紙(てがみ)を出(だ)す前(まえ)にビジーさんに（見(み)させたら／見(み)られたら／見(み)てもらったら）どうでしょう。

小林(こばやし)：　そうねえ、お願(ねが)いしてみるわ。

⑤

吉田(よしだ)：　新(あたら)しくできた空港(くうこう)はどうでしたか。

スミス：税関(ぜいかん)で荷物(にもつ)を全部(ぜんぶ)（開(あ)けさせて／開(あ)けられて／開(あ)けてもらって）空港(くうこう)を出(で)るのに1時間(じかん)もかかってしまいました。

吉田(よしだ)：　それは大変(たいへん)でしたね。

Neues Vokabular

カレーライス	Curry mit Reis
税関(ぜいかん)	Zollamt

ANHANG

A: Grundformen und Anschlussmuster

Die adjektivischen und verbalen Grundformen in den nachstehenden Tabellen kommen bei einer ganzen Reihe von Strukturmustern vor. Ausnahmen, die nur bei な -Adjektiven oder einem Nomen, gefolgt von だ vorkommen, sind in Kästchen aufgeführt.

Verben

	Gegenwart		Vergangenheit	
	aff.	neg.	aff.	neg.
Reg. I	使う	使わない	使った	使わなかった
Reg. II	いる	いない	いた	いなかった
Unreg.	来る	来ない	来た	来なかった
	する	しない	した	しなかった

Adjektiv, Nomen + です

	Gegenwart		Vergangenheit	
	aff.	neg.	aff.	neg.
い -Adj.	赤い	赤くない	赤かった	赤くなかった
な -Adj.	静かだ	静かでは / じゃ ない	静かだった	静かでは / じゃなかった
N + です	N だ	N では / じゃない	N だった	N では / じゃなかった

Hier die vier Anschlussmuster die in Band 2 und 3 vorkommen:

1. Grundmuster
   Vor と思う , と言う , と聞く usw. (Band 2A, Lektion 8), stehen Verben und Adjektive ohne Ausnahme in der Grundform.

2. Nicht modifizierendes Muster

Nomen (Band 2A, Lektion 7), とき , ばあい (Band 2B, Lektion 12), つもり (Band 2B, Lektion 18), ようです (Band 3A, Lektion 1), はず (Band 3A, Lektion 2), わけ (Band 3B, Lektion 19).

Werden diese Wörter modifiziert, so kommt es zu folgenden Ausnahmen:

Nach な -Adj.: 静かな　こうえん／とき , etc.
Nach Nomen: こどもの　本／とき , etc.

3. でしょう -Muster

でしょう (Band 2A, Lektion 8), だろう (Band 2B, Lektion 13), かもしれません (Band 2B, Lektion 13, らしい (Band 3A, Lektion 4).

な -Adjektive und Nomen plus だ sind Ausnahmen. Der Stamm von な -Adjektiven und Nomen geht diesen Wörtern direkt voraus.

な -Adj.: 静かでしょう (nach dem Stamm)
Nomen: 子どもでしょう

4. なので -Muster

の / ん です (Band 2B, Lektion 11), ので (Band 2B, Lektion 13), のに (Band 3B, Lektion 14)

な -Adjektive und Nomen plus だ sind Ausnahmen.
な -Adj.: 静かな ので
Nomen: 子どもなので

Hinweise: Die Nummern in Klammern beziehen sich auf die Musternummern. Für andere Wörter wie etwa れる / られる / せる / させる / まま / そうです (es scheint), die nach anderen Formen stehen, finden Sie die Anschlussmuster in den Grammatikteilen der jeweiligen Lektionen.

B: Häufig verwendete Satzmuster

Lektion 1	1 〜ようです	会議はまだ終わっていないようです。
	2 〜ような／ように	今日は春のようにあたたかいです。
	3 〜そうです	田中さんは大阪に行くそうです。
	4 〜たがっています	山田さんは会社をやめたがっています。
	5 〜によって	給料は仕事によってちがいます。
	6 〜の間で	この仕事は若い人の間で人気があります。
	7 〜ている Nomen→〜たNomen	田中さんはあのこんのせびろを着た人です。
	8 〜とか〜とか	新聞とかざっしとか借りられます。
Lektion 2	9 〜で、〜	かぜで会社を休みました。
	10 〜はずです	先週送りましたから、もう届いているはずです。
	11 〜たら、〜んですが	時間があったら、読むんですが。
	12 〜zusammengesetzte Verben	ホテルの予約をし直します。
Lektion 3	13 〜か〜	何時に帰るかわかりません。
	14 〜ように言って／伝えてください。	ビールを20本持ってくるように言ってください。
	15 〜かどうか〜	ゴルフに行くかどうか聞いてください。
Lektion 4	16 〜そうです	あのかびんは高そうです。
	17 〜そうな／そうに	高そうなレストランです。
	18 〜く／に　します	安くしましょう。
	19 〜らしい	台風でひこうきがとばないらしいです。
	20 〜ですって／だって	30万円ですって。

Lektion 5	21 〜てしまいます	道がこんでいて、3時間もかかってしまいました。
	22 〜てみます	くつをはいてみてください。
	23 〜さ	広さはどのぐらいがいいですか
	24 〜たら／ばいいです	あしたは何時に来たらいいですか。 10時に来ればいいです。
Lektion 6	25 〜ておきます	レストランの席を予約しておきました。
	26 〜てあります	レストランの席が予約してありました。
	27 〜たらどうですか	こうばんで聞いたらどうですか。
	28 〜すぎます	このスープはからすぎます。
Lektion 7	29 〜ていきます／きます	世界の人口はふえていくでしょう。
	30 〜てもらいます	友だちにホテルを予約してもらいました。
	31 〜てほしい	その計画をやめてほしいと思います。
	32 〜ても、〜	あした雪がふっても、ゴルフに行きます。
	33 なん〜も	ひこうきじこで、何百人も死にました。
Lektion 8	34 Passsiv	けい子さんは先生にほめられました。
	35 〜というのは〜	金沢というのはどんな町ですか。
Lektion 9	36 Kausativ	加藤さんは鈴木さんに会議の準備をさせました。

	37 〜せ／させてください	あした休ませてください。
	38 〜せ／させていただきます	私が説明させていただきます。
Lesson 10	39 〜、〜ます	みどりがへり、海がよごれ、かんきょうは年々悪くなっていきます。
	40 〜ようになります	新幹線ができてから、東京から大阪まで3時間で行けるようになりました。

C: Verbkonjugationen

Mit Ausnahme der beiden unregelmäßigen Verben くる und する , gehören alle Verben entweder zur Kategorie Regelmäßig I oder Reg. II und werden wie in den nachstehenden Tabellen konjugiert. Die て / た -Form ist von der ます -Form abgeleitet, wobei es jedoch wegen Lautharmonie bei den meisten Verben von Reg. I zu Änderungen kommt. Beachten Sie, dass die letzte Silbe des ます -Stamms unterstrichen ist.

Reg. I

	ない	ます	Grundform	Konditional	Volitional*	て	た	Typ
zu Fuß gehen	歩かない	歩きます	歩く	歩けば	歩こう	歩いて	歩いた	いて/いた
schwimmen	およがない	およぎます	およぐ	およげば	およごう	およいで	およいだ	いで/いだ
kaufen	買わない	買います	買う	買えば	買おう	買って	買った	って/った
warten	待たない	待ちます	待つ	待てば	待とう	待って	待った	って/った
einsteigen	のらない	のります	のる	のれば	のろう	のって	のった	って/った
wohnen	住まない	住みます	住む	住めば	住もう	住んで	住んだ	んで/んだ
sterben	死なない	死にます	死ぬ	死ねば	死のう	死んで	死んだ	んで/んだ
rufen	よばない	よびます	よぶ	よべば	よぼう	よんで	よんだ	んで/んだ
schieben	おさない	おします	おす	おせば	おそう	おして	おした	keine Lautharmonie

Hinweis: Merken Sie sich unbedingt die folgende Ausnahme: て -Form von 行く ist 行って .

*Volitional (durch den Willen bestimmt) könnte man Übersetzen als Willensform oder Absichtsform

Reg. II

	ない	ます	Grundform	Konditional	Volitional	て	た
essen	食(た)べない	食(た)べます	食(た)べる	食(た)べれば	食(た)べよう	食(た)べて	食(た)べた
aussteigen	おりない	おります	おりる	おりれば	おりよう	おりて	おりた

Unregelm.

	ない	ます	Grundform	Konditional	Volitional	て	た
kommen	来(こ)ない	来(き)ます	来(く)る	来(く)れば	来(こ)よう	来(き)て	来(き)た
machen/tun	しない	します	する	すれば	しよう	して	した

WEITERE TEXTE (AUF DEN CDS)

LEKTION 1

SATZMUSTER 1A ～ようです
Übung 2-1

ピンポンピンポンピンポン

ビジー：　るすの　ようですね。
こばやし：　でかけているのかもしれません。
ビジー：　ドアが　あいています。

＊ビジーさんと　こばやしさんは　いえの　なかに　はいりました。

ビジー：　やはり　でかけていないようですね。
こばやし：　そうですね。

こばやし：　いい　におい。
ビジー：　ケーキを　やいているようですね。
みんな：　ビジーさん。たんじょうび、おめでとう。

SATZMUSTER 2 ～そうです
Übung 2

① Ansagetext (Anrufbeantworter)
おでんわ　ありがとうございます。ＪＢＰショップの　＊えいぎょうじかんは　げつようびから　どようびの　ごぜん　9じから　ごご5じまでです。＊ごようの　かたは　＊えいぎょうじかんないに　もういちど　＊おかけなおしください。

② Durchsage (Bahnhof)
＊おいそぎのところ、たいへん　＊ごめいわくを　おかけしております。となりの　えきが、かじです。でんしゃは　30ぷんほど　おくれる＊みこみです。＊くりかえします。でんしゃは　30ぷん　おくれます。

③ Wettervorhersage
それでは　あしたの　てんきを　＊おつたえします。あしたの　＊きお

んは　10どぐらいでしょう。おはなみには　ちょっと　さむいかもしれません。よるに　なってから　あめが　ふりますので、おはなみに　でかける　ばあいは、　コートと　かさを　もっていった　ほうが　いいでしょう。

KOMMUNIKATION

1-2.

こばやし：　これ、なにに　みえますか。
ビジー：　にほんごが　わからないんですが、「Affe」って、にほんごでなんと　いうんですか。
こばやし：　さるですか。
ビジー：　さる？　さるって　ドイツごで　「Affe」ですか。
こばやし：　そうですよ。さるは「Affe」です。でも、さるのように　みえるけど、さるじゃ　ありません。
ビジー：　じゃ　なんだろう。
あ！わかった。でも、また　にほんごが　わからないん　ですが、「Fledermaus」って　にほんごで　なんですか。
こばやし：　こうもりです。
ビジー：　こうもりのように　みえます。
こばやし：　ざんねんだけど、こうもりじゃないんですよ。
ビジー：　え〜〜。ほんとうは　なんですか。
こばやし：　ほんとうは、これは　はななんですよ。
ビジー：　はなですか。おもしろい　はなですね。にほんの　はなですか。
こばやし：　いいえ、*エクアドルの　はなです。「ドラキュラ」というなまえだそうですよ。ドラキュラのように　みえるでしょう。

Neues Vokabular

におい	Geruch
えいぎょうじかん	Öffnungszeiten
ごようの　かた	Kunde
えいぎょうじかんない	während der Öffnungszeiten
おかけなおしください	Bitte rufen Sie zurück.
おいそぎのところ	Wenn es eilt, / Wenn es eilig ist,

ごめいわくを　おかけ　していおります	Wir bitten um Ihr Verständnis, Es tut mir leid, dass ich Ihnen Umstände bereiten.
みこみ	Erwartung
くりかえします	ich wiederhole das
おつたえします	ausrichten, Nachricht geben
きおん	(Luft) Temperatur
エクアドル	Ecuador

LEKTION 2

SATZMUSTER 1　～はずです

Übung 2-1

リンダ：　ありませんね。
ビジー：　このちかくの　はずなんですが。
リンダ：　おかしいですね。
ビジー：　ちずによると、このへんに　あるはずなんです。
ビジー：　あった。
ビジー：　あれ、きっぷが　ない。
　　　　　おかしいなあ。たしかに　さいふに　いれたはずなんですが。
ビジー：　あ、あった。やっぱり　はいっていました。
リンダ：　よかった。

SATZMUSTER 2　～で

Übung 2-1

Bsp. かわださんは　ＪＢＰコンピューターに　でんわを　します。

かわだ：　もしもし、かわだです。おはようございます。すみませんが、あさの　かいぎに　おくれます。ぶちょうに　つたえてください。
ひしょ：　どうか　しましたか。
かわだ：　じこで　でんしゃが　うごいていないんです。
ひしょ：　それは　たいへんですね。ぶちょうに　そう　つたえます。

① こばやしさんは　ＪＢＰコンピューターに　でんわを　します。

こばやし：おはようございます。こばやしです。
ひしょ：　おはようございます。
こばやし：すみませんが、きょうは　かいしゃを　やすみます。かぜで
　　　　　ねつが　あるんです。ぶちょうに　つたえてください。
ひしょ：　わかりました。おだいじに。

② ビジーさんは　おおさかししゃから　とうきょうほんしゃに　でんわを
　します。

ビジー：　もしもし、ビジーですが。すみません。ずめんを　おくるのが
　　　　　おくれます。
ひしょ：　どうか　しましたか。
ビジー：　こしょうで　コンピューターが　つかえないんです。ぶちょう
　　　　　に　つたえてください。
ひしょ：　わかりました。そう　つたえます。

③ さとうさんは　きゅうしゅうの　くうこうから　とうきょうほんしゃに
　でんわを　します。

さとう：　もしもし、さとうですが。きょうじゅうに　とうきょうに　か
　　　　　えれないんです。
ひしょ：　どうか　しましたか。
さとう：　たいふうで　ひこうきが　とんでいないんです。ぶちょうに
　　　　　つたえてください。
ひしょ：　わかりました。つたえます。

KOMMUNIKATION

1-1.

こばやし：さとうさん、ビジーさん、おそい　ですね。
さとう：　さきに　いきましょう。こないのかもしれません。
こばやし：いいえ、きのう　くると　いっていましたから、くる　はずです。
さとう：　ばしょが　わからないので、あきらめたのかもしれません。
　　　　　もうすぐ　コンサートが　はじまりますよ。もう　いきません
　　　　　か。
こばやし：でも、ばしょは　しっている　はずなんです。
　　　　　きのう　ちずを　わたしましたから。

さとう：　じゃあ、しごとが　いそがしくて、ざんぎょうしているのかもしれません。
まにあいませんよ。いきましょう。
こばやし：いいえ、きょうは　ざんぎょうは　ない　はずです。
ひまだって　いっていました。
さとう：　わかりました。じゃあ、もう　すこし　まちましょう。

LEKTION 3

SATZMUSTER 1

Übung 4-3　FREIES SPRECHEN

わたしは　らいげつ　にほんごの　スピーチを　する　よていです。　にほんごの　スピーチは　はじめてだし、まだ　にほんごが　じょうずではないので、うまく　できるか　どうか　しんぱいしています。

KOMMUNIKATION

Übung 1

① ビジーさんは　ＪＢＰの　よこはまこうじょうに　でんわを　します。

ビジー：　もしもし、ビジーですが、おちあいさん、おねがいします。
よこはまこうじょうの　ひと：　いま、でんわちゅうですが。
ビジー：　じゃ、これから　しりょうを　ファックスで　おくると　つたえてください。
よこはまこうじょうの　ひと：　わかりました。つたえます。

② さとうさんは　おおさかししゃに　しゅっちょうしています。とうきょうの　JBP に　でんわを　します。

さとう：　もしもし、さとうですが、ビジーさんは　いますか。
ＪＢＰの　ひと：がいしゅつちゅうですが……。
さとう：　ビジーさんが　かえったら、わたしに　みつもりしょをファックスで　おくるように　つたえてください。
ＪＢＰの　ひと：わかりました。つたえます。

③ ビジーさんは　おおさかししゃに　でんわを　します。

ビジー：　もしもし、ビジーですが、さとうさん、いますか。
おおさかししゃの　ひと：いま、せきを　はずしていますが。
ビジー：　じゃ、もどったら、さっき　わたしが　おくった　しりょうが　とどいたかどうか　きいてください。
おおさかししゃの　ひと：わかりました。

LEKTION 4

SATZMUSTER 1　〜そうです

Übung 2-1

ビジー：どちらの　れつが　はやいでしょうか。みぎの　れつの　ほうが　はやそうですね。
さとう：いいえ、ひだりの　れつの　ほうが　はやそうですよ。ならんでいる　ひとの　にもつが　すくないですから。
ビジー：でも　ひだりの　かかりの　ひとは、ちょっと　こわそうですよ。おこっているように　みえます。　みぎの　かかりの　ひとは　やさしそうです。
さとう：でも、ひだりに　ならんでいる　ひとは　ツアーのようだから、あまり　じかんが　かからないと　おもいますよ。それに　みぎの　れつの　ひとは　にもつが　とても　おおいです。
ビジー：そうですね。みぎの　れつの　ほうが　じかんが　かかりそうですね。ひだりに　ならびましょう。

Übung 4-3　FREIES SPRECHEN

ひとりで　でんしゃに　のっていた　ときの　はなしなんですが、ともだちから　きいた　おもしろい　はなしを　おもいだしたんです。わらいだしそうで　こまりました。

SATZMUSTER 3　〜らしいです

Übung 1

Bsp. A：となりの　ＡＢＣコンピューター、ちいさいけれど、きゅうりょうが　いい　らしいよ。

B：そんなに　よさそうに　みえないけど、ほんとう？

A：ほんとうか　どうか　よく　しらないけど、30さいで　1かげつ　200まんえんぐらい　もらうって　きいた。

B：200まんも！

① A：MXしゃは　あたらしい　スポーツカーを　はっぴょうする　らしいですよ。

B：え、それで、いまの　モデルが　きゅうに　やすくなったんですね。

② A：きのう　えいがに　いったら、すごく　こんでいた。

B：なにを　みたの。

A：「しらない人」っていう　えいが。

B：どうだった？

A：すごく　おもしろかったよ。

③ A：こんど　ABしゃの　しゃちょうが　かわるらしいですよ。

B：え、どうして。まだ　なったばかりでしょう？

A：なにか　もんだいが　あったらしいですよ。

B：そうなんですか。

KOMMUNIKATION

1.

ビジー：　ゲートの　まえに　ひとが　たくさん　いますね。なんでしょう。

こばやし：サッカーチームの　サポーターの　ひとたちかもしれませんよ。きのうの　よるの　ニュースで　ブラジルに　しゅっぱつするといっていましたから。

ビジー：　サッカーチームの　サポーター？

こばやし：ええ。サッカーせんしゅの　ファンの　ひとたち。

ビジー：　それで　あんなに　たくさん　ひとが　いるんですか。

こばやし：いま、にほんの　わかい　ひとたちの　あいだで　サッカーはとても　にんきの　ある　スポーツらしいですよ。

ビジー：　でも　おんなの　ひとが　たくさん　きていますよ。サッカーは　おとこの　スポーツでしょう？

こばやし：ビジーさん。ふるいですよ。いま、サッカーの　せんしゅはえいがスターのように　にんきが　あるんですよ。それに　さい

きん　じょせいの　サッカーチームも　ふえているらしいです。
ビジー：　そうなんですか。たしかに　サッカーは　だれにでも　できそうな　スポーツだし、おもしろそうですよね。
こばやし：あら！なにか　アナウンスを　しているわ。でも　よく　きこえない。
ビジー：　「ひこうきがキャンセル」って　いっているようですよ。
こばやし：ええ！たいへん！じゃあ、あそこに　たくさんいる　ひとたちは　みんな　ひこうきを　まっていたんですね。

LEKTION 5

SATZMUSTER 1A　～てしまいます

Übung 2-1

さとう：ビジーさん、こばやしさんと　ドライブに　いったそうですね。
ビジー：ええ、でも、たいへん　だったんです。
さとう：なにか　あったんですか。
ビジー：ふじさんに　いったんですが、ゆきが　ふっていたんですよ。
さとう：え、ゆきだったんですか。
ビジー：ええ、ゆきの　なかで　くるまが　こしょうしてしまったんです。なおすのに　1じかんも　かかってしまいました。
さとう：それは　たいへんでしたね。
ビジー：ええ、かえりの　みちも　じゅうたいしていたので、かえるのがおそくなってしまいました。こばやしさんは　おこってしまったし、わたしは　さむくて　かぜを　ひいてしまったし、ほんとうに　たいへんでした。

Übung 3-3　FREIES SPRECHEN

じつは　このあいだ、さいふを　おとしてしまったんです。ともだちとレストランで　しょくじを　した　あとで、　おかねを　はらおうと　したら、さいふが　ありませんでした。　おかねを　おろしたばかりだったし、カードも　たくさん　はいっていたので、ほんとうに　こまりました。

SATZMUSTER 2

Übung 2-3　FREIES SPRECHEN

このあいだ　スーパーに　いったら、めずらしい　やさいが　あったんです。おいしそうだったので、かって　たべてみたら、まずかったんです。ぜんぶ　すててしまいました。

LEKTION 6

SATZMUSTER 1　～ておきます

Übung 2-3　FREIES SPRECHEN

はじめての　ばしょに　いく　とき、まえもって　ちずで　よく　しらべておく　ひとと、とうじつ　ちかくに　いってから、さがす　ひとが　います。　わたしは　まえの　ひに　よく　ちずを　みて、いきかたを　メモしておきます。

Übung 3-1

1. A：ビールがない！ばんごはんの　ときに　のもうと　おもって　2じかんぐらいまえに　れいぞうこに　いれておいたんですが。
   B：すみません。わたしが　のんでしまいました。

2. A：メモがない！ともだちの　でんわばんごうを　かみに　かいておいたんですが…。
   B：すみません。ごみだと　おもって、すててしまいました。
   A：いいんです。これからは　ノートに　かいておきますから。

LEKTION 7

SATZMUSTER 2

Übung 2-3　FREIES SPRECHEN

じつは　つまに　ちょっと　いいたい　ことが　あります。　わたしは　りょこうに　いったら、　とまった　ホテルの　パンフレットを　かならず　いえに　もってかえって　コレクションしています。　でも、つまは　この　コレクションが　きにいらないようで、　すててほしいと　いつも　いっています。　わたしには　たいせつな　コレクションなので、　わかってほしいんです。

SATZMUSTER 3

Übung 2-3　FREIES SPRECHEN

にほんに　きたばかりの　とき、となりの　いえの　ひとに　いろいろな　ことを　おしえてもらいました。ごみの　すてかたを　おしえてもらったり、いいスーパーや　レストランにつれていってもらったりしました。そのときから　にほんの　せいかつが　たのしく　なりました。

KOMMUNIKATION

1-1.

インタビューアー：　やまださん、こんにちは。やまださんは　ずっと　ここに　すんでいるそうですが、いまと　むかしとでは　ずいぶん　かわったでしょうね。

やまだ：　はあ？

インタビューアー：　いまと　むかしとでは　ずいぶん　かわりましたか。

やまだ：　はい、はい。そうですねえ。むかしは　みどりが　おおくて　いい　まちでしたが、さいきんは　みどりが　へってきましたし。かわってしまいましたね。

インタビューアー：　そうですか。むかしは　みどりが　たくさん　あったんですね。

やまだ：　ええ、それに、おおきい　ビルも　だんだん　ふえてきましたし。まえは　しっている　ひとばかりでしたが、いまは　しらない　ひとが　どんどん　ふえてきて、ちょっと　さびしいですね。

インタビューアー：　やまださんは、まちが　どんどん　かわっていっても、このまちに　すみつづけたいですか。

やまだ：　はあ？

インタビューアー：　やまださんは、まちが　どんどん　かわっていっても、この　まちに　すみつづけたいですか。

やまだ：　ええ。もちろんです。この　まちが　すきですからね。

インタビューアー：　そうですか。このまちが　おすきなんですね。ところで、まちにして　ほしいことはありますか。

やまだ：　そうですねえ。わたしたちのような　おばあさんや

　　　　　　　　　　おじいさんでも　いくことの　できる　スポーツクラブを　つくってほしいんです。
インタビューアー：　スポーツクラブですか。
やまだ：　ええ。それから、わかい　ひとと　はなす　ひを　つくってほしいですねえ。わかい　ひとの　かんがえかたも　きいてみたいし。
インタビューアー：　それは　いい　かんがえですね。きょうは　どうも　ありがとうございました。Aまちから、とても　おげんきな　80さいの　やまだうめさんでした。

LEKTION 9

SATZMUSTER 1　Kausativformen

Übung 4-1

A：わたしに　はらわせて　ください。
B：いいえ、いつも　おせわに　なっているので、わたしに　はらわせて　ください。
A：こちらこそ、いつも　おせわに　なっているので、わたしに　ごちそう　させてください。
B：じゃ、きょうは　ごちそうに　なります。

LEKTION 10

SATZMUSTER 1A

Übung 2-3　FREIES SPRECHEN

ピアノの　れんしゅうを　はじめてから、1ねん　すぎました。　はじめは　みぎてと　ひだりてと　べつべつに　ひくのが　たいへんでしたが、さいきんは　ずいぶん　じゆうに　ひけるように　なったので、よろこんでいます。

AUFLÖSUNGEN

LEKTION 1

ÜBUNGEN TEIL B

I 1. 来年の　春　卒業する　大学生です。（しゅうしょくしたい　会社へ　面接を受けに　来た　学生です。）

2. いいえ、前は　こんじょうの　ある　人を　もとめていました。

3. 給料の　多い　会社とか、やりがいの　ある　仕事が　できる　会社とか、人に　よって　えらぶ　きじゅんは　いろいろです。

4. 加藤さんが　言いました。

II 1. の、で、が　2. の、な　3. に、の　4. に　よると、で　5. に　よって　6. に、とか、とか

III 1. どう／いかが　2. どんな　3. だれ／どなた　4. どうして／なぜ

IV 1. どくしんの　2. 病気だ　3. 上手な　4. にがてだ　5. よくない　6. ない（いない）　7. 受けた　8. 働き

V A. 1　B. 3

ANWENDUNG DER SATZMUSTER 1A

2-1. ①るすの　ようです

②でかけていないようです

③ケーキを　やいているようです

3-1. ① Meine Tochter scheint seit Kurzem etwas seltsam zu sein. Plötzlich ist sie modebewusst und macht sich hübsch zurecht. Am Wochenende bereitet sie oft ein Bento-Lunchpaket für zwei Personen zu, bevor sie ausgeht. Sie scheint einen Freund gefunden zu haben.

② Seit Kurzem scheint X etwas seltsam zu sein. Er macht eine Menge Fehler bei der Arbeit und kommt oft spät zu Konferenzen. Er hat Geld von vielen Leuten geborgt und bekommt manchmal Telefonanrufe von Kreditkartengesellschaften. Er scheint irgendwelche Probleme zu haben.

ANWENDUNG DER SATZMUSTER 1B

1. ① ような　② ように　③ (a) よう　(b) ように

ANWENDUNG DER SATZMUSTER 2

1-1. ① (a) あった　(b) まだ　わかっていない
② (a) ストだ　(b) とばない
③ (a) きている　(b) わるくなる

1-2. ① ほっかいどうで　じしんが　ありましたが、くわしいことは　まだ　わかっていない
② あしたは　ひこうきがいしゃが　ストなので、ひこうきは　あさから　とばない
③ きゅうしゅうの　ちかくに　たいふうが　きているので、てんきは　わるく　なる

2. ① (a) にちようびは　やすみだ　(b) 9じから　5じまでだ
② (a) かじだ　(b) 30ぷん　おくれる
③ (a) さむい　(b) あめが　ふる
(c) かさと　コートを　もっていった　ほうがいい

KOMMUNIKATION

1-2. ①「ドラキュラ」という　はなの　しゃしんです。
② にほんごが　わからないんですが、「Affe」って、にほんごで　なんと　いうんですか。
さるって　ドイツごで　「Affe」ですか。

1-3. ① は　*ぞうの　あしの　うらの　しゃしんです。
*ぞうのあしのうら　Sohle von einem Elefantenfuß
② は、おさけを　つくっている　しゃしんです。

2-2 Schüler A

Der Mann auf Foto ① ist ein Spielzeugdoktor. Er repariert altes oder kaputtes Spielzeug. Wenn heute ein Spielzeug kaputt geht, kaufen viele Leute einfach gleich wieder ein neues. Laut diesem Doktor allerdings bringen ihm viele Kinder jeden Tag kaputtes Spielzeug. Es gibt zwar viele verschiedene Arten von kaputten Spielzeugen, aber er sagt, dass die meisten zum Hightech-Typ gehören.

Schüler B

Foto ② zeigt einen Tauben-Hund. Ein Tauben-Hund ist ein Hund, der Leuten hilft, die sehr schlecht hören. Taube können keine Wecker hören und sie merken nicht, wenn jemand vor ihrer Tür steht, denn sie können die Türglocke nicht hören. In solchen Fällen macht der Schwerhörigen-Hund sein Herrchen darauf aufmerksam, dass eine Glocke läutet. Es ist die Aufgabe des Tauben-Hunds, als die Ohren seines Herrchens zu fungieren.

LEKTION 2

ÜBUNGEN TEIL B

I 1. 予約(よやく)を　とりけしたかったので　電話(でんわ)を　しました。
2. ひこうきで　出(で)かける　つもりでした。
3. いいえ、その　場合(ばあい)は　キャンセルチャージを　払(はら)わなくても　いいです。
4. スミスさんは　4、5 日前(にちまえ)に　内金(うちきん)を　送(おく)ったので、もう　届(とど)いているはずだと　思(おも)っています。

II 1. で、を　2.　に、を、から　3.　に　4.　から、に

III 1. どうして／なぜ　2.　いつ　3.　どのくらい／いくら　4.　何時(なんじ)

IV 1. 来(こ)られない　2. 使(つか)い、かえた　3. にぎやかな　4. 出(だ)せ、着(つ)く
5. 会議(かいぎ)だった／でした、行(い)かなかった　6. あっ、行(い)けない

7. 休(やす)みの

V　1. 急(きゅう)に　2. 必(かなら)ず　3. たしかに

ANWENDUNG DER SATZMUSTER 1

1-1. ① とめられる　② はいれる　③ まにあう

1-2. ① あいている　② ではない　③ しらない

2-1. ①　この　ちかくの　はずなんですが。
② ちずに　よると　この　へんに　あるはずなんですが。
③ たしかに　さいふに　いれたはずなんですが。

3. ① だれも　いない　② だれも　きていない　③ かない　では　ない

ANWENDUNG DER SATZMUSTER 2

1. ① たいふう　② かじ　③ まんいん　④インフルエンザ

2-1. ① (a) きょうは　かいしゃを　やすむ
(b) かぜで　ねつが　ある
② (a) ずめんを　おくるのが　おくれる
(b) こしょうで　コンピューターが　つかえない
③ (a) きょうじゅうに　とうきょうに　かえれない
(b) たいふうで　ひこうきが　とんでいない

2-2. ① ぶちょう。こばやしさんから　でんわが　ありました。
かぜで　ねつが　あるので、きょうは　かいしゃを　やすむそうです。

② ぶちょう。ビジーさんから　でんわが　ありました。
こしょうで　コンピューターが　つかえないので、ずめんを　おくるのが　おくれるそうです。

③ ぶちょう。さとうさんから　でんわが　ありました。
たいふうで　ひこうきが　とんでいないので、きょうじゅうに　とうきょうに　かえれないそうです。

KOMMUNIKATION

1-1. ①（○）

1-2. ① ばしょは　ぜったい　しっているはずです。きのう　ちずを　わたしました。
② きょうは　ざんぎょうは　ないはずです。　ひまだと　いっていました。

2 Mögliche Antwort

A：いいえ、きのう　でんわで　くると　いっていましたから、くるはずです。
A：ばしょが　わからないのかもしれませんよ。もう　いきませんか。
B：まえに　ここで　あったことが　あるので　わかっているはずです。
A：じゃ、きたくないのかもしれません。もう　いきましょうよ。
B：きのう　でんわで　たのしみにしていると　いっていたから　ぜったいに　くるはずですよ。
もう　すこし　まちましょう。

LEKTION 3

ÜBUNGEN TEIL B

I 1. もう　1枚(まい)　買(か)おうと　思(おも)って　電話(でんわ)を　しました。
2. はい、知(し)っていました。
3. 3292-3365 に　電話(でんわ)するように　たのみました。
4. (チャンさんの　電話(でんわ)を　中野(なかの)さんに　伝(つた)えたのは）スタジオ Q の　人(ひと)です。
5. 全部(ぜんぶ)で　4枚(まい)　買(か)う　つもりです。／4枚　買(か)おうと　思(おも)っています。

II 1. が　2. と　3. か、か　4. か　5. に　6. から

III 1. もちろん　2. なるべく　3. とにかく

IV 1. おとした　2. 気に　入る　3. 食べたい　4. よごれて、あらう
5. 聞いた　6. 来なくても　いい　7. 外出中だ

V　A. 3　B. 1

ANWENDUNG DER SATZMUSTER 1

1-1. Bevor man zu Hause weggeht:
- Dafür sorgen, dass alle Lampen ausgeschaltet sind.
- Dafür sorgen, dass der Anrufbeantworter eingeschaltet ist.
- Sich vergewissern, dass man seine Brieftasche dabei hat.
- Sich vergewissern, dass die Schuhe sauber sind.
- In den Spiegel schauen, ob die Kleidungsstücke richtig zusammenpassen.

Nachdem man zu Hause weggegangen ist:
- Sich sorgen, ob die Tür abgeschlossen ist.
- Sich sorgen, ob die Klimaanlage oder Heizung ausgeschaltet ist.
- Sich sorgen, ob die Fenster verschlossen sind.

1-2. ① つくれるか　どうか　② ふえているか　どうか

2-1. ① だれと　とりひきさきを　まわるか
② どこに　あいさつに　いくか
③ どんな　りょうりが　すきか

2-2. ① どこに　いくか　② だれに　たのむか

3. ① いまから　ホテルの　グレードが　かえられるか　どうか
② ひとりべやを　もうしこむと　どのぐらい　たかくなるか
③ ほけんりょうが　ツアーの　ひように　はいっているか　どうか

④ とうじつ　なんじまでに　くうこうに　いかなければならないか

4-1. ① Herr Yoshida: Nach Plan werde ich morgen mit meiner ganzen Familie zum Skifahren nach Hokkaido fahren. Meine Frau und meine Kinder waren noch nie in Hokkaido und freuen sich schon auf die Reise. Aber seit den letzten drei Tagen gehen keine Flüge wegen eines Streiks und ich bin etwas besorgt darüber, ob wir fahren können.

② Herr Sausewind: Ich denke daran, im Dezember eine Japanischprüfung zu machen. Mein Lehrer sagt, dass ich bestehen dürfte, weil ich fleißig gelernt habe. Aber ich kann nicht viele Kanji und bin daher etwas besorgt, ob ich bestehen werde.

③ Herr Sato: Morgen gehe ich auf Geschäftsreise zu unserer amerikanischen Filiale. Bisher bin ich immer zusammen mit unserem Abteilungsleiter gefahren, aber dieses Mal muss ich alleine hinfahren und eine Präsentation machen. Das wird das erste Mal sein, dass ich eine Präsentation mache, sodass ich etwas besorgt darüber bin, ob ich gute Arbeit leisten kann.

4-2. ① (a) かぞくぜんいんで　ほっかいどうに　スキーに　いく　よていです。

(b) みっかまえから　ストで　ひこうきが　とんでいないので、りょこうに　いけるか　どうか　しんぱいしています。

② (a) にほんごの　しけんを　うけようと　おもっています。

(b) かんじを　あまり　おぼえていないので、（ごうかくするかどうか）しんぱいしています。

③ (a) アメリカししゃに　いきます。

(b) プレゼンテーションを　するのは　はじめてなので、（プレゼンテーションが　うまく　できるか　どうか）しんぱいしています。

ANWENDUNG DER SATZMUSTER 2

1-1. ① あしたの　かいぎに　おくれないように
② しゅっちょうの　ひようが　いくら　かかるか　しらべるように
③ おおさかししゃに　つく　じかんを　れんらくするように

1-2. ① (a) こばやしさんが　ビジーさんに（あした　すこし　はやめに　くるように）つたえます。
(b) ビジーさんが　あした　すこし　はやめに　きます。

② (a) こんどうさんが　ビジーさんに（かいぎの　ひつような　しりょうを　そろえるように）つたえます。
(b) ビジーさんが　かいぎに　ひつような　しりょうを　そろえます。

KOMMUNIKATION

1-1. ① (a) ○　② (b) ○　③ (a) ○

2-1. Mögliche Antworten

① A：もしもし、〜ですが、さとうさん　おねがいします。
B：さとうさんは　いま　がいしゅつちゅうですが。
A：そうですか。では、もどったら、かいぎは　３じからだと　つたえてください。
B：わかりました。そう　つたえます。

② A：もしもし、〜ですが、さとうさん　おねがいします。
B：さとうさんは　いま　せきを　はずしていますが。
A：そうですか。では、もどったら、かいぎの　しりょうは　もう　できているか　どうか　きいてください。
B：わかりました。

③ A：もしもし、〜ですが、さとうさん　おねがいします。
B：さとうさんは　でんわちゅうですが。
A：そうですか。では、でんわが　おわったら、かいぎの　まえに　しりょうが　ひつようなので、２じまでに　とどけるようにつたえてください。

B：わかりました。そう　つたえます。

2-2. Mögliche Antworten

① A：もしもし、やまだですが、しゅじん／つまを　おねがいします。
B：やまださんは　いま　でんわちゅうですが。
A：そうですか。では、でんわが　おわったら、こどもが　びょうきなので　わたしは　びょういんに　いくと　つたえてください。
B：わかりました。そう　つたえます。

② A：もしもし、やまだですが、しゅじん／つまを　おねがいします。
B：やまださんは　いま　せきを　はずしていますが。
A：そうですか。では、もどったら、しゅじん／つまに　いま　びょういんに　こられるか　どうか　きいてください。
B：わかりました。

③ A：もしもし、やまだですが、しゅじん／つまを　おねがいします。
B：やまださんは　いま　がいしゅつちゅうですが。
A：そうですか。では、もどったら、しゅじん／つまに　かえりに　びょういんに　むかえに　くるように　つたえてください。
B：わかりました。そう　つたえます。

LEKTION 4

ÜBUNGEN TEIL B

I　1. 30 万円(まんえん)です。
　2. 1 枚(まい)　1,500 円(えん)ぐらいの　皿(さら)が　ほしいと　言(い)いました。
　3. 田中(たなか)さんです。
　4. 1,600 円(えん)に　しました。

II　1. で、に　2. の、に　3. な、に

III 1. もう　2. もっと　3. もう、もっと　4. もう、もう　5. もっと

IV 1. 忙(いそが)し、たいへん　2. よさ　3. おち　4. 行(い)って、した　5. ない
6. 安(やす)くて、おいしい　7. デザイナー

V　A. 3　B. 1

ANWENDUNG DER SATZMUSTER 1

2-2. ① はやそう　② はやそう　③ こわそう　④ やさしそう
⑤ かかりそう

3-2. ① さき　② おわり　③ あがり　④ いそがしくなり

4-1. ① Es passierte, als ich bei einer Firmenfeier war. Die Ansprache des Firmenpräsidenten war so lange und langweilig, dass ich schläfrig wurde. Während ich zuhörte, fiel es mir sehr schwer, nicht zu gähnen.

② Es passierte, als ich mit einem Freund zusammen bei einem klassischen Konzert war. Leider hatte ich eine schreckliche Erkältung. Während des Konzerts fiel es mir sehr schwer, nicht zu niesen.

ANWENDUNG DER SATZMUSTER 2

1. ① (a) なりました。　(b) し　(c) なった　(d) しました。
(e) なりました。
② (a) なった　(b) する　(c) なって　(d) なった

ANWENDUNG DER SATZMUSTER 3

1. ① はっぴょうする　② おもしろい　③ かわる

KOMMUNIKATION

1. ① (a) こんでいる　(b) サッカー　(c) じょせい　(d) ある
(e) おもしろそうだ

② (a) サッカーチームの　サポーターだと　おもっていました。
(b) ひこうきが　キャンセルに　なったので　ゲートの　まえで
ひとが　まっていることが　わかりました。

TEST 1

1. あいだ　せんじつ　さっき　ありました　はず　によると
おくれている　そういえば　とどきましたか　たしかに

2. ① うれしそう　ように　なるそう
② ように　おもそう
③ そう　あきらめていたよう　よさそう

LEKTION 5

ÜBUNGEN TEIL B

I 1. 事務所(じむしょ)が　移転(いてん)して　中村(なかむら)さんの　うちから　会社(かいしゃ)まで　遠(とお)くなってしまったからです。
2. 居間(いま)の　ほかに　部屋(へや)が　一(ひと)つ　あれば　いいと　言(い)いました。
3. いいえ、犬(いぬ)を　かいたがっています。
4. 55 万円(まんえん)になります。
5. 借(か)りないと　思(おも)います。／借(か)りるか　どうか　わかりません。

II 1. に　2. から、か、か　3. と　4. で、を

III 1. どの　2. 何(なに)　3. いつ　4. いつ

IV 1. 止(と)まって　2. わすれて　3. わって　4. 食(た)べて　5. 聞(き)いて
6. はいて、気(き)に　入(い)っ　7. 乗(の)りかえ　8. 払(はら)え

V A. 3　B. 1

ANWENDUNG DER SATZMUSTER 1

1. ① なくして　② わすれて　③ しんで

2-1. ① こしょうしてしまったんです
② かかってしまいました
③ おそく　なってしまいました
④ おこってしまった
⑤ かぜを　ひいてしまった

3-1. ① Neulich verwechselte ich einen Streifenwagen mit einem Taxi. Es war dunkel im Freien und ich konnte nicht viel erkennen. Ich winkte ein Auto heran in der Meinung, es wäre ein Taxi, aber es stellte sich heraus, dass es ein Streifenwagen war. Ich war wirklich überrascht, als ein Polizist aus dem Auto ausstieg.

② Neulich stieg ich in den falschen Zug ein und kam schließlich eine Stunde zu spät zu einer Verabredung. Ein Zug kam gerade eingefahren, als ich den Bahnsteig erreichte, so dass ich einstieg. Es war aber der Zug in die Gegenrichtung. Ich sollte meine Freundin vor dem Bahnhof treffen, so dass sie dort eine Stunde stehen musste. Das war wirklich unentschuldbar von mir.

ANWENDUNG DER SATZMUSTER 1B

1. ① おくって　② よんで　③ のんで

ANWENDUNG DER SATZMUSTER 2

1. ① (a) うんてんして　(b) うんてんして
② (a) すわって　(b) すわって

2-1. ① Jetzt im Frühling entschied ich mich, dass ich neue Schuhe kaufen wollte. Als ich neulich zufällig an einem Schuhgeschäft vorbeikam, bemerkte ich einige Schuhe, die gut für Spazierengehen zu sein schienen. Außerdem hatten sie auch eine gutes Design. Als ich sie anprobierte, passten sie perfekt. Die Schuhe, die ich jetzt trage, sind die, die ich damals kaufte.

② Vor Kurzem hatte ich viel freie Zeit, sodass ich mich entschloss, etwas zu studieren. Als ich neulich die Zeitung las, fiel mir eine Anzeige über ein

Wirtschaftsseminar auf, das recht nützlich zu sein schien. Der Vortragende war wohlbekannt. Als ich aber zu dem Seminar ging, war es so langweilig, dass ich einschlief.

KOMMUNIKATION

Problem ①

Als ich neulich fernsah, gab es eine Sendung über japanische Trommeln. Die Aufführung war fantastisch und es sah aus, als ob das viel Spaß machen würde; deswegen entschied ich mich dafür, es selbst einmal versuchen zu wollen. Ich wollte gern mit der aufführenden Gruppe Kontakt aufnehmen und notierte deshalb ihren Namen. Ich habe aber den Zettel verloren und auch den Namen des TV-Senders vergessen, so dass ich die Gruppe nicht kontaktieren kann. Was soll ich machen?

Ratschlag a

Wenn ich Sie wäre, würde ich nach einer Zeitung vom dem Tag suchen, als die Sendung lief. Zeitungen enthalten das TV-Programm. Schlagen Sie dort nach und rufen Sie dann den TV-Sender an. Sie finden Zeitungen in der Bibliothek.

Ratschlag b

Wenn ich Sie wäre, würde ich nach japanischen Trommelgruppen im Internet suchen. Lässt sich die gewünschte Gruppe auf diese Weise nicht finden, wenden Sie sich an eine andere Trommlergruppe und fragen diese nach anderen (derartigen) Gruppen. Über das Internet sollten Sie jemanden finden, der sich auskennt.

Mögliche Antwort

わたしが　あなただったら、ほんやに　いって　にほんの　おんがくの　ほんを　さがしてみます。その　グループが　みつからなかったら、その　ほんの　かいしゃに　でんわして　といあわせれば　いいと　おもいます。

Problem ②

Ich habe einen Bekannten, der gern angelt. Immer wenn er zum Angeln geht, bringt er uns von ihm geangelte Fische mit. Beim erstenmal, als er uns ein paar Fische gab, sagte ich, dass alle in unserer Familie Fisch mögen, so dass er uns seitdem jede Woche eine Menge Fische mitgebracht hat. Zuerst waren alle hier sehr froh, die Fische zu essen, aber jetzt scheinen sie sie nicht mehr besonders zu mögen. Manchmal werfe ich sogar die Fische weg. Was soll ich machen?

Ratschlag a
Frisch gefangener Fisch schmeckt gut und ist gut für die Gesundheit; deswegen ist es wirklich schade, dass sie ihn nicht brauchen. Wenn ich Sie wäre, würde ich eine Freundin fragen, die Fisch gern in verschiedener Form zubereitet. Sie sollten Ihr Kochrepertoire erweitern. Ich bin sicher, dass Ihre Familie sie dann gern essen wird.

Ratschlag b
Wenn ich Sie wäre, würde ich die Fische einem Freund geben, der sie mag. Es ist eine Verschwendung, die Fische einfach wegzuwerfen. Es ist schwierig, frisch gefangene Fische zu bekommen; deswegen wird die Person, der Sie die Fische geben, Ihnen bestimmt dankbar sein.

Mögliche Antwort
わたしが　あなただったら、さかなを　くれるひとに　はっきり　ことわります。ざんねんだけど　いそがしくて　さかなを　りょうりする　じかんが　ないと　いえば　そのひとは　おこらない　はずです。

LEKTION 6

ÜBUNGEN TEIL B

I 1. はい、会議(かいぎ)が　始(はじ)まる　前(まえ)に　並(なら)べておくように　言(い)いました。／はい、そう　言(い)いました。
2. 会議(かいぎ)の　出席者(しゅっせきしゃ)は　18人(にん)です。
3. 20部(ぶ)　コピーしてあります。
4. はい、知(し)っていました。

5. 4時ごろ　持ってくるように　言いました。

II 1. に、を　2. で　3. の、を　4. が、の　5. に、を

III 1. どんな　2. どこ　3. どう／いかが　4. 何人

IV 1. あま、食べられ　2. 働き、なって　3. けし、出かけて　4. わからなかっ、調べて　5. あっ、聞いて　6. 大切な、しまって　7. 話して　8. おいて

ANWENDUNG DER SATZMUSTER 1

1-1. ・Ich mache alle meine Hotelreservierungen.
・Ich entscheide, was ich mir während meiner Reise anschaue.
・Ich kaufe ein paar Reiseschecks.
・Ich wechsle etwas eigene Währung in die Währung des Landes um, das ich besuchen werde.
・Ich lerne die Sprache des Landes, das ich besuchen werde.
・Ich lese Reiseführer, um mich über die kulinarischen Spezialitäten und die Souvenirs des Landes zu informieren, das ich besuchen werde.
・Wenn ich Freunde in dem Land habe, das ich besuchen werde, kontaktiere ich sie.
・Ich miete einen Fremdenführer.
・Ich lese eine Menge über das Land, das ich besuchen werde.

1-2. Mögliche Antwort
トラベラーズチェックを　つくっておくと　べんりですよ。

2-1. ① Wenn Leute neue Kleider kaufen, entscheiden sie sich, welche Art von Kleidern sie kaufen werden, gewöhnlich entweder bevor oder nachdem sie ins Geschäft gehen. In der Regel entscheide ich mich in dieser Hinsicht vorher.

② Wenn sie bei einer Hochzeit eine Ansprache halten müssen, setzen manche Leute die Rede bis zum Tag vor der Trauung auf, während andere über die Ansprache erst dann nachdenken, wenn sie an dem Ort ankommen, wo die Hochzeitsfeier stattfindet. Wenn ich nicht das, was ich sagen will, im voraus niederschreibe, habe ich Schwierigkeiten beim Einschlafen in der Nacht zuvor.

3-2. (1) ① れいぞうこに　いれておいたんです
(2) ① かみに　かいておいたんです　② ノートに　かいておきます

ANWENDUNG DER SATZMUSTER 2

1. ① ならべて　② しいて

2. ① Mögliche Antwort
・はい、かってみたいと　おもいます。いそがしいときや　びょうきのとき　べんりですから。
・いいえ、かってみたいと　おもいません。あまり　おいしくないだろうと　おもいます。
② Mögliche Antwort
ぎゅうにくが　きれいに　ならべてあります。やさいや　とうふが　きってあります。だしが　よういしてあります。

3-1. ① いまが　あたためてあって、シチューと　サラダが　つくってあるのに　きが　つきました。
② Mögliche Antwort
・へやが　きれいに　そうじしてあったら、うれしいです。
・ばんごはんが　つくってあったら、うれしいです。

KOMMUNIKATION

1. ① クリスマスツリーの　したに　おいておきました。
② いいえ、たなかさんと　おくさんです。
③ あかい　はこと　あおい　はこが　おいてありました。
④ あおい　はこに　たろうくんへと　かいてあったので、わかりました。

2. こどもたちへの　プレゼント　／　おい　おい　／　かい　／　ゆうこちゃんへと　かい　／　ねこの　ししゅうが　し

LEKTION 7

ÜBUNGEN TEIL B

I 1. 北海道の　計画です。

2. しょめい運動を　始めました。

3. いいえ、たくさんの　木を　切らなくても、ルートを　かえれば　どうろは　作れます。

4. 地元の　関係者に　うったえてくる　つもりです。

5. はい、友だちにも　しょめいを　してもらう　つもりです。

II 1. も　2. で、も　3. から、が　4. でも

III 1. どこ　2. だれ　3. どう／いかが　4. どちら

IV 1. なって、入り　2. 見せて　3. 直して　4. おかないで　5. かえれ、切らなく　6. 飲ん、なおり

ANWENDUNG DER SATZMUSTER 1

1. ① (a) あめだったら　(b) あめでも
② (a) (やきゅうをする　ひとが) すくなかったら
(b) (やきゅうをする　ひとが) すくなくても
③ (a) まよったら　(b) まよっても

2-2. Mögliche Antwort
わたしは　Cさんの　いけんに　さんせいです。うみの　うえなら　きを　きらなくても　ヘリポートが　つくれるので、いいと　おもいます。

ANWENDUNG DER SATZMUSTER 2

1. · Mir fehlen Grünflächen, weil es so wenige davon gibt. Ich wünschte mir mehr Parks.

・Ich wünschte, die Leute würden in Bahnhöfen und Restaurants nicht rauchen.
・Ich wünschte, die Leute würden mir nicht sagen, dass ich gut Japanisch spreche.
・Die japanischen Straßen sind zu eng. Ich wünschte, man würde sie verbreitern.
・Ich kann die Verkehrsstoßzeit am Morgen nicht ausstehen. Ich wünschte, es würden mehr Züge fahren.
・Ich wünschte, die Leute würden in Bahnhöfen und Restaurants nicht ihre Handys benutzen.
・Alle Japaner in meinem Umfeld sprechen Englisch, so dass mein Japanisch nicht besser wird. Ich wünschte, sie würden mit mir so oft wie möglich Japanisch sprechen.

2-1. ① Es gibt etwas, das ich über meine Firma sagen möchte. Wir haben nicht genug Urlaubszeit und unsere Gehälter sind zu niedrig. Ich will, dass sie unseren Urlaub verlängern und unsere Gehälter anheben.

② Es gibt etwas, dass ich über die Leute von nebenan sagen möchte. Sie haben oft Partys bis spät in die Nacht und es ist dann so laut, dass ich nicht schlafen kann. Gestern haben sie bis zum Morgen Krach gemacht. Ich wünschte, sie hätten keine Partys mehr so spät.

③ Es gibt etwas, das ich meinem Ehemann sagen möchte. Er hat immer noch eine Menge an Büchern und Spielzeugen, die er seit seiner Kindheit aufbewahrt hat. Er wirft nie etwas weg. Unsere Wohnung ist sehr klein, so dass ich wünschte, er würde diese Sachen loswerden.

ANWENDUNG DER SATZMUSTER 3

1. ① みちを　おしえてもらった　② かみを　きってもらった
③ しょうかい　してもらった

2-1. ① Bald nach meiner Ankunft in Japan nahm mich eine Freundin zu einem Sumo-Turnier mit. Sie erklärte mir die Geschichte und Regeln von Sumo, sodass ich mich sehr amüsierte. Seitdem schaue ich mir immer die Sumo-Übertragungen im Fernsehen an.

② Als ich ein Problem mit Zahnschmerzen hatte, empfahl mir ein Freund einen wirklich guten Zahnarzt. Der Zahnarzt war sehr nett und sprach Englisch, so dass ich sehr erleichtert war. Seitdem gehe ich immer zu diesem Zahnarzt, wenn ich einen schlimmen Zahn habe.

ANWENDUNG DER SATZMUSTER 4

1. ① (a) へってきました。 (b) へっていくだろう
   ② (a) ふえてきました。 (b) ふえていくだろう

2. ① パンを　たべるひとが　ふえてきましたから。
   ② ふえていくだろうと　いっています。
   ③ さいきんは　ダイエットを　する　ひとたちの　あいだで　ごはんの　にんきが　でてきましたから。
   ④ Mögliche Antwort
   わたしの　くにでは　あさごはんに　シリアルを　たべる　ひとが　ふえてきました。これからも　ふえていくだろうと　おもいます。

KOMMUNIKATION

1-1. ① (a) みどりが　へってきた。
(b) おおきい　ビルが　ふえてきた。
(c) しらない　ひとが　ふえてきた。
(d) スポーツクラブを　つくってほしい。
(e) わかい　ひとと　はなす　ひを　つくってほしい。

LEKTION 8

ÜBUNGEN TEIL B

I 1. 江戸時代の　建物が　集められている　所を　見物しています。
2. 200年ぐらい　前に　建てられました。
3. いいえ、さむらいの　家の　ほうが　のうみんの　家より　ずっ

と　大(おお)きいです。

4. 大名(だいみょう)が　のうみんから　米(こめ)を　とりあげました。

5. はい、そう　思(おも)います。／いいえ、そう（は）　思(おも)いません。

II 1. に、2. で、と　3. に、を　4. を、に　5. で、に

III 1. どうして／なぜ　2. どこ　3. いつ／何年(なんねん)　4. どういう

IV 1. 聞(き)かれる　2. しょうかいされる　3. たのまれる　4. 止(と)められる
5. こわされる　6. 見(み)られる　7. 来(こ)られる　8. 調(しら)べられる
9. わらわれる

V 1. たのまれ　2. とられ　3. 思(おも)われて　4. やめられて　5. 調(しら)べられ
6. ゆしゅつされる

ANWENDUNG DER SATZMUSTER 1

1. ①おこなわれる ②つかわれる ③わらわれる ④ひらかれる
⑤おされる ⑥こわされる ⑦つくられる ⑧しなれる
⑨たのまれる ⑩よばれる ⑪ふられる ⑫とられる
⑬しかられる ⑭なぐられる ⑮あつめられる ⑯ほめられる
⑰たてられる ⑱しらべられる ⑲ゆにゅうされる ⑳もってこられる

2-1. ① (a) ビジーさんを　ほめ　(b) ぶちょうに　ほめられ
② (a) ビジーさんを　さそい　(b) ぶちょうに　さそわれ
③ (a) ビジーさんを　わらい　(b) ぶちょうに　わらわれ
④ (a) ビジーさんを　ちゅういし　(b) ぶちょうに　ちゅういされ

2-2. ① えいごの　せんせいに　よく　まちがいを　なおされたからです。
②スペインごの　せんせいに　よく　まちがいを　なおされたから
じょうずに　なったと　おもっています。

2-3. · Ich mochte es nicht, als meine Fehler vom Lehrer korrigiert wurden, als ich im Unterricht sprach.

・Meine Fehler wurden vom Lehrer im Unterricht korrigiert, so dass sich mein Japanisch verbesserte.

・Ich mochte es nicht, als meine Fehler von meinen Klassenkameraden korrigiert wurden.

・Ich war sehr froh, dass ich vom Lehrer im Unterricht gelobt wurde.

・Ich wurde vom Lehrer im Unterricht gelobt, sodass sich mein Japanisch verbesserte.

3-1. ① (a) たてられ (b) ひらかれ
② (a) たてられ (b) ひらかれ
③ (a) たてられ (b) したしまれ
④ (a) つくられ (b) かざられ
⑤ (a) つくられ (b) りようされ (c) よばれ

3-3. ① (a) つくられ (b) のまれ (c) いわれ
(d) ゆしゅつされ
② (a) つくられ (b) たべられ (c) ゆにゅうされ
③ (a) しょうかいされ (b) いわれ
④ (a) かかれ (b) かきなおされ (c) よまれ

4-1. ① わかい　おとこに　バッグを　とられました。
② つまに　ブランデーを　のまれました。
③ うしろの　ひとに　でんしゃの　なかで　せなかを　おされました。
④ となりの　ひとに　あさ　はやく　こられました。
⑤ ひしょに　やめられました。

4-2. ・In überfüllten Zügen, hat man mir auf die Füße getreten.

・Man hat in meine Wohnung eingebrochen.

・Ich bin zornig geworden, weil jemand in meiner Familie etwas Wichtiges weggeworfen hat.

・Mir wurde bei einer Auslandsreise mein Pass gestohlen.

・Mein Japanisch wurde von einem Freund gelobt.

・Ich habe Probleme mit Verkäufern, die mich zu Hause anrufen.

・Ich habe es erlebt, dass kleine Kinder zu weinen anfingen, nachdem ich mit ihnen gesprochen hatte.

・Ich bin in Regen gekommen, als ich keinen Schirm dabei hatte, sodass ich nass bis auf die Haut wurde.

KOMMUNIKATION

1-1. ① びわこで　ひらかれました　(L3)
びわこで　おこなわれています　(L4)
メンバーによって　かんがえられます　(L5)
きょりによって　きめられます　(L7)
ちからを　あつめて　つくられた　(L10)
② 1997 ねんに　ひらかれました。
③ 7 がつすえに　ひらかれます。
④ ひこうきの　デザインと　とんだ　きょりによって　きめられます。
⑤ そらを　とびたいと　おもっている　ひとなら　だれでも　さんかできます。

LEKTION 9

ÜBUNGEN TEIL B

I　1. 鈴木(すずき)さんに　作(つく)らせました。
2. いいえ、鈴木(すずき)さんに　調(しら)べさせました。
3. 作(つく)ったときの　じじょうが　ふくざつなので、わかりにくい（の）です。
4. 横浜支社(よこはまししゃ)に　行(い)って、問(と)い合(あ)わせの　あった　契約書(けいやくしょ)について説明(せつめい)します。

II　1. で、に　2. を　3. の、で　4. を、に、に

III　1. さがさせる　2. 書(か)かせる　3. 電話(でんわ)を　かけさせる　4. 飲(の)ませる
5. 手伝(てつだ)わせる　6. お茶(ちゃ)を　入(い)れさせる　7. やめさせる
8. 持(も)ってこさせる　9. 仕事(しごと)を　させる

IV　1. させ　2. 行(い)かせないで　3. 待(ま)たせて　4. 帰(かえ)らせ　5. 調(しら)べさせ

6. 考(かんが)えさせて　7. 持(も)ってこさせて

V　A. 1　B. 2

ANWENDUNG DER SATZMUSTER 1

1-1. ①つくらせる　②いかせる　③あそばせる　④いそがせる
⑤またせる　⑥たしかめさせる　⑦やめさせる　⑧とどけさせる
⑨そうたいさせる　⑩しゅっきんさせる　⑪むかえに　こさせる

1-2. ①ロボットを（に）　むかえに　こさせます。
②ロボットに　てがみを　かかせます．
③ロボットに　アイロンを　かけさせます。
④ロボットに　くるまを　あらわせます。
⑤ロボットに　まどを　ふかせます。
⑥ロボットに　りょうりを　つくらせます。
⑦ロボットに　そうじを　させます。

2-1. ・Lassen Sie die Neuangestellten jeden Tag einen Bericht schreiben.
・Bringen Sie den Neuangestellten bei, wie man richtig grüßt.
・Lassen Sie die Neuangestellten die Namen der Firmen auswendig lernen, mit denen wir Geschäftsbeziehungen haben.
・Lassen Sie die Neuangestellten Zen-Meditation ausüben.
・Lassen Sie die Neuangestellten gute Manieren beim Telefonieren üben.
・Lassen Sie die Neuangestellten das Büro reinigen.
・Lassen Sie die Neuangestellten Baseball oder andere Sportarten ausüben, die Teamwork verlangen.
・Lassen Sie die Neuangestellten in Begleitung ihres jeweiligen Unterabteilungsleiters die Firmen besuchen, mit denen wir Geschäftsbeziehungen haben.

3-2. A: Würde mein Kind sagen, dass es für einen Monat allein verreisen wolle, so würde ich es gehen lassen, weil ich will, dass meine Kinder viele

Erfahrungen machen. Wenn ich ihn ab der Mittelschule viele verschiedene Erfahrungen machen lasse, dann wird er als Erwachsener seine eigenen Entscheidungen treffen können. Ich glaube, dass es am wichtigsten ist, seinen Kindern eigene Entscheidungen zu überlassen.

B: Auch wenn mein Kind sagte, dass es allein für einen Monat verreisen wolle, würde ich das nicht erlauben. Ein Mittelschüler ist zu jung, um einen Monat lang allein zu verreisen. Er weiß nicht, was alles gefährlich ist, und er kann nicht die richtigen Entscheidungen treffen. Ich glaube, dass es am wichtigsten ist, nicht zuzulassen, dass die eigenen Kinder etwas Gefährliches tun.

①はい、いかせます。
②こどもの　ころから　じぶんで　はんだんさせることが　いちばん　たいせつだと　おもっています。
③いいえ、いかせません。
④こどもの　ころは　あぶないことを　させないことが　いちばん　たいせつだと　おもっています。

3-3. Mögliche Antworten
①こどもが　よる　ピザやで　アルバイトしたいと　いったら、させます。じぶんで　はたらいて、じぶんで　おかねを　つくる　けいけんは　たいせつだと　おもいます。
こどもが　よる　ピザやで　アルバイトしたいと　いっても　させません。よるの　アルバイトは　あぶないので、もっと　あんぜんな　アルバイトを　させます。

4-1. ①わたしに　はらわせてください。
②わたしに　はらわせてください。
③わたしに　ごちそう　させてください。

4-2. ①にほんごの　レッスンを　うけさせて　ください。にほんごで　ビジネスが　したいんです。
②らいげつ　おきなわで　ひらかれる　セミナーに　しゅっせき　させて　ください。これからの　しごとに　たいせつな　セミナーだ

と　おもうんです。

③しゅうに　ふつか　５じに　かえらせてください。ビジネススクールに　いって、べんきょう　しなおしたいんです。

KOMMUNIKATION

1-1. ① もうどうけんに　どんな　ことを　させているのでしょうか。(L 3)
もうどうけんを　あそばせない (L 5)
たべものを　もらっても　たべさせない (L 7)
ひだりがわを　あるかせる　(L 9)
もうどうけんを　とまらせる　(L 10)
もうどうけんに　はんだんさせる　(L 13)
はんだんさせるのは　たいへんです　(L 14)
トレーニングを　させているのでしょうか　(L 18)
かんさつさせるのだそうです。　(L 19)
あるいたら　あるかせて、(L 20)
まっていたら　またせるのだそうです。(L 20)

②こうさてんを　わたっても　いいか　どうか　はんだんさせる　トレーニングです。

③もうどうけんに　こうさてんに　いる　ひとを　かんさつさせます。ひとが　あるいたら、あるかせて、まっていたら　またせます。

④もうどうけんを　あそばせない。
たべものを　ほかの　ひとから　もらっても　たべさせない。
あるく　ときは　トレーナーの　ひだりがわを　あるかせる。
こうさてんの　まえで　もうどけんを　とまらせる。

LEKTION 10

ÜBUNGEN TEIL B

I　1. 1964年(ねん)に　開通(かいつう)しました。
2. 1964年(ねん)です。
3. 7時間以上(じかんいじょう)　かかりました。
4. はい、かわりました。東京(とうきょう)から　関西方面(かんさいほうめん)に　出張(しゅっちょう)する　場合(ばあい)、日帰(ひがえ)りができるように　なりました。
5. 転勤(てんきん)を　めいじられ、家族(かぞく)と　はなれて　生活(せいかつ)している　人(ひと)です。

II 1. 話(はな)せる 2. 歩(ある)ける 3. ふにんする 4. 開通(かいつう)し、でき

ANWENDUNG DER SATZMUSTER 1

1-1. ①かいしゃの かえりに かいものが できるように
②まちで えいがが みられるように
③えきまえに くるまが とめられなく

2-1. ① Zwei Monate sind vergangen, seit ich in diese Stadt umgezogen bin. Zuerst habe ich mich in der Stadt gar nicht ausgekannt, aber seit Kurzem kenne ich die Stadt besser. Ich habe nun auch mehr Freunde in der Nachbarschaft, sodass ich sie um Rat fragen kann.

② Drei Monate sind vergangen, seit ich nun für diese Firma arbeite. Zuerst wusste ich nicht, wie ich meine Tätigkeit ausfüllen sollte, sodass ich die Leute um mich wegen allem fragen musste. Inzwischen kann ich aber meine Arbeit machen, ohne fragen zu müssen. Auch an die Fahrt zur Arbeit habe ich mich gewöhnt, und ich werde nicht mehr so müde.

③ Vor drei Jahren begann ich mit dem Skifahren. Zuerst konnte ich mit angeschnallten Skiern nicht einmal aufrecht stehen, aber nun kann ich meine Geschwindigkeit recht gut kontrollieren . Ich kann mich nun auf jedem Hang frei bewegen, sodass das Skifahren mehr Spaß macht.

ANWENDUNG DER SATZMUSTER 1B

1-1. ① (3) (2) (1)
② (3) (4) (1) (2)

TEST 2

1. ①きてみ ②おいてある ③みてきます／みてみます
④きを つけている ⑤ふとってきた／ふとってしまった
⑥てつだってもらい ⑦うりきれてしまっ
⑧おくってもらいたい／おくってほしい

3. ①とどけさせます ②してもらって③たべさせて ④みてもらったら
⑤あけられて

になると、新幹線を利用して、赴任先からうちへ帰る単身赴任の人が大勢乗っています。久しぶりに家族に会えるのを楽しみにしているようです。

九課　横浜支社からの問い合わせ

横浜支社　先週もらったN社との契約書に間違いが一か所あると思うんですが。

加　藤　そうですか。そんなはずはないと思いますが。あれはうちの鈴木に作らせたものです。さっそく本人に調べさせましょう。

加　藤　鈴木くん、ちょっと来てください。

鈴　木　はい、何でしょうか。

加　藤　先週送った契約書の件で、横浜支社から問い合わせがあったんだけど、確かめてくれませんか。

鈴　木　はい、わかりました。

加　藤　もしもし、先ほどの契約書の件ですが、鈴木に調べさせましたが、間違いはないと言っています。ただ、作った時の事情が複雑なので、わかりにくいかもしれませんね。

横浜支社　じゃ、だれか説明に来てくれませんか。

加　藤　そうですね。じゃ、これから鈴木を行かせますが、いかがでしょうか。

横浜支社　ぜひお願いします。

十課　新幹線とサラリーマン

一九六四年に東京でオリンピックが開かれ、その年に東海道新幹線が開通しました。それまでは東京から大阪まで特急でも七時間以上かかりましたが、新幹線ができてから、東京、大阪間を三時間ほどで行けるようになりました。

新幹線の開通に伴って、サラリーマンの出張の様子もだいぶ変わりました。以前は東京から関西方面に出張する時は宿泊するのが普通でしたが、今は日帰りで出張することができるようになりました。

サラリーマンの中には、転勤を命じられ、事情によって家族と離れて生活している人がかなりいます。週末や休日に訴えてくるつもりです。

リンダ　そうですか。私も木を切らないでほしいと思います。あしたうちでパーティーをしますから、友達に話して、署名してもらいましょう。

林夫人　ええ、ぜひお願いします。

八課　江戸村見物

ガイド　ここには江戸時代の建物が集められています。

スミス　江戸時代というのは何世紀ごろですか。

ガイド　十七世紀の初めから十九世紀の中ごろまでです。

スミス　この家はずいぶん古そうですが、いつごろ建てられたんですか。

ガイド　二百年ぐらい前に作られました。

スミス　中に入ってみてもいいですか。

ガイド　どうぞ。ここは侍が住んでいた家です。

スミス　広くて立派ですね。

ガイド　あちらは農民の家です。

スミス　侍の家よりずっと小さいですね。

ガイド　ええ、大部分の農民は貧乏でした。作った米をほとんど大名に取り上げられて、農民はめったに米の御飯が食べられなかったと言われています。

スミス　この部屋は何に使われていたんですか。

ガイド　ここは居間です。いろりの周りで、御飯を食べたり話をしたり仕事をしたりしていた部屋です。

スミス　冬は寒かったでしょうね。

ガイド　ええ、冬、雪に降られると、本当に大変だっただろうと思います。

スミス　今のような便利な時代に生まれてよかったですね。

中村　まずスライドを見てから、新しい企画の説明をしますから、コの字型に並べてください。
鈴木　出席者は十八人ですね。
中村　はい。いすが足りない時は隣の部屋のを使ったらどうですか。書類は人数分コピーしてありますか。
鈴木　ええ、二十部コピーしてあります。
中村　ところで、スライドの準備はしてありますか。
鈴木　はい、さっき機械を試して、セットしておきました。
中村　スライドを見終わったころコーヒーを出しますから、下のコーヒーショップに注文しておいてください。
鈴木　三時半ごろ持って来るように言いましょうか。
中村　三時半は早すぎます。四時ごろでいいでしょう。
鈴木　わかりました。

七課　緑の署名運動

林夫人　あのう、お願いがあるんですが。
リンダ　何でしょう。あ、署名運動ですか。
林夫人　ええ、北海道の山に観光道路を作るので、原生林の木をたくさん切るそうです。何千本も切るらしいですよ。
リンダ　それはもったいないですねえ。
林夫人　ええ、それでその計画をやめてほしいと思って、署名運動を始めたんです。
リンダ　そうですか。地球上から緑が減っていくのは困りますね。自然保護と開発のバランスは難しいですねえ。
林夫人　ええ、でもルートを変えれば、たくさん木を切らなくても道路は作れるそうです。木を切ってしまったら、後で後悔しても遅すぎます。
リンダ　私もそう思います。
林夫人　来週グループの人たちと地元へ行って、関係者

店の人　一枚千七百円です。いい品ですよ。この皿を使うと料理がおいしそうに見えますよ。
スミス夫人　六枚欲しいんですが、もう少し安くしてくださいませんか。
店の人　そうですねえ。じゃあ、お安くしましょう。一枚千六百円にしましょう。
スミス夫人　どうもありがとう。それから、このはし置きもお願いします。
店の人　じゃ、全部で一万二千六百円になります。

五課　不動産屋

中村　この辺でうちを探しているんですが・・・。事務所が移転して、今のうちから遠くなってしまったんです。
不動産屋　広さは、どのくらいのものがよろしいでしょうか。
中村　居間のほかに部屋が一つあればいいんです。
不動産屋　これなんかいかがですか。ダイニングキッチンとほかに部屋が二つ、一つは和室です。
中村　犬を飼ってもいいでしょうか。
不動産屋　大家さんに電話して、犬を飼ってもいいかどうか聞いてみましょう。よかったらこれから行ってみませんか。
中村　あの、家賃は？
不動産屋　一か月十一万円ですが、初めの月は家賃のほかに敷金、礼金として四か月分必要です。
中村　そうですか。では、見てから借りるかどうか決めたいと思います。

六課　会議の準備

中村　会議は三時からですから、そろそろ机やいすを並べておいてください。
鈴木　どんな形に並べますか。

スタジオQ　一時すぎに戻るはずです。
チャン　じゃ、伝言をお願いします。六月二十八日のコンサートの切符三枚の代金をきのうそちらの銀行口座に振り込んだと伝えてください。それから、もう一枚切符が欲しいんですが、あるかどうか聞いてください。
スタジオQ　はい、わかりました。
チャン　それから・・・とにかく店に戻ったら、こちらに電話するように伝えてくれませんか。
スタジオQ　はい。そちらのお電話番号をどうぞ。
チャン　三二九二ー三三六五にお願いします。これは直通電話です。
スタジオQ　はい、三二九二ー三三六五ですね。中野が戻りましたら、すぐお電話するように伝えます。
スタジオQ　さっき、チャンさんというお客さんから電話がありました。切符の代金は振り込んだそうですが、もう一枚切符があるかどうか聞いていました。あなたからの電話を待っていると言っていました。これが電話番号です。

四課　焼きものを買う

スミス夫人　あのお皿、いいですね。欲しいけれど高そうですね。
田中夫人　ちょっと待ってください。店の人に聞きますから。
田中夫人　三十万円ですって。有名な人の作品らしいです。
スミス夫人　そうですか。やっぱりいい物は高いんですね。
田中夫人　もう一枚のお皿はもっと高いそうです。
スミス夫人　一枚千五百円ぐらいのはないんでしょうか。
田中夫人　これは千七百円ですが、交渉すれば安くなりそうですよ。
スミス夫人　安くなるなら買おうかしら。
スミス夫人　すみません、これはいくらですか。

スミス　ええ、台風で飛行機が飛ばないかもしれないんです。
予約係　はあ。申し訳ありませんが、前日のお取り消しの場合はキャンセルチャージが五十パーセントかかりますが・・・。
スミス　五十パーセントも！　私の都合ではないんですよ。台風で行けないいんです。
予約係　はあ。誠に申し訳ありませんが、そういう決まりなので・・・。
スミス　そうですか。
予約係　お客様、後日こちらにお泊まりのご予定はありませんか。
スミス　先に延ばす場合はキャンセルチャージは払わなくてもいいんですか。
予約係　はい、結構でございます。来週ならお部屋がございます。
スミス　日本にいたら行くんですが、来週から海外出張で、無理なんです。また、電話して予約し直します。
予約係　お願いいたします。今シーズン中で込んでいますので、なるべく早くご連絡ください。
スミス　わかりました。それから内金の一万八千円は届きましたか。四、五日前に送りましたから、もう届いているはずですが・・・。
予約係　はい、昨日確かにいただきました。内金はお泊まりの時の料金からお引きします。では、お電話をお待ちしています。

三課　伝言

スタジオQ　チケット予約のスタジオQでございます。
チャン　あのう、チャンと言いますが、中野さんをお願いします。
スタジオQ　中野は外出中です。
チャン　何時ごろ帰るかわかりますか。

一課　会社訪問

ジョンソン　ビルの前に紺の背広を着た人がたくさん並んでいますが、あれは何をしているんですか。

加　藤　ああ、あれですか。今日から学生の会社訪問が始まったんです。

ジョンソン　みんな若くて大学生のような雰囲気ですが、服装はサラリーマンのようですね。

加　藤　あの人たちは来年の春卒業する大学生なんですよ。就職したい会社へ面接を受けに来たんですよ。

ジョンソン　今、一般的な傾向として、会社はどんな人物を求めているのですか。

加　藤　前は「根性のある人」と言っていましたが、今は「個性的な人」を求めているそうですよ。

ジョンソン　そうですか。でも服装は制服のようで、ちっとも個性的じゃありませんね。ところで、学生のほうは、どんな会社に入りたがっているんですか。

加　藤　給料とか、やりがいのある仕事とか、人によって選ぶ基準はいろいろだと思いますよ。

ジョンソン　外資系の会社の評判はどうですか。

加　藤　外資系の会社は女性の間で人気があるようです。

ジョンソン　なぜでしょう。我々外人男性がハンサムだからですか。あはは・・・。

加　藤　あはは・・・。外資系の会社では能力があれば男性と平等に仕事のチャンスがあると言っている人もいますよ。

二課　旅館のキャンセル

ス ミ ス　もしもし、東京のスミスですが、あしたの予約を取り消したいんですが。

予約係　あしたでございますか。